Weihnacht bei den Trollen

Weihnachtliche Geschichten aus Skandinavien

Herausgegeben von
Klaus Möllmann

Mit elf Illustrationen

Deutscher Taschenbuch Verlag

Originalausgabe
Oktober 1998
Deutscher Taschenbuch Verlag GmbH & Co. KG,
München

Umschlagkonzept: Balk & Brumshagen
Umschlagbild: Jindra Čapek
Gesetzt aus der Bembo 9,5/11'
Satz: KCS GmbH, Buchholz/Hamburg
Druck und Bindung: C. H. Beck'sche Buchdruckerei,
Nördlingen
Gedruckt auf säurefreiem, chlorfrei gebleichtem Papier
Printed in Germany · ISBN 3-423-20211-4

dtv

»Jul«, die Weihnacht im hohen Norden, ist ein Fest der Phantasie. Kobolde und Trolle kommen aus den Schneebergen und riesigen Wäldern und treiben mit den Menschen ihren Schabernack. Die uralte Tradition des vorchristlichen Mittwinterfestes ist in den weihnachtlichen Bräuchen, Legenden und Sagen Skandinaviens bis heute höchst lebendig und bringt Trubel in die dunkle winterliche Zeit.
Von diesem ganz eigenen Zauber der nordischen Weihnacht haben sich viele namhafte Autoren Skandinaviens inspirieren lassen. Ihre schönsten Geschichten wurden für diesen Band ausgewählt.

Der Herausgeber Klaus Möllmann war Lektor für schwedische Sprache und Literatur an der Humboldt-Universität in Berlin und hat zahlreiche Werke der skandinavischen Literatur übersetzt und herausgegeben.

INHALT

Erstes Kapitel

WUNDERSAME BEGEGNUNG

Zachris Topelius

Das Kind aus den Schneebergen

Der Schnee glitzerte, das Nordlicht strahlte, und die Sterne leuchteten klar am Himmel. Es war am Weihnachtsabend. Der Lappe fuhr in seinem Renschlitten über das öde Gebirge, und ihm folgte die Lappenfrau mit ihrem Ren. Dem Lappen gefiel diese sausende Fahrt, und er blickte sich stolz nach seiner Frau um, die allein in ihrer kleinen Ackja saß, denn die Rene können immer nur einen erwachsenen Menschen ziehen. Die Frau hielt ihr kleines Kind im Arm, das sie in ein dickes Renfell gewickelt hatte, und konnte deshalb nicht so kraftvoll lenken.

Als sie den Scheitel des Gebirges erreicht hatten und mit der Abfahrt beginnen wollten, trafen sie auf Wölfe. Es war ein großes Rudel, an die vierzig oder fünfzig Tiere, wie man sie zur Winterszeit oft in Lappland sieht, wenn sie dem Wild auflauern. Nun waren die Wölfe noch keines Rens habhaft geworden, sie heulten vor Hunger und nahmen sofort die Verfolgung des Lappen und seiner Frau auf.

Als dies die beiden vor die Schlitten gespannten Rene merkten, ergriffen sie die Flucht und stürmten mit aller Kraft in so schwindelndem Lauf bergab, daß die Schlitten immer wieder umkippten und sich mehrmals in den Schneewehen überschlugen.

Der Lappe und die Lappin waren an so etwas durchaus gewöhnt; sie hielten sich am Schlitten fest, obwohl ihnen Hören und Sehen verging. Dabei aber geschah es, daß die Lappin ihr Kind verlor und es in den Schnee stürzte. Vergebens schrie sie und wollte ihr Ren zum Stehen bringen. Das Tier aber wußte, daß ihm die Wölfe auf den Fersen waren, es spitzte die Ohren und lief nur noch schneller, so daß es in seinen Gliedern knackte, als wenn Nußschalen zerbrechen. Und innerhalb kurzer Zeit waren Rene und Schlitten weit entfernt.

Das kleine Kind lag dort, in sein Fell gewickelt, auf einer Schneewehe und betrachtete die Sterne. Im Nu waren die Wölfe da, aber das Kind konnte weder Hand noch Fuß bewegen, es konnte die Wölfe nur ansehen. Es weinte nicht, es rührte sich nicht, es schaute nur. Und die unschuldigen Augen kleiner Kinder haben eine wunderbare Macht. Die hungrigen Raubtiere hielten in ihrem Lauf inne und wagten das Kind nicht anzurühren. Einen Augenblick lang blieben sie, gleichsam starr vor Staunen, ganz still stehen und betrachteten das Kind. Darauf machten sie sich hastig auf und eilten den Renspuren nach, um die Jagd fortzusetzen.

Das Kind lag nun einsam in der großen, wilden Einöde im Schnee der Winternacht. Es blickte die Sterne an, und die Sterne blickten das Kind an, und da entstand eine Freundschaft zwischen ihnen. Die zahllosen unermeßlich großen, schönen fernen Sonnen, die am Nachthimmel funkelten, schienen sich des schutzlosen Erdenkindes zu erbarmen, das dort im Schnee lag. Und wie sie das Kleine nun so lange anblickten und umgekehrt das Kleine sie, blieb der Sternenglanz in den Augen des Kindes haften.

Dennoch wäre das Kleine wohl bald erfroren, hätte Gott es nicht so gefügt, daß noch ein Reisender diesen Weg durch die Einöde gefahren kam. Es war ein finnischer Neusiedler aus der Gegend des Kirchdorfes Enare, der zum Weihnachtsfest mit Salz und Mehl aus der norwegischen Stadt Vadsö zurückkehrte. Er fand das Kind, hob es auf und legte es in seinen Schlitten.

Am Weihnachtsmorgen, gerade als die Glocke der Kirche von Enare zur Christmette zu läuten begann, langte der Siedler daheim auf seinem Hof an.

Er brachte das Kind sogleich ins warme Haus und reichte es seiner Frau.

»Hier ist ein Weihnachtsgeschenk für dich, Lisu«, sagte er, indem er sich den Reif aus dem braunen Haar strich. Und dann erzählte er, wie er das Kind gefunden hatte.

Die Siedlersfrau nahm das Kind entgegen, wickelte es aus dem Renfell und gab ihm lauwarme Milch.

»Dich hat uns Gott geschickt, armes Kind«, sagte sie. »Wie du mich ansiehst! Hast du keinen Vater und keine Mutter mehr, so wird Simon Sorsa dein Vater und so werde ich deine Mutter sein, und du sollst unser Kind sein. Simmu und Palte und Matte werden sich freuen, ein Schwesterchen zu bekommen, denn wie ich sehe, bist du ein Mädchen. Ob du wohl auch nach christlichem Brauch getauft bist?«

»Darauf kann man sich nicht verlassen«, meinte der Neusiedler Simon Sorsa. »Die Lappen haben einen weiten Weg bis zur Kirche und zum Pfarrer, und deshalb warten sie gewöhnlich, bis sie eine ganze Schar von Kindern haben. Dann fahren die Kinder selber zum Pfarrer, geben ihm die Hand und sagen amen, wenn er sie getauft hat. Da jetzt gerade die Christmette ist, wird es das beste sein, wenn wir das Kind gleich zur Taufe mit in die Kirche nehmen.«

Die Frau hieß diesen Vorschlag gut, und so wurde das Findelkind getauft und nach seiner Pflegemutter Elisabeth genannt. Der Pfarrer wunderte sich, daß die Augen des Kindes wie Sterne leuchteten, als er es segnete, und deshalb sagte er, freundlich scherzend: »Sternauge sollst du heißen und nicht Elisabeth!«

Die Siedlersfrau fand eine solche Äußerung unchristlich, und sie erzählte davon ihrem Mann. Simon Sorsa aber hatte dasselbe bemerkt wie der Pfarrer und meinte, der zweite Name sei wohl ebenso gut wie der erste.

»Was denn?« entgegnete die Frau. »Du willst doch wohl kein Trollkind aus der Kleinen machen! Das Mädchen ist ein Lappenkind, und die Lappen können zaubern. Simmu und Palte und Matte haben die gleichen guten grauen Augen, wie sie braune hat, und wenn du dem Mädchen einen Beinamen geben willst, so nenne es doch ›Katzenauge‹!« – Der Siedler wollte seine Frau nicht betrüben und tat so, als habe er den neuen Namen schon wieder vergessen; die Äußerung des Pfarrers aber wurde bekannt, und von dem Tage an nannten die Nachbarn das Findelkind Simon Sorsas nur noch »Sternauge«.

Das Mädchen wuchs mit seinen drei Pflegebrüdern heran und wurde ebenso rank und schlank, wie die drei Jungen stämmig und stark wurden. Sternauge hatte schwarzes Haar und braune Augen wie die meisten Lappenkinder. Lappenkinder können zwar zuweilen heftig und eigensinnig sein, doch Sternauge war stets ruhig, friedfertig und still. Die vier Kinder vertrugen sich gut, nur die Jungen zogen sich zur Abwechslung manchmal an den Haaren. Der Siedler und seine Frau hatten ein jedes gleich lieb, und alles ging gut; kein fremder Vater und keine fremde Mutter fragten jemals nach Sternauge. Was konnten die Lappeneltern auch anderes glauben, als daß die Wölfe ihr kleines Kind aufgefressen hätten?

Als Sternauge im dritten Lebensjahr war, begann die Pflegemutter etwas Unbegreifliches an ihr zu bemerken. In den Augen des Kindes lag eine Macht, der keiner widerstehen konnte. Die Kleine widersprach niemals, und sie verteidigte sich nie, wenn die Jungen sie ärgerten; sie blickte sie nur an, und schon taten sie alles, um es ihr recht zu machen. Die schwarze Katze mit den funkelnden Augen wagte nicht, sie anzusehen, und der zottige braune Hofhund Kettu hörte sofort auf zu bellen und zu knurren, wenn Sternauge ihn anblickte. Die Pflegemutter bildete sich ein, die Augen des Mädchens in der Dunkelheit leuchten zu sehen. Und eines Tages, als ein Schneesturm über dem Gebirge tobte und Sternauge unverzagt auf die Treppe hinausschlich, schien es fast, als beschwichtige sie den Sturm, denn nach einigen Minuten wurde es ganz ruhig.

So lieb die Siedlersfrau das Kind auch hatte, gefiel ihr so etwas doch nicht.

»Sieh mich nicht so an«, sagte sie zuweilen ungeduldig

zu der Kleinen. »Ich glaube, du möchtest zu gern quer durch mich hindurchgucken!«

Sternauge wurde traurig und schlug die Augen nieder; sie begriff, daß ihre gute Mutter betrübt war.

Da tätschelte ihr die Pflegemutter freundlich die Wange und sagte: »Weine nicht, Lisulill, du kannst ja nichts dafür, daß du ein Lappenkind bist!«

Als Sternauge drei Jahre alt war, saß die Siedlersfrau eines Tages am Spinnrad und dachte an ihren Mann, der wieder auf Reisen war. Dabei fiel ihr ein, daß sein Pferd am linken Hinterhuf das Eisen verloren hatte. Sternauge saß in einer Ecke und spielte mit der Bank Pferd, wobei sie tat, als reite sie aus. Und plötzlich sagte sie zu ihrer Bank: »Mutter denkt daran, daß du von deinem linken Hinterhuf das Eisen verloren hast.«

Die Siedlersfrau hörte auf zu spinnen und fragte erstaunt: »Woher weißt du das?«

»Lisulill hat es gesehen«, antwortete Sternauge.

Der Pflegemutter wurde unbehaglich zumute, aber sie ließ sich nichts merken und beschloß, fortan auf die Kleine genau achtzugeben.

Einige Tage darauf übernachtete ein fremder Mann in dem Häuschen, und am andern Morgen vermißte die Quartiergeberin einen goldenen Ring, der auf dem Tisch gelegen hatte. Der Verdacht fiel auf den Mann, alle seine Kleidungsstücke wurden durchsucht, aber der Ring fand sich nicht. In diesem Augenblick erwachte Sternauge, blickte den Mann verwundert an und sagte: »Er trägt einen Ring im Mund!«

Dort fand sich der Ring, und der Mann wurde fortgejagt; aber noch immer ließ sich die Siedlersfrau nichts merken.

Es verging einige Zeit. Palte bekam die Masern, und der Pfarrer wurde geholt, um nach dem Jungen zu sehen, denn der Pfarrer war auch in der Heilkunst erfahren.

Die Mutter hatte im Vorratsschuppen zwei frische

Lachse, und sie überlegte: Soll ich dem Pfarrer den kleinen oder den großen Lachs geben? Ich glaube, der kleine reicht aus!

Sternauge saß in ihrer Ecke; sie hielt eine Scheuerbürste im Arm und behandelte diese als krankes Kind. Darauf erschien der Besen, der den Pfarrer vorstellen sollte, und Sternauge sagte zu ihm: »Soll ich dir nun den kleinen oder den großen Lachs geben? Ich glaube, der kleine reicht aus!«

Das hörte die Pflegemutter, und jedes Wort stach ihr wie eine Nähnadel ins Herz. Nachdem der Pfarrer gegangen war, konnte sie ihren Zorn nicht länger zurückhalten, sondern sagte zu Sternauge: »Jetzt sehe ich, was für ein Trollwesen in dir steckt, du Lappenbalg! Deshalb sollst du mich auch nicht mehr mit deinen verhexten Augen ansehen. Du sollst unter dem Fußboden im Keller wohnen, und nur einmal am Tag sollst du zum Essen heraufkommen, aber dann sollst du ein dickes Tuch vor den Augen haben, damit du nicht mehr durch die Menschen hindurchschauen kannst – bis die böse Kunst aus dir weicht!«

Das war nun nicht gerade freundlich gehandelt an einem armen kleinen Kind, das niemals jemandem etwas zuleide getan hatte, doch wie viele ihresgleichen war die Siedlersfrau abergläubisch und glaubte felsenfest an die Zauberkraft der Lappen. Deshalb sperrte sie Sternauge in den finsteren Keller, gab ihr jedoch Kleidung und Essen und ein Bett, damit das Kind weder zu frieren noch zu hungern brauchte. So hatte Sternauge alles – außer Freiheit und Liebe, menschlicher Gesellschaft und Tageslicht.

Der Siedler war fern, während Sternauge im Keller saß. Das Mädchen war nicht lustig, aber so furchtbar traurig war es auch nicht. Sternauge hatte nämlich Gesellschaft. Das waren ein alter Stock, ein zerbrochener Krug, eine Webspule und eine Flasche ohne Hals. Der Stock mußte den Vater vorstellen, der Krug die Mutter; ein Holzscheit, Spule und Flasche waren die drei Pflegebrüder, und alle außer dem Stock wohnten in einem leeren Kübel, in dem sie sich miteinander beschäftigten. Sternauge sang ihnen vor, und Ratten und Mäuse hörten zu.

Lisu, die Siedlersfrau, hatte eine Nachbarin, die Murra hieß. Am Tage vor Weihnachten saßen die beiden Frauen in der Stube und unterhielten sich über die Trollkünste der Lappen. Die Mutter strickte an Wollhandschuhen, Simmu spielte mit Kupfermünzen, Palte zerrieb einen Ziegelstein, und Matte hatte der Katze eine Schnur ums Bein gebunden. Da hörten sie, wie Sternauge unten im Keller die Webspule in Schlaf wiegte und ihr vorsang:

»Mutter will von Lämmchens Woll
weiche Handschuh stricken,
Simmu hat die Hände voll
ganz mit Kupferstücken,
Palte reibt den Ziegelstein,
Matte bindet Miezes Bein;
scheint so schön die Sonne –
Spulchen schläft in Wonne.«

»Was singt das Lappenbalg da unten im Keller?« fragte Murra.

»Sie singt ihren Spielsachen im Kübel ein Wiegenlied«, antwortete Lisu.

»Aber sie kann ja alles, was wir tun, durch den Fußboden sehen!« entfuhr es Murra. »Sie sieht im finsteren Keller die Sonne scheinen!«

»Ich glaube wahrhaftig, sie kann das!« rief Lisu. »Was soll nur aus dem Mädchen werden – es ist ein Trollkind!«

»Ich weiß Rat«, sagte die bösartige Murra. »Bind ihr sieben Wolltücher vor die Augen und leg sieben Matten über die Kellerluke, da kann sie nichts sehen.«

»Das will ich versuchen«, erwiderte Lisu.

Sogleich ging sie in den Keller hinunter, band sieben Wolltücher vor die kleinen Sternaugen und legte sieben Matten über die Kellerluke.

Nach einiger Zeit wurde es draußen dunkel, die Sterne begannen zu funkeln, und in zwei großen blaßroten Bogen breitete sich das Nordlicht über den Abendhimmel.

Da hörte man Sternauge wieder singen:

»Sterne kommen mit der Nacht
wie in stillen Wogen,
auch das Nordlicht ist erwacht,
strahlt in roten Bogen.
Leuchtest du mir, heller Schein
und ihr vielen Sternelein?
Nun ist, liebe Sterne,
Weihnacht nicht mehr ferne!«

»Nein, hör doch«, sagte Murra, »jetzt sieht sie auch das Nordlicht und die Sterne! Das ist das schlimmste Trollbalg, von dem ich je gehört habe!«

»Das ist doch nicht möglich!« sagte die Siedlersfrau. »Ich will in den Keller hinuntergehen.«

Sie zwängte sich unter den sieben Matten hindurch, fand Sternauge mit den sieben Wolltüchern umbunden und fragte sie: »Siehst du die Sterne?«

»Ja, so viele, so viele!« antwortete Sternauge. »Es ist so klar und hell, Mutter. Nun kommt Weihnachten!«

Die Siedlersfrau ging wieder hinauf und erzählte Murra, was das Kind geäußert hatte.

Murra sagte: »Dann gibt es keinen andern Rat, als unter dem Kellerboden eine sieben Ellen tiefe Grube zu graben, das Trollbalg da hineinzustecken und die Grube mit Sand zu füllen. Das wird helfen.«

»Nein«, sagte Lisu, »das werde ich auf keinen Fall machen. Das Kind tut mir leid, und ich fürchte, mein Mann würde traurig, wenn er es erführe.«

»Nun, dann überlaß das Balg mir«, entgegnete Murra, »ich werde es nach Lappland zurückbringen.«

»Aber daß du ihm nichts zuleide tust!« sagte Lisu.

»Was sollte ich ihm zuleide tun?« erwiderte Murra. »Ich bringe es dorthin zurück, wo es herstammt.«

Das Kind wurde Murra übergeben. Sie wickelte es in ein altes Renfell und brachte es ins Gebirge. Dort legte sie Sternauge in den Schnee und entfernte sich dann, wobei sie zu sich sagte: »Ich tue, was ich versprochen habe. Da sie von den Schneebergen gekommen ist, soll sie auch dorthin zurückkehren.«

Sternauge lag in ihrem Fell auf einer Schneewehe und blickte zu den Sternen empor. Es war wieder Heilige Nacht, wie drei Jahre zuvor, und die vielen tausend schönen, klaren, unermeßlich großen fernen Himmelssonnen blickten abermals erbarmungsvoll auf das unschuldige Kind herab. Sie leuchteten in seine Augen, sie sahen in das Kinderherz und fanden darin nichts als Güte und Gottesfurcht. Da bekamen die Augen des Kindes einen noch wunderbareren Glanz, und ihr Blick weitete sich noch mehr, so daß sie in den rätselvollen Bezirk jenseits der Sterne schauen konnten, bis an den Vorhang von Gottes unsichtbarem Thron, wo die Engel auf und nieder schwebten, um den vielen Millionen Welten in Gottes unendlicher Schöpfung Botschaften zu bringen. Und die Nacht war klar und still und von stummer Anbetung erfüllt. Nur das Nordlicht strahlte am Himmel; es stand in hellem Bogen über Sternauges Kopf.

Früh am Weihnachtsmorgen, als die Kinder in dem Siedlerhäuschen noch schliefen, kehrte der Vater von seiner Reise heim. Nachdem er seine Frau umarmt und sich den Reif aus dem braunen Haar gestrichen hatte, fragte er nach den Kindern. Die Frau erzählte, daß Palte Masern gehabt habe, nun aber wieder gesund sei, und daß Simmu und Matte rundlich wie Milchbrötchen seien.

»Wie geht es Sternauge?« fragte der Siedler.

»Gut«, sagte die Frau, denn sie fürchtete sich vor ihrem Mann, und das Gewissen schlug ihr.

»Wir müssen auf Sternauge achtgeben«, fuhr der Siedler fort. »Heute nacht, während ich im Schlitten saß und schlief, hatte ich einen Traum. Mir war, als fiele ein Stern auf meine Schlittendecke und sagte zu mir: Nimm mich und behüte mich gut, denn ich bin der Segen für dein Haus! Als ich jedoch meine Hand ausstreckte, um den Stern zu greifen, siehe, da war er verschwunden. Ich erwachte und mußte daran denken, wie Gottes Segen in diesen drei Jahren, seit wir das fremde Kind aufnahmen, bei allem, was wir unternommen haben, mit uns gewesen ist. Vordem wollte uns nichts so recht glücken, wir waren arm und krank, die Früchte unseres Ackers erfroren, der Bär riß unsere Kühe, der Wolf raubte unsere Schafe. Nun aber hat sich alles zum Guten und Segensreichen gewendet, und das kommt daher, daß Gott den Barmherzigen gnädig ist und daß seine Engel unschuldige Kinder in ihre besondere Obhut nehmen.«

Als die Siedlersfrau dies hörte, gab es ihr wieder einen Stich ins Herz, aber sie wagte es nicht, etwas zu sagen. Schließlich erwachten die Jungen; der Vater umarmte sie und freute sich, daß sie so gesund und kräftig waren.

Nachdem er sie eine Weile auf den Knien geschaukelt hatte, fragte er: »Wo ist Sternauge?« Da antwortete Simmu: »Mutter hat sie in den Keller gesperrt.«

Palte sagte: »Mutter hat ihr sieben Tücher vor die Augen gebunden und sieben Matten über die Kellerluke gelegt.« Und Matte sagte: »Mutter hat sie Murra mitgegeben, und Murra ist mit ihr ins Gebirge gegangen.«

Als der Siedler dies hörte, wurde er rot vor Zorn. Seine Frau aber wurde kreidebleich und konnte nur antworten: »Sie war ein Lappensproß, und die Lappen können zaubern!«

Der Siedler erwiderte nichts, sondern ging, so müde er auch war, sofort in den Stall und spannte von neuem das Pferd vor den Schlitten. Darauf fuhr er zunächst zu Murras Haus, zerrte sie mit sich in den Schlitten und zwang sie, ihn zu der Stelle zu führen, wo sie das Kind hingelegt hatte. Sie kamen ins Gebirge, stiegen aus dem Schlitten und liefen auf Skiern über die schneebedeckten Hänge.

Als sie an die Stelle gelangten, wo Murra das Kind ausgesetzt hatte, gewahrten sie nur noch eine ganz kleine Mulde in der Schneewehe, in der das Mädchen gelegen hatte, und nicht weit von dort entdeckten sie Skispuren. Sternauge aber fanden sie nicht, sie war verschwunden, und nachdem sie noch lange nach ihr gesucht hatten, mußten sie schließlich unverrichteter Dinge umkehren.

Simon Sorsa lief mit seinen Skiern voraus, und in einiger Entfernung folgte ihm Murra. Plötzlich ertönte ein Schrei. Der Siedler wandte sich um, während er in sausender Fahrt bergab glitt, und da sah er, wie Murra oben auf dem Bergkamm von einem Rudel hungriger Lapplandwölfe in Stücke gerissen wurde. Doch er konnte ihr nicht helfen; der steile Hang hinderte ihn daran. Als er sich wieder den Berg hinaufgearbeitet hatte, war Murra von den Wölfen schon verschlungen.

Bekümmert kehrte er nach Hause zurück und langte dort gerade an, als die Glocke zur Weihnachtsmette in die Kirche rief.

Die Siedlersfrau saß daheim in bitterer Reue und hatte nicht den Mut, zur Kirche zu gehen und zu Gott zu beten; denn als sie am Morgen in den Stall gegangen war, um die Schafe zu füttern, da hatten die Wölfe dort schon ihren Besuch abgestattet; sie waren nachts in den Schafstall eingefallen und hatten kein einziges Tier am Leben gelassen.

»Jetzt beginnt unsere Strafe«, sagte der Siedler. »Laß uns mit den Kindern in die Kirche gehen, Mutter, wir haben es jetzt noch nötiger als vorher, denn wir haben eine große Sünde abzubitten.«

Von diesem Tage an wußte niemand, wo Sternauge geblieben war. Die Skispuren, die sich nahe der Stelle, wo das Kind ausgesetzt worden war, durch den Schnee zogen, ließen vermuten, daß wieder ein Bergfahrer von einem guten Engel in diese Einöde geführt wurde, das Kind fand und es mit sich nahm.

Wir dürfen wohl glauben, daß es so geschehen ist, doch niemand weiß, wer der Bergfahrer war, wohin er Sternauge dann gebracht und wo sie eine neue Heimstatt gefunden hat. Wir wollen hoffen, daß es eine bessere Heimstatt ist, der sie Segen bringen wird. Und sie wird dort mehr sehen als andere. Ja, sie wird durch siebenfache Mauern sehen, sie wird durch die Herzen der Menschen schauen, sie wird hinter die Sterne blicken, durch das blaue Himmelsgewölbe, bis hinauf zu den Gefilden der Seligen.

Björnstjerne Björnson

Ein Märchen für Thrond

Da war ein Mann mit Namen Alf, in den die Bauern im Kirchspiel große Hoffnungen setzten, denn er war den meisten an Tatkraft und Klugheit überlegen. Doch als dieser Mann dreißig Jahre zählte, zog er ins Gebirge und machte sich dort, zwei Meilen von allen Menschen entfernt, ein Stück Land urbar. Viele wunderten sich, daß er diese Nachbarschaft mit sich selber aushielt, aber sie wunderten sich noch mehr, als einige Jahre danach ein junges Mädchen aus dem Tal die Einsamkeit mit ihm teilen wollte, und zwar gerade das Mädchen, das bei allen Festen und bei jedem Tanz die Fröhlichste gewesen war.

Die beiden wurden fortan die »Waldmenschen« genannt, und der Mann machte unter dem Namen »Alf vom Walde« von sich reden. Die Leute drehten sich nach ihm um und sahen ihm lange nach, wenn sie ihm in der Kirche oder bei der Arbeit begegneten, denn sie konnten ihn nicht verstehen, und ihm schien nichts daran zu liegen, sich ihnen zu erklären. Die Frau war nur wenige Male unten im Dorf gewesen – einmal, um ein Kind über die Taufe zu halten.

Dieses Kind war ein Sohn, der Thrond getauft wurde. Als er heranwuchs, sprachen sie des öfteren davon, daß sie eine Hilfe haben müßten, und da sie es sich nicht leisten konnten, sich eine erwachsene Magd zu halten, nahmen sie sich, wie sie sich ausdrückten, eine »halbe« ins Haus: ein vierzehnjähriges Mädchen, das sich um den Jungen kümmerte, wenn die Eltern auf dem Feld waren.

Das Mädchen war allerdings ein wenig einfältig, und der Junge merkte bald, daß das, was die Mutter ihm sagte, leicht zu begreifen, das, was Ragnhild von sich gab, hingegen schwer zu fassen war. Mit dem Vater sprach er nicht viel; er hatte eher Angst vor ihm, denn wenn der Hausherr in der Stube war, mußte alles mäuschenstill sein.

Einmal, an einem Weihnachtsabend – auf dem Tisch brannten zwei Kerzen, und der Vater trank aus einer weißen Flasche –, hob der Papa den Jungen hoch, setzte ihn auf seinen Schoß, blickte ihm streng in die Augen und rief: »Buh, Junge!« Dann fügte er milder hinzu: »Du bist ja gar nicht so bange! Möchtest du ein Märchen hören?«

Der Junge antwortete nicht, sondern sah den Vater mit großen Augen an.

Der erzählte nun von einem Mann aus Vaage, der Blessommen hieß. Dieser Mann hielt sich in Kopenhagen auf, um den Schiedsspruch des Königs entgegenzunehmen, in einem Prozeß, den er angestrengt hatte. Indes zog sich die Sache so in die Länge, daß der Heilige Abend über ihn kam. Das gefiel Blessommen gar nicht, und wie er so durch die Straßen schlenderte und sehnsüchtig an zu Hause dachte, sah er einen kräftigen Kerl in einem weißen Mantel vor sich hergehen.

»Du gehst aber schnell!« sagte Blessommen.

»Ja, ich hab es heute abend noch weit bis nach Hause«, erwiderte der Mann.

»Wo willst du denn hin?«

»Nach Vaage«, sagte der Mann und schritt lebhaft aus.

»Das trifft sich gut«, versetzte Blessommen, »da will ich auch hin.«

»Dann kannst du dich bei mir hinten auf die Schlittenkufen stellen«, erwiderte der Mann und bog in eine Seitenstraße ein, wo sein Pferd stand. Er schwang sich hinauf und blickte sich nach Blessommen um, der auf die Kufen stieg.

»Du mußt dich festhalten«, sagte er.

Blessommen tat es, und das war auch nötig, denn es ging durchaus nicht immer auf ebener Erde dahin.

»Mir scheint, du fährst übers Wasser«, sagte Blessommen.

»Ja, das tu' ich«, entgegnete der Mann, und Gischt stob um sie her.

Nach einer längeren Strecke kam es Blessommen so vor, als führen sie nicht mehr übers Wasser.

»Mir scheint, jetzt geht es durch die Luft«, sagte er.

»Ja, das tut es«, antwortete der Mann.

Nachdem sie aber wiederum weitergekommen waren, dünkte es Blessommen, als sei ihm die Gegend, durch die sie fuhren, bekannt.

»Mir scheint, das ist Vaage«, sagte er.

»Ja, jetzt sind wir da!« erwiderte der Mann, und Blessommen fand, daß es schnell gegangen sei.

»Hab Dank für die gute Fahrt!« sagte er.

»Gleichfalls Dank!« entgegnete der Mann, und während er das Pferd antrieb, fügte er hinzu: »Nun aber sieh dich lieber nicht nach mir um!«

Oh – nein, nein! dachte Blessommen und trollte sich über die Hügel heimwärts.

Da aber erhob sich hinter ihm ein Dröhnen und Getöse, als wollte der ganze Berg einstürzen, und ein grelles Leuchten überstrahlte die Gegend um ihn her. Er blickte sich um, und da sah er den Mann im weißen Mantel durch prasselnde Flammen in den offenen Berg hineinfahren, der sich wie ein Tor über ihm wölbte.

Blessommen wurde es recht unbehaglich zumute beim Gedanken an die Reisegesellschaft, die er gehabt hatte. Er wollte abermals den Kopf wenden, doch der blieb sitzen, wie er saß. Und niemals mehr hat Blessommen seinen Kopf drehen können ...

So etwas hatte der Junge in seinem Leben noch nie gehört. Er wagte nicht, den Vater weiter auszuforschen, aber am nächsten Morgen in aller Frühe fragte er die Mutter, ob sie nicht ein Märchen wisse. Doch, sie wußte welche, aber die handelten zumeist von Prinzessinnen, die sieben Jahre gefangensaßen, bis der rechte Prinz kam.

Sigrid Undset

Weihnachtsfriede

Heiligabend

Helga, die Altbäuerin auf Uvåsen, kam aus dem kleinen Kuhstall, stellte den Melkeimer auf dem verschneiten Boden ab und blickte nach oben. Der Himmel war grau verhangen und schneeschwer. Auf der Hochwiese lag der Schnee wie ein Leichentuch, ohne Licht oder Schatten. Kaum konnte man die Unebenheiten im Gelände erkennen. Auch war es unmöglich, die Tageszeit genau zu bestimmen – festzustellen, ob es schon auf den Abend zuging und das heilige Fest begonnen hatte. Der Lauf des Baches, der an Sommertagen spielerisch an ihrem Anwesen vorbeiplätscherte, war nur als ein grauer Schatten sichtbar. Signes Skispuren verschwanden in einer Senke, tauchten jenseits wieder auf und zogen sich zur Hecke im Süden der Feldflur weiter.

Helga spähte hinüber. Signe, ihre Schwiegertochter, mußte nun wohl bei Halsteins angelangt sein. Von dort waren es noch zwei Stunden bis zur Kirche. Halstein hatte ihr angeboten, sich mit Torbjörg abzuwechseln und eine Strecke zu reiten.

Uvåsen lag weit abseits an einem Berghang. Oberhalb und unterhalb umgab Wald die Rodung von allen Seiten. Man sah nichts anderes als den blauschwarzen, weißfleckigen Waldteppich und zuoberst gegen den Himmel die Zinnen des kahlen Fjells mit seinen Granitwänden und Gipfeln, die sich jetzt weiß von dem grauwolkigen Himmel abhoben.

Helga mußte daran denken, wie behaglich es hier auf Uvåsen bei klarem Wetter und Sonnenschein war. Da lag ein Leuchten über jeder Höhe und jedem Tal des Waldgebirges, dessen Hänge sich jetzt zu einem großen, dunklen Teppich zusammenfügten. Felsenklüfte und Geröllhalden standen gegen die helle Luft. Und am Nachmittag war deutlich zu sehen, wie der Fluß die Bergrücken spaltete. Auf der anderen Seite des Haupttals hüllte feiner, hellblauer Dunst die Landschaft ein. Wenn man zu dem großen Felsblock ganz oben auf der Hochwiese hinaufstieg, konnte man die Ländereien der westlichsten Höfe sehen, die sich um die Kirche gruppierten und sich am Fuß der dunklen Fichtenhänge des Rindalsfjells wie grüne Flecken ausnahmen.

Aus dem Innern des Stalls drangen gedämpft Laute der Kuh »Brannkrossa«, die sich hin und her bewegte und dabei mit dem Kopf gegen den Wandbalken stieß. Der Wald rauschte, und dazwischen konnte Mutter Helga das Murmeln von Bächen unter Eis und Schnee vernehmen. Ihr Blick fiel auf das frisch geteerte Kreuz, das deutlich über der Tür zu erkennen war. Sie hob den Eimer, dessen Milchwärme einen Ring in die Schneedecke getaut hatte, und ging den schmalen Steig entlang, der zwischen Haus und Kuhstall geschaufelt war.

Ihre beiden kleinen Enkeltöchter standen in dem offenen Vorbau und hielten den hölzernen Schlüssel zum Vorratsschuppen zwischen sich. Die Großmutter hatte versprochen, sie dürften mithelfen, das Brot und die Weihnachtskerze ins Haus zu tragen. Ihre Mutter hatte sie, bevor sie aufbrach, festlich geschmückt, ihnen neue rote Wollbänder ins Haar geflochten und jüngst gewebte Gürtel um ihre alten Lodenkleider gelegt.

Im Vorratsschuppen war es stockdunkel, doch er war nicht groß und nur spärlich gefüllt, so daß man kaum hätte fehlgreifen können. Als sich die Kinder drinnen bewegten, stieß ihnen das eine oder andere Bündel von getrocknetem Fisch gegen den Kopf. Die Speckseite und den gefrorenen Hasen, den sie morgen als Festtagsbraten bekommen sollten, mußten sie in der Dunkelheit ertasten. Audhild durfte die Weihnachtskerze und das Gefäß mit dem Fladenbrot tragen, während Ingegjerd das Weizenbrot anvertraut wurde, das Helga unlängst bei ihrem Besuch im Kirchdorf von der Schwester des Pfarrers bekommen hatte.

Nun war es draußen fast dunkel. Unten im Tal hatten die Glocken wohl schon das Fest eingeläutet. Die Alte blieb eine Weile im Vorbau stehen und blickte in die Ferne. Es war Arnes letzte Arbeit gewesen, zum Schutz ihres Häuschens diesen Vorbau zu errichten. Er hatte immer davon gesprochen, daß hier auf Uvåsen ein großer Hof angelegt werden solle. Dann aber starb er, als sie – fast auf den Tag genau – sieben Jahre verheiratet gewesen waren.

Am vierten Tag nach der Brittivamesse* würden es sieben Jahre sein, seit Haldor mit Signe Hochzeit gehalten

* 1. Februar

hatte. Sollte sie nun das gleiche Schicksal erleiden? Sollten sie hier sitzen – zwei Witwen, mit drei kleinen Kindern und einem vierten, das um den Halvardstag* zu erwarten war? O nein! Signe hatte es wahrlich am nötigsten, heute nacht zur Christmesse zu kommen. Für sie selbst war es seit siebzehn oder achtzehn Jahren freilich das erstemal, daß sie den Gottesdienst in einer Weihnachtsnacht entbehren mußte. Sobald die Kinder so weit herangewachsen waren, daß sie auf den Skiern folgen konnten, hatte sie keinen Grund gehabt, hier auf dem Bergrücken zu sitzen, bangend und einsam, auf all das unruhige Brausen lauschend, das während einer solchen Nacht in der Einöde herrschte.

Signe jedoch hatte es jetzt besonders nötig, unter dem Dach der Kirche zu weilen, wo die Priester sangen und die Kerzen auf dem Altar brannten und Weihrauch über die Gemeinde zog, die in Ruhe und Geborgenheit geschart stand, während draußen im Dunkel alle bösen Mächte tobten; denn in Bethlehem war Marias Sohn geboren, und die alte Herrschaft jener bösen Mächte war gebrochen.

Helga nahm die kleine Ingegjerd auf den Arm und hob sie vorsichtig über die hohe Türschwelle. Vier Jahre war das Kind jetzt – so alt wie sein Vater, als er vaterlos wurde.

Signe hatte das Heim hübsch hergerichtet, ehe sie sich auf den Weg machte. Das bemerkte die Schwiegermutter, nachdem sie Kienholz auf den Herd gelegt und die Weihnachtskerze auf die Holzbank gestellt hatte – mit einem Tisch konnten sie auf Uvåsen nicht aufwarten. Über den Lehmboden war eine dicke Schicht Schilf gestreut; die eine der beiden guten Wanddecken war über die Lehne des Hausherrnsitzes gehängt, die andere über das Bett gebreitet.

Helga beugte sich über ihren Sohn. Er schlief nun. Seine Frau hatte ihn gewaschen, sein Haar und seinen Bart

* 14. Mai

gestutzt und ihm ein sauberes Hemd angezogen. Aber er war bleich wie Bast, seine Hände lagen gelblichweiß auf der Bettdecke.

Sie bekreuzigte sich über Haldor und sprach ein Ave, bevor sie sich anschickte, den Kindern Essen zu geben. Die kleinen Mädchen schauten erwartungsvoll, während die Großmutter den Schimmel vom Weizenbrot kratzte, mit dem Messer ein Kreuz beschrieb und den Laib in vier Teile zerschnitt. Dann zerbröckelte sie einen Teil davon, warf die Stücke in die Fischpfanne, hob diese vom Kesselhaken und trug das Essen zur Sitzbank.

Arne, das kleinste Enkelkind, schrie in seiner Hängewiege und fuchtelte mit den Ärmchen – er roch das Essen. Die Großmutter nahm ihn auf den Schoß und drückte ihn behutsam an sich, sooft sie ihm einen Bissen in den geöffneten Mund steckte.

Hübsche Kinder hatte Signe ihrem Mann geboren, und sie kümmerte sich gut um sie und alle Dinge im Hause. Die Schwiegermutter dachte in dieser Nacht milder über die junge Frau. Oft hatte sie sich darüber gegrämt, daß Signe hier auf Uvåsen die Hausfrau werden sollte: denn nach Meinung der Alten taugte sie nicht recht dazu – sie schien ihr nicht die nötige Kraft zu besitzen. Und Helga hatte sich über sich selbst geärgert, daß sie sich vom Pfarrer und jenen alten Leuten in Rindalen hatte überreden lassen. Die hatten gewiß erwartet, daß es so kommen würde, wie es nun gekommen war, als sie sie dazu brachten, das hübsche Waisenkind als Hilfe hier oben ins Haus zu nehmen. Signe war so hübsch, daß es wohl unten im Kirchdorf für sie gefährlich sein mochte, für sie, die weder Verwandte noch Freunde besaß, mit Ausnahme des Pfarrers und der frommen alten Leute, die sie aus Barmherzigkeit und christlicher Liebe aufgezogen hatten. Sie wußten jedoch, daß Haldor ein Jüngling war, auf den man sich verlassen konnte. Und so ergab es sich, daß Haldor, als das Mädchen kaum einen Monat bei ihnen war, zu seiner

Mutter ging und fragte, ob er sich mit Signe verheiraten dürfe; er finde, es sei nun für ihn Zeit zum Heiraten, doch es gebe wohl keinen Bauern, der seine Tochter mit entsprechender Mitgift hier heraufschicken würde. Signe sei ebenso gut wie hübsch, und sie wünsche sich einen Mann, der für sie sorgen könne. Zwar sei sie klein und zart, doch erst fünfzehn Jahre alt, könne also wachsen und sich kräftigen. Sie hätten ja nun an Ingegjerd, Olavs Braut, gesehen, wie wenig man sich auf kräftige Gesundheit verlassen könne: sei sie doch eines Morgens gesund und frisch fortgegangen und zur Abendzeit mit einer tödlichen Mundkrankheit heimgekommen; und am dritten Tag hätten sie sie dann tot aufs Stroh legen müssen.

Als Haldor dieses Ereignis, das seinen Bruder betroffen hatte, erwähnte, willigte die Mutter ein, und er durfte sich mit Signe verloben. Olav war von ihnen fortgezogen, nachdem er seine Braut verloren hatte, die ihm seit seinen Knabentagen versprochen gewesen war; er hatte sich danach auf Uvåsen nicht mehr wohl fühlen können. Durch Sira Benedikt, den ehrwürdigen Geistlichen, war Helga vor drei Wintern ein Gruß von ihm übermittelt worden, und mit einem der Dienstleute des Bischofs zu Hamar hatte der Sohn einen Mantel für sie heimgesandt. Damals hatte er sich in Hamar aufgehalten; jetzt war er nicht mehr dort, gegenwärtig wußte sie von Olav gar nichts.

Nein, sie hatte an Signe nichts anderes auszusetzen, als daß sie ein Kind ohne Sippe war, großgezogen durch die Barmherzigkeit fremder Leute, – und daß sie zart und von schwächlicher Gesundheit zu sein schien. Und Haldor hatte wohl, weil seine Frau so wenig auszurichten vermochte, selber nicht mehr Kraft in die Bewirtschaftung des Anwesens gelegt – so wurde es ihr leichter, das Ihre zu tun, während er sich der Jagd widmete und zudem Tagewerk unten im Kirchdorf annahm. Er stand sich dank seiner Tüchtigkeit gut dabei und brachte schwere Lasten mit allem Notwendigen für sie heim. Sollte er aber nun in

Siechtum liegenbleiben, wäre es ganz schlimm, daß es mit ihrer Landwirtschaft seit Olavs Zeit derart zurückgegangen war.

Um die Zeit der Bartholomäusmesse* war Haldor beim Errichten des neuen Vorratsschuppens auf Leikvåg gestürzt und hatte sich verletzt. Bis zur Klemensmesse** hatte er das Bett hüten müssen. Dann erholte er sich ein wenig, und in der vorigen Woche wollte er endlich einmal wieder in den Wald und versuchen, zum Fest an frisches Fleisch und ein Fell zu kommen, das sich hätte gegen Mehl und Speck eintauschen lassen. In der Dämmerung kam er heimgewankt, so krank, daß sie ihm ins Bett helfen mußten. Und seitdem ging es ihm schlechter als zuvor.

Helga trat an sein Bett heran. Der Sohn lag wach, die eingefallenen Wangen flammend rot und die Augen heiß glänzend.

»Möchtest du jetzt etwas essen?«

Der Kranke schüttelte den Kopf. »Ich hab so schwer geträumt, Mutter ... Ich hab solchen Durst ...«

»Du solltest etwas von dem Brot essen – es ist ein Weizenbrot von Arnbjörg, der Pfarrersschwester.«

Haldor nahm einen Bissen, konnte ihn aber, wie er da lag, nicht hinunterschlucken. Und als Helga ihn unter die Schultern faßte, um ihn aufzurichten und ihm eine Kostprobe vom Weihnachtsbier einzuflößen, schrie er laut auf.

»Mutter«, sagte Haldor leise, »meine Fallen stehen heute nacht draußen!«

»Das tun sie wohl«, erwiderte die Mutter etwas kurz. Nach einer Weile fügte sie mild hinzu: »Das ist doch nicht deine Schuld. Leg dich hin, mein Junge, und versuch in Jesu Namen zu schlafen – er weiß ganz sicher, daß du das nicht gewollt hast.«

Während sie auf dem Bettrand bei ihm saß und den

* 24. August
** 23. November

Enkel auf ihrem Schoß wiegte, sprach sie Gebete für sie alle.

Seit Christenmenschen in Norwegen lebten, war es Sitte, vom Heiligen Abend bis zur Nacht des letzten Weihnachtstages Frieden und guten Willen zwischen allen Geschöpfen Gottes walten zu lassen. Sankt Olav selbst habe dieses Gesetz eingeführt, sagten die Leute, und es hieß, er habe es, sowohl zu seinen Lebzeiten auf Erden als auch später im Jenseits, streng gerächt, wenn Männer Fallen und andere Fanggeräte über das Weihnachtsfest draußen hätten stehenlassen.

»Vielleicht findet sich Rat, Haldor«, sagte sie. »Wenn wir jemanden gewinnen, der hinaufgeht und die Fallen bis zum dritten Feiertag abnimmt … Ich könnte ja selber gehen. Du hast sie im Rundvatstal aufgestellt, nicht wahr?«

»Ist es heute abend zu spät?« fragte Haldor, ohne die Augen zu öffnen.

»Draußen ist schon die Nacht hereingebrochen«, antwortete die Mutter.

»Sie müßten leicht zu finden sein – ich bin an *dem* Tag nicht weit gekommen –: sieben Schneehuhnschlingen am Oberlauf des Baches und die beiden Luchsfallen, eine am Felshang gleich unter den Zwillingskiefern und eine im oberen Teil des Jardtrudshügels.«

Die Mutter antwortete nicht. Wenig später schien Haldor wieder einzuschlummern. Helga flüsterte den Enkelinnen zu, sie sollten die Schüssel des Vaters leeressen; denn während sie dort saßen, schielten sie unablässig zu den Brotstücken, die aufgelöst in der Fischbrühe schwammen. Die Großmutter hatte genügend Brot für all die hohen Feiertage und Schwartenfleisch für den morgigen Tag. Und auch Signe würde wohl kaum ohne Weihnachtsgabe heimkehren, sei es vom Pfarrhof oder von Rindal.

Der Sohn flüsterte unter Stöhnen: »Mutter, mir ist, als schnitte eine eiserne Schere in meinen Rücken … Ach, ich finde wohl keine Ruhe vor diesen Qualen, solange meine Fallen draußen stehen. Und es schnürt mir auch die Kehle zu …«

»Du weißt doch, daß ein Christenmensch in dieser Nacht nicht draußen in heidnischen Berggegenden unterwegs sein soll«, sagte die Mutter.

»Ja, ja.«

Aber sie sah, wie der Schweiß unter seinem hellen Haar hervorsickerte und sich in Tropfen auf seiner Oberlippe sammelte.

Sie brachte die drei Kinder zur Ruhe, legte den Jungen in die Wiege und die Schwestern auf ihr Lager im Schilf des Fußbodens. Als sie gerade am Einschlafen waren, schrie der Vater, so daß sie auffuhren.

»Du mußt versuchen, dich zu beherrschen, Haldor«, sagte die Mutter fast schroff.

»Ja, ja, ja, das will ich …, aber ich *kann* nicht, Mutter!«

»Haldor, du weißt, ich würde es um deinetwillen wagen, mein Sohn. Aber du mußt auch an Signe und die Kinder denken. Solltest du nicht wieder gesund werden … und ich dann nicht hier wäre …«

Der Sohn bewegte zustimmend den Kopf. Doch der Mutter war es zumute, als würde ihr das Herz zerrissen, als sie sah, wie er die Zähne zusammenbiß und vor Schmerzen wechselweise die Fäuste ballte und öffnete. Er war von Schweiß ganz naß.

Die Weihnachtsnacht war die gefährlichste aller Nächte des Jahres. Selbst unten in den dichtbevölkerten Kirchdörfern mieden die Leute den Aufenthalt im Freien, es sei denn, sie gingen oder führen zur Kirche. Jedermann schützte seine Tür durch Kreuz und Weihezeichen. Und dennoch hörte man, die Wilde Jagd gewänne in dieser Nacht Macht über die Menschen, die an ungebeichteten Sünden trügen – so wie es Trond in Kvistdalen widerfahren war. Die wilde Rotte der Heiligen Nächte hatte ihn aus seiner eigenen Badehütte geholt und ihn über drei Kirchspiele hinweg durch die Luft entführt. Wäre nicht der Hilfsprediger in Hof am Weihnachtsmorgen gerade zu einem Kranken unterwegs gewesen und der Wilden Jagd begegnet, hätten die Leute wohl niemals erfahren, was aus Trond geworden wäre. So hatte ihn die Meute laufen lassen müssen. Und dann hatte er gebeichtet, daß er die Grenzsteine in Björndalen versetzt habe.

Große Sünden hatte Helga zwar nicht begangen, seit sie das letztemal, zu Ostern, gebeichtet; gleichwohl häuft sich aus all dem Falschen und Schlechten, das man jeden Tag sagt, tut und denkt, eine beträchtliche Bürde. Und jene bösen Geister ergriffen alles, an das sie unter dem Schein des Rechts Hand legen konnten. Nein, es war einem armen sündigen Menschen unmöglich, sich in dieser Nacht in Wald und Fjell hinauszuwagen.

Sollte sie sich nun auf den Weg machen, so mußte sie das Herdfeuer mit Asche bedecken und die Kerze löschen. Sonst könnten Funken in das über den Boden gestreute Schilf fallen. Aber einen kranken Mann und drei kleine Kinder heute nacht ohne Feuer und Licht im Hause lassen … nein! Sie fuhr auf. Sicherlich war sie auf dem Bett sitzend eingenickt. Haldor lag wach, den Kopf zur Seite gedreht, blickte mit starren Augen vor sich hin und hatte die bleichen Lippen zusammengekniffen.

»Hast du starke Schmerzen?«

Er nickte nur.

»Ave stella matutina,
peccatorum medicina,
mundi princeps et regina …«

Lieber Himmel, wovon hatte sie geträumt? Von ihrem Elternhaus und von dem jungen Andres Simonssön, dem Erben des großen Hofes, ihrem damaligen Spielgefährten.

Es war wie ein Zeichen, daß sie in dieser Nacht an jene Kindheitstage erinnert wurde. Ja, da waren sie in der Weihnachtsnacht allein hinausgegangen, zwei Kinder im Alter von elf Jahren, hatten den großen Wald durchstreift und waren allein stromaufwärts über den Fluß gerudert. Und Andres hatte das Lied »Ave stella matutina« gesungen, während sie beide Seite an Seite auf der Ruderbank gesessen und in die Riemen gegriffen hatten. Der Strom floß schwarz zwischen den fahlen Ufern dahin; weiße Eiskrusten hatten sich zwischen den hellen Sandbänken des Flußbettes gebildet. Die Nacht war damals grau verhangen und der Himmel schneeschwer, so wie heute. Die Kinder konnten nur sehr undeutlich wahrnehmen, wo sie sich befanden. Dann aber lichtete sich die Wolkendecke im Süden, sternenklar stand der Himmel über Vardåsen, und einer der Sterne strahlte so groß und hell, daß er eine Lichtbrücke über den schwarzen Strom schlug, der im Kielwasser des Bootes glänzte und glitzerte. Es war nicht der Morgenstern, und er leuchtete nicht über dem Meer, sondern nur über ihrem Fluß – aber Andres hielt ihn dennoch für ein Zeichen und fuhr fort, das Lied zu singen, bis ihr Boot auf den sandigen Grund des Kirchufers schrapte.

In jener Nacht hatte sie sich nicht gefürchtet.

»Peccatorum medicina« bedeutete Heilmittel gegen die Sünden, sagte Andres, und »Mundi princeps et regina« Königin und Herrscherin über die Welt. Sonst wußte er nicht immer so genau, in seiner Sprache all die Verse auszulegen, die er lesen und singen konnte – für diese Art Gelehrsamkeit hatte er kein so gutes Begriffsvermögen. Deshalb war er wohl auch nicht Bischof oder Abt geworden, wie alle im Heimatsprengel es erwartet hatten. Helga wußte, daß er in irgendeiner Gemeinde weit im Süden des Landes Pfarrer geworden war und später in ein Kloster nahe Björgvin eingetreten sein sollte. Ob er noch lebte, wußte sie nicht. Lebte er, so war er nun ein alter Mann. Sie hatte ihn nicht gesehen, seit sie beide fünfzehn Jahre alt gewesen waren – seit jenem Jahr, als er, von der Schule heimgekommen, bei seinen Eltern weilte. Im selben Herbst hatte sie Dienst bei der Frau Gudrun Håkonsdatter angenommen und war mit ihr nach Norden, in diese

Gegend, gezogen. Hier hatte sie dann viele gute Tage verlebt, für die sie Gott großen Dank schuldete, gute Tage sowohl zu Arnes Lebzeiten als auch späterhin, da ihre Söhne heranwuchsen und gut gediehen …

Haldor schlief nun, aber er stöhnte im Schlaf wie ein Kind. Es tat weh, den großen, kräftigen jungen Mann so zu hören.

Daß sie gerade jetzt von Andres und jener weihnachtlichen Fahrt geträumt hatte! Zahllose Jahre hatte sie doch nicht an den jungen Andres aus Älin gedacht. Vielleicht sollte sie daran erinnert werden, daß es einen gab, der stärker war als alle Riesen, bösen Geister und toten Seelen der Welt. Damals waren sie jedoch zwei unschuldige Kinder gewesen. Und einem solchen Kind wie Andres war sie weder vorher noch nachher begegnet – so fromm und so gut und so hilfsbereit, wie er war. Dieser Junge – gleich herzensgut und liebevoll gegenüber Armen und Reichen – hatte wahrlich keine Furcht und keinen Zorn gekannt.

An jenem Heiligen Abend war er droben in ihrem Heim gewesen und hatte von seiner Mutter eine Weihnachtsgabe für Helgas krank darniederliegenden Vater überbracht. Helgas Mutter durfte ihn nicht verlassen, und so konnte auch das Mädchen nicht zur Messe gehen, denn die Eltern wagten nicht, sie die Meile bis hinunter zum Bootsplatz allein durch den Wald gehen zu lassen. Da erschien Andres in der Dämmerung wieder. Sie erinnerte sich, wie er an jenem Abend, auf die Skistöcke gestützt, vor ihrer Tür stand und hereinrief, er sei da, um Helga zur Kirche zu begleiten. Die Kälte hatte sein Gesicht gerötet, und von dem feinen Fell seiner Kapuze leuchtete weiß der Reif. Der Junge war festlich gekleidet, er trug eine silberne Spange an der Brust, einen Dolch mit vergoldetem Schaft und gesteppte rote Handschuhe, die ihm seine Mutter zu Weihnachten geschenkt hatte.

Ihre Eltern kamen nicht auf den Gedanken, nein zu sagen; niemand dachte wohl, daß die Fahrt ein Wagnis sein könnte, wenn sie von Andres Simonssön begleitet würde. Alle Menschen glaubten, ihm könne nichts Schlimmes zustoßen.

Damals wollten die beiden zur Kirche … Jetzt aber? Ginge sie hinaus, um die Fanggeräte zu holen, die – als Frevel gegen den Weihnachtsfrieden – draußen standen, so wäre doch wohl auch dies eine rechtschaffene Tat.

Helga erhob sich plötzlich, blieb jedoch noch eine Weile stehen und bedachte sich. Dann bekreuzigte sie ihren Sohn und die in der Ecke schlafenden Kinder, überdeckte die Glutstücke auf dem Herd und blies die Weihnachtskerze aus.

»In Gottes Namen gehe ich heute nacht hinaus …«

Die Nacht

Ein bleicher Schimmer lag über der Welt draußen. Der Mond stand hinter den Wolken. Helga fand Haldors Skier und band sie an ihren Füßen fest.

Auf dem Harsch schrapte und knirschte es leicht; der Schnee war frisch überfroren. An der Wiese lag eine Schneewehe hoch über der Einfriedung. Helga setzte dort hinüber und ließ sich durch Buschwald zu der weißen Fläche des Moores hinuntergleiten. Im Takt ihrer Skistöcke, so wie sie sie in den Schnee stieß, sprach sie ihre Gebete und murmelte Bruchstücke jener lateinischen Verse, die Andres sie gelehrt hatte. Richtig brachte sie diese kaum zusammen, und sie entsann sich ihrer Bedeutung nur zum Teil; aber es war seltsam, wie all das nun, nach vierzig Jahren, mit einemmal wieder in ihrem Gedächtnis auftauchte.

Zunächst hatte sie gar keine Angst. Es half auch, daß alles so erstaunlich leicht ging: Auf Anhieb fand sie alle sieben Schneehuhnschlingen, die Haldor ausgelegt hatte, am Birkenhang nahe dem Bach. Nur in dreien von ihnen waren Vögel gefangen gewesen, und zwei hatte schon der Fuchs geplündert.

Bis zum Orreleiksmoor lief der Bach unter einer niedrigen, aber steilen Bergwand dahin, die sich, schneefrei und schwarz, deutlich abhob. So weit war es leicht, sich zurechtzufinden und vorwärtszukommen. An der Bachmündung bog die Bergkante nach Süden und Osten. Folgte Helga ihr, bis sie die sonderbare Nase erblickte, die der kahle Jardtrudshügel in die Luft streckt und übers Moor ragen läßt, so würde sie schon bald auf die Zwillingskiefern und die erste Luchsfalle stoßen.

Einmal, als sie innehalten und einen frischen Weidenzweig um die Bindung winden mußte, lauschte sie. Es sauste und brauste in der Luft. Sicherlich kam es nur vom Wald. Doch es war unangenehm, in die Dunkelheit zu spähen. Einige Schritte weiter, da schmolzen das Schneefeld, die Weidenbüsche des Moores und die Bäume zu einer graufleckigen Finsternis zusammen. Es war unmöglich, die Nase des Jardtrudshügels in den schemenhaften Umrissen der Höhenzüge zu erkennen. Als sie nun abermals stillstand, spürte sie, wie der unabwehrbare Windzug aus der Felsschlucht eisig ihr Renfellwams durchdrang; durch das lange Laufen war sie in Schweiß gebadet.

Helga fühlte, wie ihr Herz zu hämmern begann. Das Brausen ähnelte dem Getöse von fernen Reitern, und während sie nach vorn spähte, schien sich das Dunkel, einem struppigen Fell gleich, unruhig zu bewegen. Sollte sie umkehren? Die Luchsfallen konnten wohl keine so große Sünde bedeuten – war doch der Luchs das schlimmste Untier! Aber es war niemals ihre Art gewesen, sich mit halbgetaner Arbeit zufriedenzugeben. So bekreuzigte sie sich wiederum, stieß die Stöcke in den Schnee und setzte sich mit aller Kraft in Bewegung.

Seltsam jedoch, wie lang in dieser Nacht der Weg übers Moor war! Sie machte abermals halt, versuchte sich zurechtzufinden, aber hier standen die Fichten ringsherum ganz dicht. Dann schlug sie die Richtung ein, wo es zwischen den Bäumen am hellsten war, weil dort zur Sommerszeit ein Viehpfad entlangführen mochte. Das Gelände fiel rasch ab … Dann stürzte sie. Ihre Skier hatten sich in einem Weidengebüsch verfangen.

Sie raffte sich auf, schüttelte den Schnee ab und fand Skier und Stöcke wieder. Es hatte den Anschein, als sei sie tief in ein Bachbett geraten, und sie begriff, daß sie nicht dort war, wo sie ihrer Vermutung nach hätte sein müssen. Am besten wäre es, umzukehren und ihre eigenen Spuren zum Moor zurückzuverfolgen!

Ein rauher, feuchtkalter Luftzug schlug ihr entgegen. Vielleicht kam er von dem Bach, der in den Jardtrudsmoorsee mündete. Dort klaffte immer eine offene Wake, die Nebel entstehen ließ.

Gleich darauf befand sie sich mitten in dichtem, harschem, eiskaltem Brodem. Die Waldbauersfrau wußte: Dies war nicht der Reifdunst einer kleinen Wake, es war undurchdringlicher Nebel, der sich vom Fjell heranwälzte. Nun drohte unmittelbare Gefahr. Bliebe der Nebel stehen, so würde sie in dieser Nacht nicht nach Hause finden. Und wenn sich der Nebel im Laufe des morgigen Tages nicht lichtete …!

Wenig später stieß ihre Skispitze gegen Metall. Das war eine von Haldors Fallen. Sie schickte einen Seufzer des Dankes zum Himmel. Entweder befand sie sich nun bei den Zwillingskiefern oder auf den Höhen jenseits des kahlen Hügels. Da blieb nur übrig, sich emporzumühen, so hoch wie möglich, sich der Macht Gottes anzuvertrauen und zu warten, bis der Nebel sich lichtete. Es drohte ihr keine Gefahr, sich zu verirren, und auch erfrieren konnte sie in dieser Nacht nicht.

Die Falle war umgerissen und der Schnee dunkel gefärbt – sicherlich Blutspuren, doch nichts deutete auf ein Tier hin. Der arme Haldor – er war wohl schon zu krank gewesen, als daß er die Falle hätte richtig aufstellen können. Sein Fanggerät aber durfte hier nicht stehenbleiben und von dem feuchtkalten Nebel beschädigt werden, vielleicht gar verlorengehen.

Die schweren Eisenklammern über den Rücken gehängt, mühte sich die alte Frau aufwärts. Der Wald stand auf dem steilen Abhang der Bergkuppe sehr dicht, unter den Bäumen lag nur wenig Schnee, dazwischen erhoben sich große Rollsteine. Helga schüttelte die Skier von den Füßen und nahm sie unter den Arm, stapfte die Steinhalde hinauf und stieß mit den Beinen immer wieder an Felsblöcke, die sich lockerten und abwärtsglitten, trat mit den Füßen in Löcher, die der dünne Schnee bedeckt hatte.

Schließlich stand sie oben auf einer kleinen weißen Fläche zwischen großen Kiefern. Sie befand sich über dem Nebel, der wie ein weißer See unter ihr lag, und gegen den tiefgrauen Himmel konnte sie den dunklen Rand des Hügelzuges unmittelbar gegenüber erkennen.

Und dann ... Jesus, mein König, befreie uns von dem Bösen! Auf dem gegenüberliegenden Hügel leuchtete ein rotes Feuer auf. Herr, hilf uns! Es strahlte aus einer offenen Tür. Ja, dort stand eine Tür offen, mitten im Berg. Und es drang Gejohle herüber. Helga meinte, ihr Blut erstarre zu Eis. Sie warf sich vor Grauen in den Schnee, zog einen Kreis um sich und ritzte nach allen Himmelsrichtungen Kreuze in den Harsch. Die Arme über die Brust verschränkt, den Kopf in die Fellärmel versenkt, betete sie immer wieder inbrünstig das Vaterunser und das Ave. »Herr, du mein Gott, steh mir bei gegen den Bösen, laß ihn nicht Macht über mich gewinnen! Mein Herrgott, ich glaube, daß du stärker bist als alle Wesen der Unterwelt. Heilige Maria, du vermagst doch mehr als die Bergriesin im Jardtrudshügel! Das glaube ich, das glaube ich ... Der Herr ist mein Hirte ... Befreie uns von dem Bösen!«

Oh, oh, oh – was war das für ein Getön? Drüben im Berg sang es. Über dem Rauschen des Waldes vernahm sie Gesang, hob die Arme und drückte sie an die Ohren, um ihn nicht hören zu müssen.

Nach einer Weile konnte sie dennoch nicht umhin, sich etwas aufzurichten und zu lauschen ... Beileibe, das war heiliger Gesang, das waren Töne, die sie aus der Kirche kannte: ein Weihnachtslied!

Konnte dies Blendwerk und Possenspiel böser Geister sein? Nein, das war auch nicht Jung-Andres' helle Kinderstimme, das war eine rauhe Männerstimme. Gleichviel, entweder war es Gesang von Toten oder von Engeln im Himmel ... Das Licht in der Felskuppe verschwand, und Helga hörte, wie sich drüben im Berg eine Tür schloß.

Sie kauerte sich in ihrem Kreis zusammen, zog die Knie an sich und faltete die Hände über ihnen. Das Gesicht in ihrem Schoß verborgen, nahm sie die Töne des Weihnachtsliedes in sich auf und summte ganz leise mit.

Wie lange sie so gesessen hatte, wußte sie nicht. Doch als sie schließlich das Gesicht hob, erblickte sie über sich einen hellen Stern. Der Mond mußte untergegangen sein, denn zwischen den lichteren Wolken war der Himmel ganz schwarz. Mitten in der kleinen Lücke aber strahlte der Stern, groß und klar – so wie er einst daheim leuchtend über dem Fluß gestanden hatte, als sie und ihr kleiner Spielgefährte auf dem schwarzen Wasser zwischen den weißen Sandufern zur Kirche gerudert waren.

Durchfroren und steif erhob sie sich und verneigte sich vor dem Stern. Dann kniete sie nieder und betete, ohne Furcht vor allem und jedem in der Welt. Und sie fühlte mit einemmal, daß ihr in dieser Nacht gleichwohl Gefahr gedroht hätte, wenn die bösen Geister imstande gewesen wären, sie zu verwirren oder sich ihr zu zeigen, weil sie sich stärkeren Mächten anvertraut hatte. Jene Versucher waren jedenfalls hier gewesen – sie spürte, wie sie sich nun verflüchtigten. Der Wald rauschte plötzlich in einem anderen Ton, so wie ein Mensch, aus einem bösen Traum erwachend, erleichtert schnaubt, sich streckt und, gleichmäßig atmend, in friedlichen Schlummer sinkt.

Nun schlief die ganze Welt in Geborgenheit. Häuser

und Höfe ruhten tief unter der milchweißen Nebeldecke, die Helga unter sich liegen sah, soweit das Auge reichte. Darüber hoben sich die Berggipfel dunkel gegen den Himmel ab, den die Wolken mehr und mehr freigaben. Immer weiter breitete die Nacht ihren bestirnten Mantel über die Welt, und der große Stern, heller als alle anderen, leuchtete, als hielte er Wacht.

Als sich die Luft über den Höhen im Südosten ganz schwach aufzuhellen begann und der Himmel um den großen Stern fast unmerklich erbleichte und sein Licht noch milder machte, ihn gleichsam feucht erglänzen ließ, da brach Helga Fichtenzweige ab, grub sich in der Mitte des Kreises eine Lagerstatt, deckte sich mit Reisig zu und scharrte Schnee über sich. Sie krümmte sich zusammen wie ein Waldtier und sprach ihr Nachtgebet. Bevor sie den Heimweg antrat, wollte sie eine Weile ausruhen; denn sie war jetzt todmüde.

Sie versank in Träume vom heimatlichen Fluß und von dem jungen Andres. Schließlich wollte es ihr scheinen, als stünden sie beide auf der schroffen Klippe des Storberges und sähen die Jungfrau Maria über den steilen Pfad zum Storberg hinaufeilen ... Ja, als Kind hatte sie sich, wenn sie vom Gang der Gottesmutter zu ihrer Verwandten, der heiligen Elisabeth, hörte, immer vorgestellt, daß sie über diese Storbergshänge dahingeeilt sei; und den Hof des Priesters Zacharias hatte sie sich wie eines der schönen Großbauerngehöfte weit oben, nahe dem Himmelsrand, gedacht. Dort blieb der Schnee für gewöhnlich noch den ganzen Monat Mai hindurch liegen; doch sie glaubte die Jungfrau Maria über den Schnee hineilen zu sehen, die Füße in goldenen Hüllen, die den Blüten des Hornklees ähnelten, welche die Nonnen die goldenen Schuhe der Jungfrau Maria nannten. Ihr Gewand ist grün und fein gefaltet wie das Laub des Marienmantels, und über ihre Schultern wallt das goldblonde Haar, weht der himmelblaue Mantel ...

Helga schlug die Augen auf und schloß sie geblendet wieder. Über ihr spannte sich der Himmel in strahlendem Blau. Die Gleiße des Schnees schmerzte ihre Augen. Er glitzerte weißgolden aus unzähligen winzigen Sternen, dazwischen zogen sich klare blaue Schatten. Der Wald stand in strotzendem Grün. Doch über sich sah sie das Gesicht eines Mannes, der sich zu ihr niederbeugte, ein braungebranntes, rundes Gesicht mit krausem rotem Bart, gekrönt von gelbblondem, lockigem Haar. Es war Olav, ihr ältester Sohn. Und sie lag auf seinem Arm.

Sie schloß die Augen, begriff nicht, was mit ihr war. Weilte sie auf Erden? Was war ihr, einem elenden, armen, sündigen Weib, widerfahren?

Olav rüttelte und schüttelte sie.

»Mutter, Mutter!« sagte er. »Geht es dir schon besser, Mutter? Antworte doch, Mutter! Was machst du hier oben in den Bergen? Wie bist du hierhergekommen?«

Helga richtete sich auf und rieb sich die Augen. Rings um sie her herrschte der strahlendste Wintertag. Olav hockte quicklebendig neben ihr im aufgewühlten Schnee, zwischen ihren Skiern, einem Felleisen und Haldors Luchsfalle. Und Helga lag auf einer Pelzjacke, die wohl dem Sohn gehörte. Olav rüttelte sie von neuem und fragte zwischen Weinen und Lachen immer wieder: »Mein Gott, Mutter, wie bist du hierhergekommen?«

Ihre Glieder waren so steifgefroren, daß der Sohn die Mutter mit den Armen um die Schultern stützen mußte, als sie den Abstieg durch den Wald begannen.

Olav erzählte, daß Sira Benedikt durch Leute, die in der Gegend unterwegs waren, nach Olav Arnesön von Uvåsen habe fahnden lassen: er solle nun, wenn irgend möglich, heimkommen, denn der Bruder liege krank darnieder, und die Mutter beginne alt und müde zu werden. Diese Nachricht habe er auf einem Hof nördlich von Nidaros erhalten, wo er als Großknecht diene.

Er habe gedacht, er könne die heimatliche Kirche bis zum Weihnachtsabend erreichen. Aber, schon im vertrauten Fjell angelangt, sei er vom Nebel überrascht worden, und da habe er drüben in der alten Steinbaude Unterschlupf gesucht. Gewiß habe die Mutter sein Feuer gesehen und seine Stimme gehört, denn auch er habe geglaubt, am gegenüberliegenden Hang Leute zu bemerken. Da seine Rufe unbeantwortet geblieben seien, habe er ein Weihnachtslied angestimmt – sei ihm doch in der Öde der Nacht nicht recht geheuer gewesen. Dann habe er sich in der Baude schlafengelegt. Und als er am Morgen erwacht und hinausgetreten sei, habe er ein Paar Skier über den Kamm des Jardtrudshügels ragen sehen; er habe befürchtet, hier sei ein Mensch verunglückt, und sei hergeeilt.

Weiter unten am Hang war in der Nacht Neuschnee gefallen. Der Wald stand ganz in Weiß gehüllt, vergoldet von der Morgensonne unter dem blauen Himmel.

Als Mutter und Sohn dann auf der Hochwiese von Uvåsen angekommen waren, erblickten sie Signe. Sie stand draußen auf dem ausgeschaufelten Steig zwischen den Gebäuden, neben ihr die beiden kleinen Mädchen. Die Schwiegermutter beschattete mit der Hand ihre Augen und spähte zu ihr hin. Als die Heimkehrenden näher kamen, sahen sie, daß Signes Gesicht ganz verweint war.

»Was ist mit Haldor?« fragte die Mutter, nachdem sie einander begrüßt hatten.

Nun, er habe tief geschlafen, als sie nach Hause gekommen sei. Nach der Morgenmesse habe sie bis Bergheim eine Fahrgelegenheit gefunden und sei dann heimgelaufen. Und die Kinder hätten artig und frohgemut auf der Bank gesessen, Milch getrunken und Kuchen gegessen, ganz wie Königskinder. Bald darauf sei Haldor erwacht; er fühle sich, habe er gesagt, viel besser. Doch sie beide hätten sich über das Ausbleiben der Großmutter geängstigt, sagte Signe. Dabei starrte sie scheu und mit großen Augen den fremden Mann an – ihren Schwager. Die Kinder versteckten sich hinter ihrer Mutter und ließen den Fremden nicht aus dem Blick.

Die Großmutter aber gebot ihnen streng, hervorzukommen und ihren Onkel artig zu begrüßen. Dann nahm Olav Arnesön die Kleinste, Ingegjerd, auf seinen Arm und ging zu seinem Bruder hinein. Die Mutter folgte ihm.

Haldor, der, von Kissen gestützt, im Bett lag, sah merklich wohler aus. Er streckte der Mutter die Hand entgegen.

»Ich hab gespürt, daß es dir geglückt ist, meine Fallen abzunehmen, Mutter, denn die Schmerzen ließen schnell nach, und mich überkam eine so wohltuende Ruhe im ganzen Körper.«

Olav saß bei seinem Bruder auf der Bettkante; auf jedem Knie hatte er eines der kleinen Mädchen. Die Kinder waren ganz verstummt, sie starrten nur verwundert den Onkel an, der jedem von ihnen einen silbernen Fingerring geschenkt hatte. Haldor befühlte mit seinen kraftlosen Fingern all die Dinge, die der Bruder mit heimgebracht hatte.

All das Geld aber, das er verdient hatte – es waren über anderthalb Mark Silber –, hatte Olav seiner Mutter in die Hände gelegt.

Signe ging, während sie sich um den Herdkessel kümmerte, hin und her und hielt die Wiege des Jüngsten in Bewegung.

Mutter Helga weinte in Dankbarkeit still vor sich hin. Sie kniete in einem Winkel und mühte sich, Worte zu finden, um Gott und der Jungfrau Maria so recht für die glücklichste Weihnacht zu danken, die ein armes, sündiges Weib jemals auf Erden erlebt hatte.

Kristian Elster d. J.

Lars Stua

Ein paarmal jährlich, jeden Herbst und jedes Frühjahr, kam Lars Stua ins besiedelte Land herunter, zu dem Dorf, wo die Kirche stand und wo der Pfarrer und der Doktor wohnten. Sobald es ruchbar wurde, daß seine mächtige Gestalt, schwerfällig und gebückt, den Kasten mit den Holzschnitzarbeiten in der Hand und den Ranzen auf dem Rücken, die Brücke überschritten hatte, rannten die Kinder wie besessen in die Häuser, wo sie dann hinter den Fenstern standen, ihre Nasen gegen die Scheiben drückten und mit den Blicken verfolgten, wie er vorüberschlurfte. Und wo er auch ging, drehten sich die Leute langsam um und sahen ihm nach. Lars Stua hatte immerhin einen Menschen getötet; vor vielen Jahren hatte er in einer Winternacht einen verirrten Hausierer erschlagen und beraubt, dann hatte er zehn Jahre im Gefängnis gesessen und war schließlich auf Bewährung freigelassen worden. Nun fragten sich die Leute, ob er die Bewährungsprobe bestehen würde; wenn es auch schon lange her war, so konnte man doch niemals wissen ... Er kam von einer kleinen Hütte, die weit im unwegsamen Gebirge lag. Wenn die ersten Sonnenstrahlen hervorsickerten, brach er von dort auf, und um die Mittagszeit erreichte er das Hauptdorf. Dann ging er gleich zum Anwesen des Doktors. Dieser pflegte die Holzwaren, die Lars gefertigt hatte, in die Stadt zu schicken; er war für ihn eine Art Mittelsmann, und das Heim des Doktors war das einzige, das Lars besuchte. Von dem Augenblick, da er kam, bis zu dem, da er wieder ging, sprach er niemals ein Wort. Er saß abseits an der Tür, vornübergebeugt, wobei ihm das graue Haar in die Stirn niederhing, und hielt die Hände, die großen braunen Wurzeln ähnelten, zwischen den Knien gefaltet.

Redete ihn jemand an, so nickte er nur, schüttelte den Kopf oder zuckte mit den breiten Schultern.

»Er ist ebenso gut wie irgendeiner von uns anderen, die wir nicht in Versuchung geführt werden«, sagte der Doktor. »Er ist ein braver und friedfertiger Mann. Aber ich würde ihn, potz Blitz, so gern einmal sprechen hören; mit allen Kniffen, die ich anwende, locke ich nichts anderes als ein Ja oder Nein aus ihm heraus.«

Wenn er mit seinen Angelegenheiten im Haus des Doktors fertig war, gegessen und abgerechnet hatte, ging er wieder. Das Anwesen des Dorfkrämers betrat er durch die Hintertür; Andersen hatte gesagt, er wolle ihn drinnen zwischen den anderen Kunden nicht haben. Dann bekam er seine paar Waren, und gegen Abend trollte er sich wieder heimwärts. Wer ihm begegnete, wich für gewöhnlich ein kleines Stück aus und sah ihm nach, wie er dahinging, stämmig wie ein wandernder Berg, gebückt und mit langen, schwerfälligen Schritten, mit seltsamen weißen Augen vor sich hin blickend, die eine Schulter schief vom

Tragen des schweren Ranzens, der jetzt bis oben hin mit eingekauften Sachen gefüllt war. So schritt er einher, gleichmäßig, ein grauer Schatten in dem dämmerigen Abend. Man konnte ihm mit den Blicken folgen, bis er vom Gemeindeweg ins Gebirge abbog. Die Hütte, in der er ganz allein hauste, erreichte er dann erst spät in der Nacht.

Es war gerade in der Weihnachtszeit, zwei Tage vor Heiligabend, als der Doktor zu einem Kranken gerufen wurde, der in dem höchstgelegenen Bergweiler wohnte. Um mit Sicherheit am Weihnachtsabend zur rechten Zeit nach Hause zu kommen, fuhr er mit dem Pferdeschlitten bis zu einem anderen, größeren Berghof und lief von dort aus auf den Skiern weiter übers Gebirge zu dem kleinen Weiler. So sparte er vier Stunden, die er mehr gebraucht hätte, wenn er den ganzen Weg mit dem Gespann gefahren wäre. Dennoch mußte er dort übernachten.

Am Vormittag des Kleinen Heiligen Abends machte er sich auf den Heimweg; wieder lief er mit den Skiern übers Gebirge, das Arzneikästchen in der Hand. Das Pferd erwartete ihn auf jenem Berghof.

Das Wetter war grau, die Luft milder, aber es ging leicht vorwärts. Der Doktor kannte die Fährte von früheren Krankenbesuchen, und heute konnte er sich außerdem nach der Spur vom Vortag richten.

Als er schon ein paar Stunden wieder von dem Weiler entfernt war und gerade einen riesigen Stein passierte, der einem toten Großtier ähnelte, fing es an zu schneien. Es war ein so plötzlicher, massiger Schneefall, als wolle der Himmel einstürzen. Während der Doktor so lange einen ungehinderten Ausblick über die öde Gebirgsweite gehabt hatte, konnte er auf einmal nicht mehr die Hand vor Augen sehen, und er selbst glich alsbald einem wandernden Schneemann. Unablässig mußte er sich den schweren Schnee abschütteln, der sich auch in den Augen festsetzte und ihn blendete. Tags zuvor hatte der Schnee sicher und leicht getragen, nun sackten die Skier ständig durch, und

WERTHEIM STEGLITZ
12163 BERLIN SCHLOẞSTR.11-15
Kundentelefon 0180-22004

**** FROHE WEIHNACHTEN ****
Wünschen Ihnen die Mitarbeiter
des Hauses WERTHEIM Steglitz

Verkäufer: 111
061 F 2

Bücher	14,90
Summe DM	14,90 *
Gegeben Bar DM	20,00
Zurück	5,10

Mwst 7,00%(2) 0,97 DM
WIR DANKEN FÜR IHREN EINKAUF
00129 221 028 1 ONLINE 16.12.98 11:15

KARSTADT Konzerns (KARSTADT AG, HERTIE Waren- u. Kaufhaus GmbH, Runners Point GmbH) sowie der Ahrens AG aufzunehmen. Der Sperreintrag wird nach Begleichung des Rechnungsbetrages gelöscht.

Unterschrift (Betrag siehe Vorderseite)

Ich ermächtige hiermit das umseitig genannte Unternehmen, den angegebenen Betrag von meinem Konto durch Lastschrift einzuziehen. Für den Fall der Rückgabe oder Nichteinlösung der Lastschrift ermächtige ich meine Bank unwiderruflich, dem umseitig genannten Unternehmen Namen und aktuelle Anschrift des Kontoinhabers mitzuteilen.

Im Falle der Nichteinlösung ermächtige ich das jeweilige Unternehmen, meine Daten in die Sperrdatei des KARSTADT Konzerns (KARSTADT AG, HERTIE Waren- u. Kaufhaus GmbH, Runners Point GmbH) sowie der Ahrens AG aufzunehmen. Der Sperreintrag wird nach Begleichung des Rechnungsbetrages gelöscht.

Unterschrift (Betrag siehe Vorderseite)

Ich ermächtige hiermit das umseitig genannte Unternehmen, den angegebenen Betrag von meinem Konto durch Lastschrift einzuziehen. Für den Fall der Rückgabe oder Nichteinlösung der Lastschrift ermächtige der Neuschnee blieb daran haften. Jegliche Spur war verschwunden, jedes Kennzeichen verwischt, alles ein einziges Grauweiß. Eine Weile dachte er daran umzukehren, dann aber meinte er bald so weit gekommen zu sein, daß es bergab, auf den Wald zu ginge, und da wäre er auch wieder in der Nähe von Menschen. Ruhig und besonnen setzte er deshalb seinen Weg fort, kantete etwas, wenn die Skier zu tief durchsackten, und hielt gleichmäßiges Tempo; schließlich war er ja mit den Gebirgsverhältnissen vertraut. Als er wieder eine beträchtliche Strecke zurückgelegt hatte, merkte er, daß der Berg stark anstieg. Er glaubte, er sei zu weit ins Gebirge zurückgeraten, änderte die Richtung, gewann dann abfallendes Gelände, sauste in Schußfahrt dahin und landete auf einer großen weißen Fläche. Das mußte ein Gewässer sein. Aber er brauchte eigentlich gar kein Gewässer zu überqueren. Auf den Skistock gestützt, nahm er den Kompaß zur Hand, und rasch glaubte er die rechte Richtung wiedergefunden zu haben. Ja, er war etwas zu weit ins Gebirge abgekommen. Nun brach er erneut auf und folgte, wie er meinte, dem Lauf eines Baches von dem Gewässer aus bergab.

Dann aber begann sich das Weiße zu bewegen. Zuerst ging es wie ein frostiges Seufzen oder Hauchen übers Gebirge, der Schnee verlor sein Leuchten, wurde stattdessen eisig. Und dann geriet alles in Bewegung, der Schnee, der gefallen war, blieb nicht länger liegen, er erhob sich vom Erdboden, anfangs wie feiner Rauch, und traf mit dem Schnee aus der Luft zusammen, es bildete sich ein Strom, ein reißender weißer Strom, der dem einsamen Bergfahrer unmittelbar entgegenstand. Es war Sturm aufgekommen.

Der Doktor war ein großer, kräftiger Mann, unerschrocken und ruhig, und er wußte, worauf es jetzt ankam. Er mußte die Richtung ändern, er konnte nicht geradewegs gegen den Sturm angehen, der ihm sofort den Atem benahm; er mußte innehalten und auf den irgendwo unterhalb gelegenen Wald zusteuern, wo er Schutz finden würde. Aber es ging nicht bergab. Entweder lief er im Kreis, oder er geriet weiter ins Gebirge hinein; und allmählich spürte er, wie ihn bleierne Müdigkeit überkam. Er suchte Schutz hinter einem großen Stein und holte abermals den Kompaß hervor, doch vermochte er nicht festzustellen, wo er sich befand – und da wußte er, daß es das Leben galt.

Der Schnee war, als der Sturm einsetzte, naß gewesen; jetzt war er zu Eis gefroren. Die Kleidungsstücke des Doktors hatten unnachgiebige Steife angenommen, selbst die Fausthandschuhe waren spröde wie Glas. Der Kragen schnitt ihm in den Hals, und sein Gesicht war wund und schmerzte. Noch immer hielt er das Arzneikästchen fest, er konnte die Finger auch fast nicht zurückbiegen. Eine Weile erwog er, sich im Schutze des Steins im Schnee einzugraben, aber dann fiel ihm ein, daß ein solcher Gebirgssturm sehr wohl einige Tage und Nächte andauern konnte. Lieber wollte er umfallen und liegenbleiben, als sich von selbst hinlegen.

Er aß etwas Schokolade, entschloß sich dann, so zu laufen, daß er den Sturm im Rücken hatte, und setzte sich erneut in Bewegung. Aber er war noch keine halbe Stunde wieder gelaufen, als er merkte, daß er nun nicht mehr weiter konnte. Er blieb stehen und lehnte sich, um zu verschnaufen, über einen Stein, der, ganz von Schnee bedeckt, dort lag.

Da erblickte er plötzlich in unmittelbarer Nähe ein Haus. Oder richtiger gesagt: er erblickte es nicht, sondern eine Sturmbö, die ihm, als er sich einmal aufrichtete, gerade ins Gesicht fuhr, ließ ihn für einen Augenblick lediglich einen Hauch oder eine Ahnung von Schornsteinrauch wahrnehmen – so nahe war er dem Haus.

Nachdem er sich wieder aufgerafft und ein Stück vorwärts geschleppt hatte, gewahrte er einen grauweißen Schatten, den er zuerst für einen schneebedeckten Berg gehalten hatte. Er erkannte die Stelle: das war Lars Stuas Hütte.

Der Doktor mußte mehrmals heftig gegen die Tür pochen, ehe Lars kam und aufmachte – und auch dann zunächst nur einen Spalt breit. Ein bärtiges Gesicht lugte heraus, dann wurde die Tür etwas weiter geöffnet, und der Doktor schlüpfte, nachdem er sich mit Mühe der Skier entledigt hatte, hinein.

Die ganze Hütte bestand nur aus einem einzigen Raum, aber er war warm, er bedeutete die Rettung – ein schwarzes Loch mit niedriger Decke, darin ein Kochherd, ein Bett und ein Tisch, der nahe dem winzigen Fenster stand. Es war wunderbar, hier hereinzukommen. Der Doktor taumelte durch den Raum und warf sich aufs Bett, wo er keuchend liegenblieb. Diesmal bist du mit dem Leben davongekommen! dachte er.

Lars hatte sich ans Fenster gesetzt; dort saß er in seiner gewöhnlichen Stellung, die Hände zwischen den Knien. Er sagte nichts, fragte auch nichts, starrte ihn nur unablässig mit seinem seltsam gebrochenen Blick an. Wenn der Doktor zu ihm hinsah, wandte er den Blick sofort ab, sobald der Doktor jedoch zur Decke schaute, waren Lars' Augen wieder auf ihn gerichtet.

Mit einem Ruck erhob sich der Doktor und fing an, sich die halb nassen, halb noch gefrorenen Kleidungsstücke vom Leib zu zerren. Kälteschauer durchschütterten seinen Körper, und er fragte Lars, ob er nicht etwas Warmes für ihn zu trinken habe.

Lars stand auf und ging an den Herd; der stämmige Mann bewegte sich ganz geräuschlos. Er öffnete die Herdtür und fachte die Glut an. Dann ergriff er eine Pelzmütze, zog sie sich gut über die Ohren und ging hinaus.

Der Doktor war wieder allein, er hörte den Sturm über die kleine Hütte jagen, in gewaltigen Stößen, nicht mehr in gleichbleibendem Tosen; demnach hatte sich wohl nun das Schlimmste doch ausgetobt. Der Sturm scheint von

Norden zu kommen, dachte der Doktor, da bin ich also die ganze Zeit weiter ins Gebirge gelaufen statt zum besiedelten Gebiet hinunter! Er zog seine Uhr hervor; sie zeigte die neunte Abendstunde. So war er sieben Stunden herumgelaufen. Das machen mir in meinem Alter jedenfalls nicht so viele nach! dachte er weiter, streckte sich behaglich, ging dann ans Fenster und blickte hinaus.

Nun sah er, daß da noch ein Häuschen stand, ein kleiner, halb umgewehter Schuppen, aus dem in diesem Augenblick Lars Stua zum Vorschein kam. Er trug eine Axt unter dem Arm, blieb unversehens stehen und hielt witternd die Nase in den Sturm; sein Bart bewegte sich, und sein Mund murmelte vor sich hin. Er redete! Der Doktor konnte sehen, wie er mit sich selbst redete. Und während er den Hünen betrachtete, wie er da mit der Axt unter dem Arm stand und vor sich hin murmelte, fiel ihm plötzlich ein, daß dieser Mann, bei dem er Zuflucht gesucht hatte, wegen Mordes verurteilt worden war: er hatte einen verirrten Reisenden erschlagen und beraubt!

Der Doktor hätte wohl sonst den Gedanken von sich gewiesen, daß ihn die Tatsache, ausgerechnet bei Lars Stua Obdach gefunden zu haben, ängstigen könnte; jetzt aber war er übermüdet und erschöpft, zudem vergrößerte der Sturm, der wirbelnde weiße Schrecken, der über das Gebirge brauste, sein Unbehagen, und der Anblick des Mannes, des Mörders, der dort draußen mit der Axt unter dem Arm im Sturm stand und mit sich selber sprach, machte sein Herz klopfen und trieb ihm das Blut in den Hals, und sein ganzer Körper wurde von Lähmung befallen. Unsinn, sagte er sich, so etwas tut ein Mensch einmal und nicht wieder! Aber im selben Augenblick mußte er denken: Die Versuchung ist dieselbe wie damals, was er einmal getan hat, kann er auch jetzt wieder tun, vielleicht ist er wahnsinnig, vielleicht *muß* er töten, wenn der Mordrausch über ihn kommt, und vielleicht ist das gerade heute nacht der Fall!

Verworrene Gedanken durchfuhren seinen Kopf, Überlegungen, was er tun solle; wieder hinausflüchten konnte er nicht, das bedeutete auf jeden Fall den Tod; er dachte daran, die Tür zu versperren, aber es war nichts da, womit er sie hätte verriegeln können, nichts, das den Kräften des anderen widerstanden hätte. Er suchte nach einer Waffe, fand aber keine, und da klopfte sich Lars draußen auf der Steinplatte auch schon den Schnee ab.

Der Doktor stand reglos da und starrte auf die Tür, und dann hörte er Lars mit sich selbst reden, Worte murmeln, die nicht zu verstehen waren; es war nur ein heiseres, kummervolles Gurgeln in der Tiefe seiner Kehle, aber es bestand kein Zweifel: er sprach mit sich selbst. Vielleicht versucht er sich zu diesem oder jenem, zu irgend etwas Furchtbarem zu überreden! dachte der Doktor.

Lars kam herein, er hatte den Arm voll Brennholz, kauerte sich vor dem Herd hin und fing an, das Holz in Späne zu spalten. Deshalb hatte er die Axt mit hereingebracht! Aber dazu hätte er auch ein Messer benutzen können, fand der Doktor und ließ den anderen nicht aus den Augen.

Lars bekam den Herd gut warm und setzte den Kaffeekessel auf. Eine Weile blieb er dabei stehen und lauschte dem ersten feinen Summen, dann setzte er sich die Mütze wieder auf. Wenn er die Axt aus der Hand legt, verstecke ich sie! dachte der Doktor. Lars aber legte sie nicht weg, er nahm sie unter den Arm und ging wieder hinaus.

Der Doktor hängte seine Kleidungsstücke zum Trocknen auf, wickelte sich eine Decke um, setzte sich an den Herd und wärmte sich. Mit der Wärme beschlich ihn Müdigkeit; er hüpfte auf und nieder. Du darfst nicht schlafen! sagte er sich. Und wieder hüpfte er.

Dann hörte er Lars zurückkommen, hörte den Mann draußen murmeln, bevor er eintrat, ein betrübtes Knurren, das Mitleid und Schrecken erregte. Er stellt sich die Frage, ob er mich totschlagen soll – er will nicht, aber er kann nicht anders! durchfuhr es den Doktor, und er fühlte sich am ganzen Körper kältestarr.

Lars warf einen weiteren Armvoll Holz vor den Herd; schwer fiel es auf den Fußboden. Auch eine gesalzene Keule hatte er mit. Er tappte in der Hütte herum, brachte das Wasser im Kessel rasch zum Kochen und deckte den Tisch: Brot, Butter, Pökelfleisch und Zucker. Dann schenkte er Kaffee ein und nickte stumm; er sprach nicht, nickte dem Doktor nur zu.

Der Doktor war hungrig, aber er mochte nicht essen, denn da hätte er Lars den Rücken zuwenden müssen – andererseits konnte er nicht umhin. So trank er einen Schluck Kaffee und nahm einen Bissen Brot zu sich. Die ganze Zeit waren die Augen des anderen auf ihn gerichtet; es machte Lars gewiß böse, wenn sein Gast nicht aß: es war etwas Furchtbares in den weißen Augen, etwas Leidvolles und Erschreckendes.

»Ich bin zu müde, als daß ich etwas essen könnte«, sagte der Doktor und drehte sich ganz zu Lars hin.

Lars erhob sich, schlug die Decken vom Bett zurück und bedeutete seinem Gast mit einem Nicken, sich hinzulegen.

»Wo willst du dann liegen?« fragte der Doktor und gab sich Mühe, munter zu erscheinen. »In deinem Bett mußt du doch selber liegen!«

Lars aber schüttelte den Kopf und setzte sich an den Tisch neben dem Fenster. Die Axt hatte er hinten an die Wand gestellt, nur eine Armlänge von sich entfernt.

Mit einem Ruck stand der Doktor auf. Ich lege mich hin, dachte er, ich kann mich ebensogut hinstürzen – ist es der Tod, so ist es eben der Tod! Es wird das letzte Bett sein, in dem du liegst, alter Junge! sagte er zu sich selbst und ließ sich niederfallen. Er hatte seine Stummelpfeife mitgenommen, die zündete er nun an, um sich wach zu halten; schlafen würde er ganz sicher nicht.

Er legte sich so hin, daß er Lars ständig im Auge behalten konnte. Dann versuchte er ein Gespräch anzufangen.

»Hast du seit dem letzten Mal viele Holzlöffel gefertigt?« fragte er.

Lars nickte.

»Du wohnst hier allein, nicht?« fuhr der Doktor fort, aber er brach von selbst wieder ab. Das war ein gefährliches Thema. Er spürte solche Müdigkeit; und sosehr er von Angst erfüllt war, konnte er doch dem Schlaf nicht widerstehen. Lars entrückte ihm, wurde übermäßig groß, ein furchtbarer, unförmiger Schrecken, der die Hütte erfüllte.

Der Doktor schlief beinahe, da wurde er mit einemmal hellwach, es fiel ihm ein, daß er vergessen hatte, seine Uhr aufzuziehen.

Er richtete sich im Bett auf und zog die Uhr aus der von dort erreichbaren Westentasche. Es war halb eins.

»Es ist Heiligabend«, sagte er laut.

Da stand Lars auf und kam ein paar Schritte auf das Bett zu. Er sah den anderen mit einem sonderbaren Blick an, einem wunden, kranken Blick; es war, als wolle er etwas sagen, aber das äußerte sich nur in Zuckungen um den Mund. Dann setzte er sich wieder, und der Doktor ließ sich mit einem langen Aufatmen aufs Bett zurückfallen.

Während er dort lag, spähte er vorsichtig zu Lars hinüber. Es war Heiligabend, und seine Gedanken wanderten zu den Seinen daheim. Welche Angst sie jetzt seinetwegen ausstehen mochten! Er dachte an die Kinder; einen der Jungen hatte er, kurz bevor er losfuhr, ausgescholten.

Würden sie nun nicht wieder Freunde werden? Würde er sie alle niemals wiedersehen? Er gehörte nicht zu den Empfindsamen, aber bei diesen Gedanken durchlief ihn ein Zittern. Du kommst nie wieder nach Hause! sagte er zu sich selbst. Er lag da, horchte auf das Unwetter und starrte zu dem Mann am Fenster. Bückte er sich nicht, streckte er nicht die Hand nach der Axt aus?

Der Doktor wollte nicht schlafen, aber er nickte bereits ein. Man kann sich nicht nach siebenstündigem Kampf im Schneesturm, zu Tode erschöpft, in einer warmen Hütte niederlegen und dann wachhalten, selbst wenn man fürchtet, erschlagen zu werden. Er sah Lars' massigen schwarzen Schatten immer weiter abrücken, der Schemen bewegte sich langsam in dem ruhigen Schein des Herdfeuers, dabei wurde er größer und größer, schließlich unermeßlich groß, ein Berg, der über ihm niederzustürzen drohte. Und er, der Bedrohte, wühlte sich in eine Schneewehe hinein, um dort zu sterben, aber er wollte nicht sterben, er wollte sich wieder aufrappeln, er fuchtelte mit Armen und Beinen, um aus dem tiefen Schnee wieder herauszukommen, er schlug in ihn hinein, so daß es schmerzte – er schlug gegen die Bettkante und erwachte.

Es war dunkel in der Hütte. Lars saß noch am Tisch, doch er schien jetzt mit etwas beschäftigt. Nun sah der Doktor, was es war. Lars hatte eine Kerze angezündet und irgend etwas davorgestellt, als Lichtschutz für den Schlafenden. Seine Aufmerksamkeit galt einem Buch, das er zur Hand genommen hatte. Der Doktor starrte ihn verwundert an. Ob der Mann dort las? Hielt er sich durch Lesen wach? Plötzlich durchfuhr den Beobachter ein kalter Schauer. Der Mann dort fing an zu murmeln. Dann las er hörbar, mit gedämpfter Stimme, traurig und langsam:

»Es begab sich aber zu der Zeit, daß ein Gebot von dem Kaiser Augustus ausging, daß alle Welt geschätzt würde.« Das war das Weihnachtsevangelium!

Der Doktor war kein frommer Mann, das Weihnachtsevangelium aber liebte er wegen des Friedens, der in seinen Worten ist. Man sollte meinen, sie hätten ihm nun Ruhe gegeben: ein Mann, der das Weihnachtsevangelium liest, tötet nicht – nicht in der Nacht zum Heiligen Abend. So aber verhielt es sich nicht. Der Doktor vernahm mit Schrecken, daß der Mann das Evangelium las. Es lag etwas Beklemmendes über diesem düsteren Mann, der da für sich selbst las, eine Drohung in der ungewohnten Stimme, die im Evangelium des Friedens buchstabierte. Er kämpft mit sich! Doch wenn er erst kämpft, wird er sich nicht überwinden, da ist er verloren – und ich ebenfalls! Der Tod ist in der Hütte, der Mann liest das Evangelium, ehe er tötet! All dies fuhr dem Doktor durch den Kopf, und der Schreck schüttelte ihn, so daß das Bett erzitterte. Aber er wollte nicht sterben, er machte sich bereit zum Kämpfen. Auf dem Fußboden nahe dem Bett entdeckte er einen großen Holzklotz; er wollte sich nicht verraten, indem er aufsprang und den Kloben ergriff, aber er streckte den Arm aus dem Bett und versuchte, das Holzstück zu sich heranzufingern. Sein Arm schmerzte, so reckte er sich aus, aber es gelang: das Holzstück kam näher; bald konnte er es mit der Hand fassen. Ein solcher Kloben war eine furchtbare Waffe in der Hand eines kräftigen Mannes. Nun konnten sie miteinander kämpfen!

Der Holzklotz kippte und stieß leicht an den Boden. Lars blickte auf. Der Doktor lag still da und bewegte sich nicht, nur den Arm zog er an sich; er tat, als schlafe er. Die Decke war ihm hinuntergeglitten, und er wagte nicht, sie wieder heraufzuziehen. Durch die halbgeschlossenen Augen sah er, wie Lars aufstand und sich vorsichtig dem Bett näherte. Brachte er die Axt mit? Nein, er ließ sie stehen. Jetzt war er ganz dicht am Bett und beugte sich darüber, und behutsam wie eine Frau nahm er die Decke und rückte sie vorsichtig, ja geradezu sanft zurecht, legte sie um den Schläfer wie um ein Kind und bereitete auch einen Fußsack, und als er fertig war, blieb er noch eine Weile stehen, blickte seinen Gast mit einem seltsam verlorenen Ausdruck an und ging dann leise zu seinem Platz am Fenster zurück.

Der Doktor lag reglos und demütigen Sinnes da. Und mit einemmal begriff er: Der Mann war der Feierlichkeit, die in der Hütte herrschte, des großen Festes innegeworden; ein Verirrter hatte unter seinem Dach Zuflucht gesucht, war sein Weihnachtsgast geworden. Das war eine Gnade, ein Zeichen des Himmels, daß dessen Zorn von ihm genommen sei. In ein düsteres, verworrenes Gemüt war ein fahler Schimmer gedrungen. Und er, der Gast, hatte hier gelegen, sich vor einem Mörder gefürchtet und sich bereit gemacht, mit ihm zu kämpfen!

Der Mann am Fenster beugte sich wieder über das Buch; das seltene Fest sollte doch auf die seltene Art gefeiert werden – mit dem Buch. Er wollte seinen Dank erweisen. Er las wieder, murmelte mit heiseren Gurgellauten vor sich hin, während ein riesiger brauner Finger auf die Buchstaben deutete; und der Doktor lag still und voller Verwunderung dabei und lauschte.

Am Morgen – der Sturm hatte sich gelegt, und über dem Gebirge lag eine ruhige weiße Schneedecke – geleitete Lars seinen Weihnachtsgast bis zum ersten Hof, und am späten Nachmittag des Heiligen Abends kehrte der Doktor ins Dorf zurück.

Dan Andersson

Die Ewigkeitsmaschine

Er wurde nur »Herr Martin« genannt, weil sein anderer Name zu beschwerlich auszusprechen war. Er hieß Beilitz, und das ging den Bauern gegen den Strich. Weshalb er auf dem Lande wohnte, in einem Dachstübchen über dem halbnärrischen Pächter, der auch der Uhrmacher des Kirchsprengels war und sich besonders auf Mora-Seiger und Dreschgöpel verstand, die nicht mehr gehen wollten, das war lange Zeit Gegenstand von Mutmaßungen gewesen. Ein junger Künstler, der sogar in Stockholm ausgestellt hatte, sollte doch wohl tunlichst dort auch wohnen, unter seinen Kumpanen und Berufsgenossen. Aber so allmählich war es den Bauern von Torås klargeworden, daß Herr Martin trotz seines Künstlernamens, trotz der Ausstellung in Stockholm und trotz des Bildes, das sie in der Stockholmer Zeitung von ihm gesehen hatten, so arm war und über so jämmerlich kleine Einkünfte verfügte, daß er einfach so wohnen mußte. Diese Entdeckung bewirkte, daß ihm statt Bewunderung teils Mitleid und teils Geringschätzung entgegengebracht wurde – aber das schien Herrn Martin nicht weiter zu berühren. Er streifte draußen im Wald umher, im Sommer, im Herbst und im Frühling, ja sogar im Winter, wenn die Kälte nicht gar zu streng war. Und diejenigen, die sich in seine Dachstube hinaufgewagt hatten, konnten bezeugen, daß er sehr wohl auch arbeitete. Ob er freilich so ganz bei Verstand war, das erschien fraglich, denn wie sie fanden, malte er nichts, was Bäumen, Menschen oder Tieren ähnlich sah.

Nun war der Heilige Abend gekommen, mit einem eisigen, schneidenden, herrischen Wind, der sich wie ein Räuber und Übeltäter gebärdete, den Schnee hoch zu den Wolken aufwirbelte und in Schornsteinen und an Hausecken Orchester spielte. Die zum Dorf führenden Wege waren schon am Vormittag zugeschneit, als Herr Martin durch die Schneewehen watete, um sich beim Kaufmann nach Post zu erkundigen. Sein Weihnachtsabend, ja fast sein Leben hing davon ab, ob Post für ihn da war. Sein Leben – o nein, dachte er, ich werde Weihnachten schon überleben, auch wenn jene hundert Kronen nicht gekommen sein sollten; aber Weihnachten ohne etwas zu essen ... Er ballte die Fäuste in den Hosentaschen, um sie nicht erfrieren zu lassen. Der Kaufmann gibt mir nichts mehr auf Borg, wenn ich nichts abbezahle! Kaum zu glauben, daß ich schon zweiunddreißig Jahre alt bin – und mich nicht versorgen kann! Er verzog das Gesicht zu einer Grimasse. Wenn er nun doch versuchen würde, wenigstens

Tabak ankreiden zu lassen, falls kein Geld gekommen wäre? Könnte der Kaufmann das am heiligen Weihnachtsabend abschlagen? Aber nein, jetzt wieder um Kredit fragen – ha ha! Es fehlte wirklich noch, daß er jetzt kein Geld vorfand ... Und dann käme dieser sonderbare Uhrmacher, der unter ihm wohnte, wie gewöhnlich zu ihm herauf, um etwas Tabak zu erbitten. Und er sähe sich gezwungen, zu gestehen, daß er nichts habe – am Heiligen Abend! Und dann wäre es dem ganzen Dorf klar, wie es um ihn stand! Aber das Geld mußte ja kommen .... .

Der Wirbelschnee tanzte gegen die in lichtem Gelb glänzenden Glasscheiben der Tür des Kaufladens, in dem sich die Leute drängten. Herr Martin mußte lange warten; er war müde, mochte sich jedoch nicht auf den derzeit unbenutzten Teil des Ladentisches setzen. Alte Frauen und Männer mit Taschen, Bütten, Birkenrinden- und Bastkörben drehten sich um und spähten in den Dunst von Stockfischgeruch und Menschenatem. Auf dem Fußboden rannen Bäche von schmutzigem Wasser zu einer Pfütze an der Tür; die öffnete sich von Zeit zu Zeit, so daß immer wieder eine kleine Schneewolke hereintanzte und die Wasseransammlung vergrößerte, die von dem Gestübbe der Köhlerstiefel schon tintenschwarz gefärbt war. Über dem Ladentisch blinkten zwei Petroleumlampen mit mattem Schein, so als wäre ihr Glas aus Horn, und dahinter lief der Kaufmann zusammen mit seiner dicken, rotbäckigen Frau zwischen aufgeschlagenen Säcken und Fäßchen hin und her; beide hatten Bindfadenenden im Mund und Papiertüten in den Händen. Die Leute sprachen vom Wetter, vom Schnee, vom Stockfisch. Herr Martin drängte sich langsam und schüchtern nach vorn, um nach Post zu fragen. Sollte er Mut fassen und gleich um Kredit auf Tabak bitten? Sein Herz stand fast still. Die Kaufmannsfrau bohrte ein Paar barsche, geldgierige Augen in ihn, einen Blick, der deutlich sagte: Hier werden keine Sperenzchen gemacht!

Er wolle nur nach Post fragen …

Der Kaufmann hielt inne, ging an einen Kasten, der in der Ecke stand, und holte ein paar Zeitungen, einige Streifbandsendungen von Åhlén & Holm, etliche Briefe in fettigen blauen »Dienstmädchen-Kuverts« und ein Dutzend Weihnachtskarten hervor, deren Flitter Herrn Martins Augen so reizte, daß er sie schloß.

»Nein – nein, heute scheint nichts dabeizusein …«

Langsam bewegte sich Herr Martin zur Tür, bleich wie eine Leiche und beinahe zitternd. Schon hatte er die Türklinke ergriffen. Aber auch nicht einmal etwas Tabak ankreiden zu lassen, jetzt, zu Weihnachten, zu Weihnachten, für drei lange Feiertage in der Einsamkeit – das war doch Wahnsinn! Was war ihm nur eingefallen, als er sich entschloß, über das Fest hierzubleiben? Bah – er hatte ja gar kein Geld für eine Fahrkarte gehabt – und für ein Zimmer in der Stadt – und – und …

Er brachte seinen Mund nicht auf, um wegen des Tabaks zu fragen. Er spuckte aus und war ärgerlich auf sich selbst. Sollte das ganze Dorf hören, daß er am Heiligen Abend ohne Geld war …? Nein, er konnte es nicht – er war zu stolz, zu eitel, als daß er sich hier hinstellte und sich vor allen Leuten den Kredit verweigern ließ.

Als er sich wieder durch die Schneewehen hindurchgearbeitet hatte und schon halbwegs zu Hause war, überschlug er, was er noch an Vorräten hatte: ein Pfund grobes Brot und etwa hundert Gramm Margarine. Sich das aber als Weihnachtskost für drei Tage vorzustellen, besonders wenn man weder Kaffee noch Tabak besaß – das war erbärmlich. Und als er die Tür zu seiner unaufgeräumten Kammer aufstieß und den Geruch von muffiger Luft, Tubenfarben, Öl und Terpentin wahrnahm, da schauderte ihn.

Freilich war Geld unterwegs – aber wenn es nun morgen einträfe, wäre der Kaufladen geschlossen, und mit leerem Magen konnte er nicht den weiten Weg gehen, um nach Post zu fragen. Er mußte jetzt …

Herr Martin war ein gescheiter, eigensinniger Mann, und er war nicht geneigt, auf Anhieb zu verzweifeln; aber als er nun daran dachte, daß er Brot und Aufstrich rationieren müsse, um für jeden Tag einen Happen übrigzubehalten, da durchlief ihn ein Gefühl der Wut und zugleich der Drang, in Tränen auszubrechen. Er zündete die Lampe an – Gott sei Dank, er hatte noch zwei Liter Petroleum! Er schätzte seinen Holzvorrat ab. Der müßte reichen, wenn er einigermaßen haushielte. Im übrigen war es mit dem Holz nicht so beängstigend, denn das konnte er draußen im Wald der Holzwarengesellschaft stibitzen. Wenn er doch auch Kaffee und Tabak bei der Gesellschaft mausen könnte! Er ballte die Fäuste, ging in seiner Kammer auf und ab. Was für ein Esel er doch war, daß er vom Kaufmann nicht mehr Waren auf Borg erbeten hatte! Wahrhaftig ein Idiot! Wie spät war es nun? Vier Uhr. Wenn er sich jetzt noch einmal auf den Weg dorthin machte, würde er den Laden geschlossen finden. Und einfach zum Kaufmann in die Küche zu gehen, die Lage zu schildern und schön zu bitten … Nein, danke, ihm war schon einmal der Kredit verweigert worden …

Die Dunkelheit draußen wurde dichter, das Glas des Fensters stand schwarz wie eine Fläche von erstarrtem Pech. Herr Martin hatte keine Lust, Feuer zu machen. Zum Glück fand er einige Zuckerstücke; die legte er beiseite, um sie zum trockenen Brot und zur Margarine zu essen. Wenn er nicht ein so lebenserfahrener Mann gewesen wäre, hätte er jetzt all sein inneres Gleichgewicht verloren. Plötzlich erinnerte er sich …

Eine Weihnachtsnacht in Chicago, ein harter Winter und kein Zimmer. Dann eine Aprilnacht in der langen, bitteren, unheimlich schweigsamen Bettlerreihe vor dem Bridge House in London.

Herr Martin setzte sich auf seinen selbstgefertigten Diwan, der aus einigen Kisten, einer darübergelegten Matratze und Wolldecken bestand, und versank in Gedanken. In der Erinnerung wiederholte er die nächtliche Wanderung.

London Bridge – Cannon Street – doch nicht bis Victoria – dort war es zu offen, zu fein; doch, gewiß hatte er bis hinauf nach New Brigde zu betteln versucht – und dann Aldgate – Whitechapel Road – Commercial … Kein Konstabler hatte ihn angehalten und gesagt, es sei gefährlich, weiter hineinzugehen. Seine Kleidung war so, daß er ohne Gefahr in ganz East umherstreifen konnte. Unten bei Wapping hatte er auf einem Prahm geschlafen, der ihm von einem freundlichen schottischen Schiffer angewiesen worden war.

Stets aber hatte er Tabak gehabt. Das war es, was ihn jetzt am meisten wurmte. Seltsamerweise war kein armer Schlucker da draußen ohne Tabak, es gab so reichlich davon, und das Betteln um Tabak ging ausgezeichnet. Jetzt aber …

Der Hunger begann schon in seinem Magen zu rumoren, aber Herr Martin verspürte keine Neigung, aufzustehen und sein Brot in Rationen einzuteilen.

Wenn er sich recht still verhielt und jede Anstrengung vermied, ging es am besten. Aber nun forderte das Stillverhalten unbedingt etwas zu rauchen, der moderne Mensch war nun einmal so, der Tabakhunger gab dem Nahrungshunger nichts nach. Herr Martin mußte an etwas denken – daran, daß bald hundert Kronen kommen würden, daran, daß Weihnachten gar nichts sei, woran man sein Herz hängen sollte, nur ein Fest ohne Bedeutung, dazu angetan, den Armen auf doppelte Weise an seine Armut zu erinnern und den Reichen an sein Unvermögen, mehr zu genießen, als Magen und Nerven vertrugen.

Er fragte sich, was wohl der geheimnisvolle, einsame Pächter-Uhrmacher-Hausgenosse dort unten treibe. Er hörte, wie der in seinen vier Wänden umherwanderte und kramte. Hatte auch er keine Verwandten, zu denen er reisen konnte?

Bum – bum – bum …

Herr Martin fuhr auf, ohne zu begreifen, was da vorging. Der Uhrmacher stieß mit irgendeinem harten Gegenstand an die Decke. Was mochte er wollen, sollte er betrunken sein? Weshalb kam er nicht herauf, wenn er etwas wollte? Noch einmal klopfte es …

Herr Martin spürte, daß etwas Ungewöhnliches bevorstand; denn es war das erste Mal, daß der Einsame dort unten an die Decke pochte. Im Handumdrehen war Herr Martin unten, in der sicheren Annahme, der Uhrmacher sei krank. Vorsichtig, fast ängstlich öffnete er die Tür. Womöglich hatte der Alte einen Schlaganfall erlitten.

Mitten im Zimmer standen ein kleiner Weihnachtsbaum, an dem nur vier oder fünf Kerzen brannten, sowie ein kleiner Tisch, ohne Decke zwar, doch mit Grütze und Fisch befrachtet und – einer altmodischen, kleinen bauchigen Flasche, auf die mit grellen Farben eine Blume und eine fliegende Wespe gemalt waren. Am Tisch standen zwei Stühle – Stühle, die keine Lehne mehr hatten und von Alter und Ruß schwarz gefärbt waren. Der Uhrmacher hatte zwei Brillen auf, die eine saß weit unten auf der Nasenspitze, die andere war an den Haaransatz hinaufgeschoben; im Nacken thronte eine große Schirmmütze, und die Miene des Alten wirkte so, als habe er einen Schelmenstreich vollführt und fürchte nun Schelte. Sein Gesicht leuchtete rot, wenn der Feuerschein aus dem Kamin darauffiel; es sah aus wie eine blankgeputzte Kupferkasserolle auf dem Wandgestell einer wohlgepflegten Bauernstube.

»Jaa – sehen Sie, Herr Künstler, ich möchte am heiligen Weihnachtsabend einen kleinen Brief nach Amerika geschrieben haben. Könnten Sie mir wohl dabei helfen? Wissen Sie, ich hab nämlich eine Tochter in Amerika … Wenn das mit dem Helfen nicht zuviel verlangt ist … Und da hab ich mir gedacht, wer für einen arbeitet, der soll auch dafür beköstigt werden. Ich bin sonst nicht so kindisch, daß ich mir einen Weihnachtsbaum hinstelle, aber ich hab mir gedacht, so zum Vergnügen, für den Besuch. Und außerdem hab ich ja so viel Tabak von dem Herrn Künstler geliehen, daß ich mir gedacht habe: Jetzt gibst du ihn zurück. Und was ich noch sagen wollte: Sie sollen nicht glauben, daß etwas Unreines und Falsches an diesem Essen wäre, das ich selber zusammengekocht habe. Ich meine, falls Sie nicht mit mir essen möchten, sondern denken, daß es nicht rein genug wäre, so sag ich bloß« – der Uhrmacher trat ein paar Schritte vor und gab seiner Stimme Breite und Sicherheit –: »der Branntwein ist auf alle Fälle ganz rein …«

An diesem Weihnachtsabend lernte Herr Martin, daß die Menschen nicht alle mit einem Maßstab zu messen sind. Es gibt ihrer viele Arten, darunter feine Menschen, die zwar abgerissen, schmutzig und äußerlich unansehnlich herumlaufen, in deren Seelen aber das tiefe Gemüt zu Hause ist.

Rings an den Wänden des Zimmers tickten Dutzende von Uhren aller möglichen Formen, und der Zwölferschlag der heiligen Stunde dröhnte aus dem Innern der Stjärnsund-Uhren, der Mora-Seiger, der Småland- und der alten Värmland-Uhren, die zu jeder Zeit des Tages und der Nacht die Stunde angeben konnten, wenn man an einer Schnur zog.

Schließlich zog der Uhrmacher mit geheimnisvoller Miene einen Vorhang in der einen Ecke beiseite und schob die überflüssige Brille noch weiter über die Stirn, worauf sein Gesicht einen feierlich-ernsten Ausdruck annahm. Seine Augen glänzten, und seine Stimme zitterte leicht, als er sagte: »Ja, Herr Künstler – wenn Sie niemandem jemals ein Wort sagen wollen – ja, hier hab ich etwas, das mein Ureigenes ist.«

An der Decke war ein Rad befestigt, von dem eine Schnur zu einer Apparatur hinunterlief, deren komplizierte Konstruktion jahrelange Arbeit erkennen ließ. Da fanden sich Teile aus alten Dampfmaschinen, Stücke aus einem Regulator, eine elektrische Batterie, eine Leydener Flasche und zwei riesige Kolben aus Messing.

Herr Martin lachte nicht, er war gerührt. In Wirklichkeit sind wir alle solche Phantasten, dachte er, der eine malt, der andere ... Die Hauptsache ist, daß sich die Verrücktheit nicht als Bosheit äußert.

»Nun, läßt sich die Maschine in Gang setzen?« fragte Herr Martin, obwohl er bereits wußte, welche Antwort er bekommen würde – die ewig gleiche:

»Nein, nein – es fehlt noch was – etwas ganz Unbedeutendes, woran ich jetzt gerade herumbastele. Aber ist sie nicht großartig?«

»O doch, wunderbar!«

Später in der Nacht, als Herr Martin, mit einem Päckchen Tabak in der Hand, in seine Kammer hinaufgehen wollte, fiel ihm etwas ein, und er drehte sich in der Tür um.

»Sollte ich nicht einen Brief nach Amerika schreiben?«

Der Uhrmacher, der sich schon auf seine Pritsche gelegt hatte, blickte etwas verlegen drein. Dann richtete er sich auf und lachte.

»Ich hab gar keine Tochter in Amerika«, sagte er. »Ich bin niemals verheiratet gewesen. Eigentlich wollte ich nur sie zeigen ...« Er wies in die Ecke, wo die Ewigkeitsmaschine stand. »Weil doch Weihnachten ist ... Und vorher hab ich sie niemandem gezeigt ...«

Herr Martin nickte einen Abschiedsgruß, begriff und verschwand.

Zweites Kapitel

EINKEHR UND UMKEHR

Hjalmar Bergman
Weihnachtsfreude

Die »Alte« war ein fester Bestandteil des Hofes. Sie hatte auf dem Altenteil gesessen, und als der Hof unter den Hammer kam, wurde sie unbeanstandet mit übernommen. Darüber gab es nichts zu verhandeln. Sie aß nur wenig, und immer machte sie sich irgendwie nützlich, obwohl ihr Augenlicht getrübt und ihr Gedächtnis umwölkt war.

Bekam sie Garn, strickte sie den lieben langen Tag. Daß sie einen Teil des Garns für sich behielt, machte nichts aus. Auch daraus wurden Strümpfe – Weihnachtsgeschenke für Anders und Jakob, ihre Söhne. Anders aber lag auf dem Friedhof, und Jakob, der Seemann, war seit Jahr und Tag verschollen. So blieb es schließlich doch immer den Leuten vom Hof vergönnt, Löcher in diese Strümpfe zu reißen.

Aber daß weder Anders noch Jakob von sich hören ließen, nicht einmal zu Weihnachten, das war der große Kummer der Alten. Jakob fuhr ja zur See und konnte eben nichts dafür; daß aber Anders seine alte Mutter einfach so vergessen haben sollte, das grämte und erzürnte sie. Das war bitter.

»Es wird ihn schon irgend etwas abhalten«, tröstete die junge Bäuerin, die eine gute Frau war. Und der Bauer, der ein Witzbold war, lachte und sagte: »Drei Schaufeln Erde sind doch wohl ein triftiger Entschuldigungsgrund fürs Ausbleiben, vor Gott wie vor dem Länsmann!«

Das entsprach gewiß der Wahrheit. Aber für die Alte, die kein Gedächtnis hatte, war das nur närrisches Geschwätz, mit dem sich junge Leute in Erwartung der Feiertage vergnügen mochten. Und so verzog sie sich mit Garn und Stricknadeln in die Herdecke.

»Wenn er nicht kommt, ist es nicht zu ändern. Kommt er aber, so soll er doch sehen, wo seine Mutter mit ihren Gedanken gewesen ist!«

Und sie strickte. Das Weihnachtsfest kam, aber kein Anders und kein Jakob. Das war bitter und schwer. Und ebenso bitter war es die nächsten Weihnachten und die nächsten und die folgenden in einer langen Reihe.

Einmal Weihnachten aber kam er. Das heißt, Anders war es ja in Wirklichkeit nicht, und auch nicht Jakob.

Es war ganz einfach ein Fremder, ein Mann, der am Weihnachtsmorgen gern etwas zu essen haben wollte, dem es aber noch nicht recht klar war, wo und wie er dazu kommen sollte.

Ohne anzuklopfen, trat er in die Küche und fand die alte Frau schlafend in der Herdecke. Das machte den Fremdling ein wenig verlegen. Er hatte damit gerechnet, daß alle Hofbewohner zu dieser Tageszeit in der Christmette seien. Er versuchte, sich an der Greisin vorbeizuschleichen, ohne sie zu wecken. Aber das glückte ihm nicht.

»Ist das Jakob?« fragte sie.

Der Fremde antwortete: »M-ja-nein.«

»Dann ist es Anders!« rief die alte Frau und breitete ihre Arme aus. »Ja, hab ich's nicht gewußt! Komm her, Junge, damit ich dich anfühlen kann! Jesses, Jesses, er ist ja am Weihnachtsmorgen gar nicht rasiert! Willst du nicht zur Mette gehen, Junge?«

Doch, das wolle er schon. Aber er habe so wenig Zeit. Und natürlich sei er auch ganz ausgehungert.

Oh, dem lasse sich abhelfen! Miteinander plaudern könnten sie ja danach. Nun solle die Wurst auf den Tisch und der Schinken und der Branntwein und all das andere!

Der Fremde ließ sich nichts merken, er sprach sowenig wie möglich, steckte aber in seine Taschen, was er greifen konnte. Es handelte sich zwar meist um Kleinigkeiten ohne großen Wert, jedoch war auch der feinste Seidenschal der jungen Bäuerin darunter, den zur Mette mitzunehmen sie sich nicht hatte entschließen können.

»Iß jetzt, Junge! Hier tischt dir deine Mutter auf«, beteuerte die Alte. Denn nun hatte sie die junge Bäuerin und den Bauern und alles andere vergessen. Nur die Strümpfe, die vergaß sie nicht. Drei Paar holte sie hervor. Und dann sagte sie mit einem Augenzwinkern: »Deine Füße sind doch nicht etwa naß, du, Anders?«

Doch, und wie! Und so bekam Anders alle drei Paar, obwohl eigentlich Jakob eines davon hatte haben sollen. Aber Gott wisse, wann der Liederjan komme ...! Im übrigen solle er nicht glauben, das Geschenk habe irgendeinen Wert, aber immerhin zeige es ihm wohl, an wen sie ständig denke.

Das rührte den Fremden.

»Unsereiner denkt natürlich ... schon auch ... an seine Mutter.«

Dann holte er den schönen Seidenschal der jungen Bäuerin hervor. Als die Alte das feine Stück an ihrer Haut spürte, wehrte sie ab, lief weg und versteckte sich in der Herdecke.

»Jesses, Jesses, so ein Schelm! Soll ein altes Weib etwa einen Seidenschal tragen? Solche Narrenpossen!«

Doch, ja, er schwöre darauf, das solle sie! Und dann band er ihr den Schal um, und dann küßte er sie, und dann ging er - zur Christmette.

Als aber die Hofbewohner von der Mette zurückkamen, saß die Alte, vor Freude zitternd und weinend, am Herd, und der feine Schal der jungen Bäuerin war naß von Tränen. Und der Schinken war fort und auch der Weihnachtsschnaps und allerlei anderes mehr.

Das gab einen Wirbel!

Die Alte begriff nichts von alledem, versuchte auch gar nicht zu begreifen. Die Leute schrien und fluchten, und dazu hatten sie wohl auch einigen Grund. Die junge Bäuerin nahm den Schal wieder an sich, und das ging nicht gütlich ab. Der Mann mußte die mageren, harten Finger, die das feine Stück festhalten wollten, auseinanderbiegen.

Das machte nichts. Der Schal war schnell vergessen. Aber die Erinnerung an den Besuch des Sohnes, die behielt die Alte von Weihnachten bis zum Knutstag.

Und das ist eine lange Zeit, eine lange Weihnachtsfreude.

Selma Lagerlöf

Ein Weihnachtsgast

Einer von denen, die das Kavaliersleben auf Ekeby genossen hatten, war der kleine Ruster, der Noten transponieren und Flöte spielen konnte. Er war von niedriger Herkunft und arm, ohne Heim und ohne Familie. Als die Schar der Kavaliere sich zerstreute, brachen schwere Zeiten für ihn an.

Nun hatte er kein Pferd und keinen Wagen mehr, keinen Pelz und keine rotgestrichene Proviantkiste. Er mußte zu Fuß von Gehöft zu Gehöft ziehen und trug seine Habseligkeiten in ein blaukariertes Taschentuch eingebunden. Den Rock knöpfte er bis zum Kinn hinauf zu, so daß niemand sehen konnte, wie es um das Hemd und die Weste bestellt war, und in dessen weiten Taschen verwahrte er seine kostbarsten Besitztümer: die auseinandergeschraubte Flöte, die flache Schnapsflasche und die Notenfeder.

Sein Beruf war, Noten abzuschreiben, und wenn alles gewesen wäre wie in alten Zeiten, so hätte es ihm nicht an Arbeit gefehlt. Aber mit jedem Jahre, das verging, wurde die Musik oben in Värmland weniger gepflegt. Einstweilen wurde er noch als alter Freund auf den Herrenhöfen aufgenommen; aber man jammerte, wenn er kam, und freute sich, wenn er ging. Er roch nach Branntwein, und sobald er ein paar Schnäpse oder einen Toddy bekommen hatte, wurde er wirr und erzählte unerquickliche Geschichten. Er war die Geißel der gastfreien Gutshöfe.

Einmal kam er um die Weihnachtszeit nach Löfdala, wo Liljecrona, der große Violinspieler, daheim war. Liljecrona war auch einer der Ekebykavaliere gewesen; aber nach dem Tode der Majorin zog er auf sein prächtiges Gut Löfdala und blieb dort. Nun kam Ruster in den Tagen vor dem Weihnachtsabend zu ihm, störte die Festvorbereitungen und verlangte Arbeit. Liljecrona gab ihm einige Noten abzuschreiben, um ihn zu beschäftigen.

»Du hättest ihn lieber gleich fortschicken sollen«, sagte seine Frau, »jetzt wird er das so in die Länge ziehen, daß wir ihn über den Heiligen Abend hierbehalten müssen.«

»Irgendwo muß er doch sein«, sagte Liljecrona. Und er bewirtete Ruster mit Toddy und Branntwein, leistete ihm Gesellschaft und sprach die ganze Ekebyer Zeit noch einmal mit ihm durch. Aber er war verstimmt und seiner überdrüssig, er wie alle die andern, obgleich er es nicht merken lassen wollte, denn alte Freundschaft und Gastlichkeit waren ihm heilig. Aber in Liljecronas Haus hatten sie sich nun drei Wochen lang für das Weihnachtsfest gerüstet. Sie hatten in Unbehagen und Hast gelebt, sich die Augen bei Talglichtern und Kienspänen verdorben, im Schuppen beim Fleischeinsalzen und im Bräuhaus beim Bierbrauen gefroren. Doch die Hausfrau wie die Dienstleute hatten sich allem ohne Murren unterzogen.

Wenn alle Verrichtungen beendet waren und der Heilige Abend anbrach, dann würde ein großer Zauber sie gefangennehmen. Am Weihnachtsfest würden ihnen Scherz und Spaß, Reim und Fröhlichkeit ohne alle Mühe über die Lippen kommen. Alle würden sich mit Lust im Tanze drehen, und aus den dunklen Winkeln der Erinnerung würden die Worte und Melodien der Tanzspiele auftauchen, obgleich man gar nicht glauben konnte, daß sie noch immer da waren. Und dann würden sie alle so gut sein, so gut!

Aber als nun Ruster kam, fand der ganze Haushalt von Löfdala, daß Weihnachten verdorben war. Die Hausfrau und die älteren Kinder und treuen Diener waren alle derselben Meinung, Ruster versetzte alle in lähmende Angst. Sie fürchteten überdies, daß, wenn er und Liljecrona anfingen, sich in den alten Erinnerungen zu ergehen, das Künstlerblut in dem großen Violinspieler aufflammen würde und sein Heim ihn verlieren mußte. Einst hatte es ihn nie lange daheim gelitten.

Es läßt sich nicht beschreiben, wie sie jetzt auf dem Hofe den Hausherrn liebten, seitdem er ein paar Jahre bei ihnen geblieben war. Und was hatte er zu geben, besonders an Weihnachten! Er hatte seinen Platz nicht auf irgendeinem Sofa oder Schaukelstuhl, sondern auf einer hohen, schmalen, glattgescheuerten Holzbank in der Kaminecke. Wenn er dort saß, dann zog er auf Abenteuer aus. Er fuhr rings um die Erde, er stieg zu den Sternen und noch höher empor. Er spielte und sprach abwechselnd, und alle Hausleute versammelten sich um ihn und hörten zu. Das ganze Leben wurde glanzvoll und schön, wenn der Reichtum dieser einzigen Seele es überstrahlte.

Darum liebten sie ihn, so wie sie das Weihnachtsfest, die Freude, die Frühlingssonne liebten. Und als nun der kleine Ruster kam, war ihr Weihnachtsfriede zerstört. Sie hatten vergeblich gearbeitet, wenn dieser kam und den Herrn des Hauses fortlockte. Es war ungerecht, daß dieser Säufer am Weihnachtstische eines frommen Hauses sitzen und alle Weihnachtsfreude stören sollte.

Am Vormittag des Weihnachtsabends hatte der kleine Ruster seine Noten fertiggeschrieben, und da sprach er von Fortgehen, obgleich es natürlich seine Absicht war, zu bleiben.

Liljecrona war von der allgemeinen Verstimmung angesteckt und sagte darum gezwungen und matt, daß es wohl das beste wäre, wenn Ruster über Weihnachten da bliebe, wo er war.

Der kleine Ruster war stolz und leicht entflammt. Er drehte seinen Schnurrbart auf und schüttelte die schwarze Künstlermähne, die gleich einer dunklen Wolke um seinen Kopf stand. Was meinte Liljecrona eigentlich? Er sollte bleiben, weil er an keinen anderen Ort fahren konnte? Ah, man denke nur, wie sie in den großen Eisenwerken im Broer Kirchspiel standen und auf ihn warteten! Die Gaststube war bereit, der Willkommensbecher gefüllt. Er hatte solche Eile. Er wußte nur nicht, zu wem er zuerst fahren sollte.

»Gott bewahre«, sagte Liljecrona, »so fahre doch.«

Nach dem Mittagessen lieh sich der kleine Ruster Pferd und Schlitten, Pelz und Decken. Der Knecht von Löfdala sollte ihn zu irgendeinem Gutshof in Bro kutschieren und dann rasch heimfahren, denn es sah nach einem Schneesturm aus.

Niemand glaubte, daß er erwartet wurde oder daß es ein einziges Haus in der Umgegend gab, wo er willkommen gewesen wäre. Aber sie wollten ihn so gern loswerden, daß sie sich dies verhehlten und ihn ziehen ließen. »Er hat es selbst gewollt«, sagten sie. Und nun, dachten sie, wollten sie fröhlich sein. Aber als sie sich gegen fünf Uhr im Eßsaal versammelten, um Tee zu trinken und um den Christbaum zu tanzen, schwieg Liljecrona verstimmt. Er setzte sich nicht auf die Märchenbank, er berührte weder Tee noch Punsch, er erinnerte sich an keine Polka, die Violine war ihm verleidet. Wer spielen und tanzen konnte, mochte es ohne ihn tun.

Da wurde die Gattin unruhig, da wurden die Kinder mißvergnügt, alles im ganzen Haus ging verkehrt. Es wurde der allertraurigste Weihnachtsabend.

Die Grütze brannte an, die Lichter flackerten, das Holz

rauchte, der Wind blies bittere Kälte in die Stuben. Der Knecht, der Ruster kutschiert hatte, kam nicht heim. Die Haushälterin weinte, die Mägde zankten.

Plötzlich erinnerte sich Liljecrona, daß man den Spatzen keine Garbe hinausgehängt hatte, und er beklagte sich laut über die Frauen rings um ihn, die alte Sitten außer acht ließen und neumodisch und herzlos waren. Aber sie begriffen wohl, daß ihn Gewissensbisse quälten, weil er den kleinen Ruster am heiligen Weihnachtsabend aus seinem Hause hatte fortgehen lassen.

Und ehe man sich's versah, ging Liljecrona in sein Zimmer, versperrte die Tür und begann zu spielen, wie er nicht gespielt, seit er zu wandern aufgehört hatte. Es war Haß und Hohn, es war Sehnsucht und Sturm. Ihr dachtet mich zu binden, aber ihr müßt eure Fesseln umschmieden, Ihr dachtet mich so kleinmütig zu machen, wie ihr selbst seid. Aber ich ziehe hinaus ins Große, ins Freie. Alltagsmenschen, Haussklaven, fanget mich, wenn es in eurer Macht steht. Als die Gattin diese Töne hörte, sagte sie: »Morgen ist er fort, wenn Gott nicht in dieser Nacht ein Wunder tut. Jetzt hat unsre Ungastlichkeit gerade das hervorgerufen, was wir vermeiden wollten.«

Inzwischen fuhr der kleine Ruster durch das Schneetreiben. Er zog von einem Hause zum andern und fragte, ob es Arbeit für ihn gäbe, aber nirgends wurde er aufgenommen. Sie forderten ihn nicht einmal auf, aus dem Schlitten zu steigen. Einige hatten das Haus voll Besuch, andre wollten am Weihnachtstag über Land fahren. »Versuche es beim nächsten Nachbarn«, sagten sie alle.

Er mochte immerhin kommen und das Behagen von ein paar Werktagen stören, aber nicht das des Weihnachtsabends. Das Jahr hatte nur einen Weihnachtsabend, und auf den hatten sich die Kinder den ganzen Herbst über gefreut. Man konnte doch diesen Menschen nicht an einen Weihnachtstisch setzen, wo es Kinder gab. Früher hatten sie ihn gern aufgenommen, aber nicht jetzt, wo er trank. Was sollte man auch mit dem Menschen anfangen? Die Gesindestube war zu schlecht und das Gastzimmer zu fein.

So mußte der kleine Ruster von Hof zu Hof ziehen in dem peitschenden Schneesturm. Der nasse Schnurrbart hing schlaff über den Mund, die Augen waren blutunterlaufen und verschleiert; aber der Branntwein verflüchtigte sich aus seinem Hirn. Ruster begann zu grübeln und zu staunen. War es möglich, war es möglich, daß niemand ihn aufnehmen wollte? Da sah er mit einem Male sich selbst. Er sah, wie jämmerlich und verkommen er war, und er begriff, daß er den Menschen verhaßt sein mußte. Mit mir ist es aus, dachte er. Es ist aus mit dem Notenschreiben, es ist aus mit der Flöte. Niemand auf Erden braucht mich, niemand hat Barmherzigkeit mit mir. Der Schneesturm pfiff und spielte, er riß die Schneehaufen auf und türmte sie wieder zusammen, er nahm eine Schneesäule in die Arme und tanzte damit übers Feld, er hob eine Flocke himmelhoch und stürzte eine andre in eine Grube. »So ist es, so ist es«, sagte der kleine Ruster, »solange man fährt und tanzt, ist es ein fröhliches Spiel, doch wenn man hinab in die Erde soll, dort eingebettet und verwahrt werden, dann ist es Kummer und Leid.« Doch hinab mußten alle, und jetzt war er an der Reihe. Er war am Ende.

Er fragte nicht mehr danach, wohin der Knecht ihn führte. Er glaubte, daß er in das Reich des Todes fuhr.

Der kleine Ruster verbrannte keine Götter auf dieser Fahrt. Er verfluchte weder das Flötenspiel noch das Kavaliersleben, er dachte nicht, daß es besser für ihn gewesen wäre, wenn er die Erde gepflügt oder die Schuhe genäht hätte. Aber darüber klagte er, daß er nun ein ausgespieltes Instrument war, das die Freude nicht mehr gebrauchen konnte. Niemanden klagte er an; denn er wußte, wenn das Waldhorn gesprungen ist und die Gitarre ihre Stimme verloren hat, dann müssen sie fort. Er wurde plötzlich ein sehr demütiger Mensch. Er begriff, daß es mit ihm zu

Ende ging, jetzt am Weihnachtsabend. Der Hunger oder die Kälte würden ihn umbringen, denn er verstand nichts, er taugte zu nichts und hatte keine Freunde.

Da bleibt der Schlitten stehen, und auf einmal ist es hell um ihn, und er hört freundliche Stimmen, und da ist jemand, der ihn in ein warmes Zimmer führt, und jemand, der ihm heißen Tee bringt. Der Pelz wird ihm abgenommen, und mehrere Menschen rufen, daß er willkommen ist, und warme Hände bringen Leben in seine erstarrten Finger.

Von alledem wurde ihm so wirr im Kopfe, daß er wohl eine Viertelstunde nicht zur Besinnung kam. Er konnte unmöglich begreifen, daß er wieder nach Löfdala gekommen war. Er war sich gar nicht bewußt gewesen, daß der Knecht es satt bekommen hatte, im Schneesturm herumzufahren, und nach Hause umgekehrt war.

Ebensowenig verstand er, warum er jetzt in Liljecronas Haus so freundlich empfangen wurde. Er konnte nicht wissen, daß Liljecronas Gattin begriff, welche schwere Fahrt er an diesem Weihnachtsabend gemacht hatte, wo er an jeder Tür, an die er geklopft hatte, abgewiesen worden war. Sie hatte so großes Mitleid mit ihm bekommen, daß sie ihre eigenen Sorgen vergaß.

Liljecrona setzte das wilde Spielen in seinem Zimmer fort. Er wußte nichts davon, daß Ruster gekommen war. Dieser saß indessen mit der Frau und den Kindern im Speisesaal. Die Dienstleute, die am Weihnachtsabend auch dazusein pflegten, waren vor der Langeweile bei der Herrschaft in die Küche geflüchtet.

Die Hausfrau versäumte nicht, Ruster zu beschäftigen. »Sie hören ja, Ruster«, sagte sie, »daß Liljecrona den ganzen Abend nur spielt, und ich muß mich um das Tischdecken und das Essen kümmern. Die Kinder sind ganz verlassen. Sie müssen sich der zwei Kleinsten annehmen, Ruster.«

Kinder, das war ein Menschenschlag, mit dem Ruster

am wenigsten in Berührung gekommen war. Er hatte sie weder im Kavaliersflügel noch im Soldatenzelt getroffen, weder in Gasthöfen noch auf Landstraßen. Er scheute sich beinahe vor ihnen und wußte nicht, was er sagen sollte, das fein genug für sie war.

Er nahm die Flöte hervor und lehrte die Kinder, Klappen und Löcher mit den Fingern zu bedienen. Es waren zwei Knaben im Alter von vier und sechs Jahren. Sie bekamen eine Lektion auf der Flöte, und das interessierte sie sehr. »Das ist A«, sagte er, »und das ist C«, und dann griff er die Töne. Da wollten die Kleinen wissen, was das für ein A und was für ein C das war, das gespielt werden sollte. Da nahm Ruster Notenpapier heraus und zeichnete ein paar Noten.

»Nein«, sagten sie, »das ist nicht richtig.« Und sie eilten fort und holten ein Abc-Buch.

Da fing der kleine Ruster an, ihnen das Alphabet abzuhören. Sie konnten und konnten es nicht. Es sah windig aus mit ihren Kenntnissen. Ruster wurde eifrig, hob die Knirpschen auf seine Knie und begann sie zu unterrichten. Liljecronas Frau ging aus und ein und hörte ganz erstaunt zu. Es klang wie ein Spiel, und die Kinder lachten die ganze Zeit; aber sie lernten dabei, ja, das taten sie.

Ruster fuhr ein Weilchen fort, aber er war nicht recht bei dem, was er tat. Er wälzte die alten Gedanken, die er im Schneesturm gehabt hatte, in seinem Kopf. Hier war es gut und behaglich, aber mit ihm war es doch auf jeden Fall aus.

Er war verbraucht. Er würde fortgeworfen werden. Und urplötzlich schlug er die Hände vors Gesicht und begann zu weinen.

Da kam Liljecronas Frau hastig auf ihn zu.

»Ruster«, sagte sie, »ich kann verstehen, daß Sie glauben, für Sie sei alles aus. Sie haben kein Glück mit der Musik, und Sie richten sich durch den Branntwein zugrunde. Aber es ist noch nicht aus, Ruster.«

»Doch«, schluchzte der kleine Flötenspieler.

»Sehen Sie, so wie heute abend mit den Kleinen dazusitzen, das wäre etwas für Sie. Wenn Sie die Kinder lesen und schreiben lehren wollten, dann würden Sie wieder überall willkommen sein. Das ist kein geringeres Instrument, um darauf zu spielen, Ruster, als Flöte und Violine. Sehen Sie sie an, Ruster!«

Sie stellte die zwei Kleinen vor ihn hin, und er sah auf, blinzelnd, so, als hätte er in die Sonne gesehen. Es war, als fiele es seinen kleinen trüben Augen schwer, denen der Kinder zu begegnen, die groß und klar und unschuldig waren.

»Sehen Sie sie an, Ruster!« ermahnte Liljecronas Frau.

»Ich getraue mich nicht«, sagte Ruster, denn es schien ihm wie ein Fegefeuer, in den Kinderaugen die Schönheit der Unschuld zu schauen.

Da lachte Liljecronas Frau hell und froh auf. »Dann sollen Sie sich an sie gewöhnen, Ruster. Sie sollen dieses Jahr als Schulmeister bei uns bleiben.«

Liljecrona hörte seine Frau lachen und kam aus seinem Zimmer.

»Was gibt es?« sagte er. »Was gibt es?«

»Nichts andres«, antwortete sie, »als daß Ruster wiedergekommen ist und daß ich ihn zum Schulmeister für unsre kleinen Jungen bestellt habe.«

Liljecrona war ganz verblüfft. »Wagst du das«, sagte er, »wagst du es? Er hat wohl versprochen, nie mehr …«

»Nein«, sagte die Frau, »Ruster hat nichts versprochen. Aber er wird sich vor mancherlei in acht nehmen müssen, wenn er jeden Tag kleinen Kindern in die Augen sehen soll. Wäre es nicht Weihnachten, hätte ich dies vielleicht nicht gewagt, aber wenn unser Herrgott es wagte, ein kleines Kindlein, das sein eigner Sohn war, unter uns Sünder zu setzen, dann kann ich es wohl auch wagen, meine kleinen Kinder versuchen zu lassen, einen Menschen zu retten.«

Liljecrona konnte gar nicht sprechen, aber es zitterte und zuckte in jeder Falte seines Gesichts, wie immer, wenn er etwas Großes hörte.

Dann küßte er seiner Frau die Hand, so fromm wie ein Kind, das um Verzeihung bittet, und rief laut: »Alle Kinder sollen kommen und Mutter die Hand küssen.«

Das taten sie, und dann hatten sie ein fröhliches Weihnachtsfest in Liljecronas Heim.

August Bondeson

Christnacht auf dem Pärshof

Der Heilige Abend stand vor der Tür. Draußen sah es wenig nach Fest und Frieden aus. Der Nordwestwind heulte an den Hausecken und trieb Schneeregen und Eisnadeln heran, die sich auf den dörflichen Dachfenstern zu einem dicken Brei sammelten und in den Häusern ein trübes Dämmerlicht entstehen ließen. – Nach und nach aber wurde überall das Weihnachtsfeuer angezündet und verbreitete in den Stuben Licht und Wärme.

Groß-Lars auf Pärshof saß im Bett, dessen Vorhang beiseite gezogen war, und sah den Festvorbereitungen in der Stube zu. Das war der einzige Platz, wo er bei all dem Herumwirtschaften in völliger Ruhe sitzen konnte. Lars war ein strenger und zugleich mächtiger Mann. In seinem Haus duldete er nur einen Willen, und das war sein eigener. Aber seine Macht erstreckte sich weit über die Grenzen des Anwesens. Er hatte die Dorfbewohner in seiner Hand, und auf der Gemeindeversammlung fand sich kaum einer, der ihm zu widersprechen wagte; diejenigen, die sein Geld nicht nötig hatten, fürchteten seine Stärke und seine gewalttätige Natur. Gern unterstrich er seinen Gerechtigkeitssinn, denn er war sich bewußt, daß er niemals mehr als die gesetzmäßigen Zinsen für sein Geld genommen und bei Geschäften niemals jemanden um ein Rundstück geschädigt hatte.

Über seine harten Gesichtszüge huschte ein zufriedenes Lächeln, als sein Blick nun auf den großen Tisch fiel, der von der anderen Wandseite aus in die Stube ragte. So konnte nur der Reiche leben: Auf einer prächtigen Tischdecke stand die gewaltige Schlachteschüssel mit einem halben Schweinskopf, der von einem zwanzig Liespfund schweren Weihnachtseber stammte und sich hier von Hammelkeulen und Würsten umgeben fand. In einem

riesigen Silberkrug schäumte frischgezapftes Bier. Zwei silberne Tummler mit Engelsfiguren auf dem Boden drängten sich an die Branntweinflasche, die den Namen Gustavs des Dritten trug. Sie war ein Erbstück vom Großvater, und es hieß von ihr, daß sie niemals leer gewesen sei, seit sie sich hier im Hause befand.

Der Knecht Anders glättete das Weihnachtsstroh, und nun lag der Fußboden so schön und weich da, daß einen leicht die Lust ankommen konnte, sich hinzuwerfen und dort herumzurollen. Vorn am Herd stand der andere Knecht, Sven, und legte glattgespaltene, blanke Scheite aus der Lagergrube auf das glimmende Buchenholzfeuer.

Mutter Anne Lena eilte zwischen dem Suppentopf in der Küche und den Weihnachtswandbehängen, die sie in der Stube anzubringen bestrebt war, hin und her. Die feinen weißen Gewebe leuchteten schon an ihren Leisten. Auf der Uhrbekleidung lagen drei rotbäckige Äpfel. Links von der Uhr hatte die Hausfrau eine Abbildung befestigt, die Noah mit Weib und Söhnen und Schwiegertöchtern und allen Tieren beim Verlassen der Arche zeigte. Am Querbalken knieten Josephs elf Brüder nacheinander vor dem mächtigen Bruder, und hinter ihnen standen in einer langen Reihe ihre elf Pferde. Nun war Mutter Anne Lena auf ein Faß gestiegen und bemühte sich, den letzten Wandbehang im Gewölbe anzuheften. Dieser stellte »Christi freudenvolle Geburt« dar und sollte seinen Platz am höchsten über dem Querbalken haben, so daß er über allen anderen Darstellungen sichtbar war.

Auf der Seitenbank nahe dem Regal mit den Gefäßen saß Nils, der einzige Sohn im Hause. Er schien sich nicht um die Festvorbereitungen zu kümmern. Hin und wieder raffte er einen Strohhalm vom Fußboden auf, wickelte ihn sich um die Finger und riß ihn dann in Stücke. Seine unruhigen Augen blickten verstohlen in die Runde, bald zu dem einen, bald zu dem andern, bis sie schließlich forschend an der Tür haftenblieben, als wenn er jemanden erwartete. Sobald er sich von den Anwesenden beobachtet glaubte, beugte er sich nieder und nahm einen neuen Strohhalm auf, so als fürchte er, sie könnten in seinem Gesicht lesen, woran er dachte.

Unter den Betten gackerten Hühner und schnatterten Gänse; zuweilen lugten sie durch die Löcher der davorstehenden Schemel und drehten neugierig die Köpfe.

»Nils, du sitzt da und faulenzt! Mach, daß du auf den Boden kommst und Weihnachtshafer runterholst, damit das Gackervolk was in den Trog kriegt!« befahl der Hausherr.

Nils fuhr zusammen. Er wurde immer von Angst ergriffen, wenn der Vater ihn ansprach. Und es dauerte nicht lange, bis er den Hafer für das Federvieh heruntergeholt hatte; dann setzte er sich auf seinen gewohnten Platz und nahm die alte Beschäftigung wieder auf.

Mutter Anne Lena mußte noch einmal hinaus und nach dem Topf sehen, ehe sie die letzten Zwecken in den Wandbehang schlagen konnte.

»Kann nicht die Magd nach dem Topf da draußen sehen, während du hier deine Arbeit machst? Sonst kriegen wir die Stube nicht in Ordnung, bis das Weihnachtsfest eingeläutet wird!« meinte Lars, als Mutter Anne Lena wieder hereinkam.

»Stina wollte nur schnell eine Besorgung machen«, sagte Anne Lena zur Entschuldigung.

»*Wollte* – das Gesinde hat nichts anderes zu wollen, als was die Herrschaft will!« sagte Lars und warf einen vielsagenden Blick zu den Knechten hinüber.

»Aber, lieber Mann, es ist, glaube ich, nur wegen der Weihnachtsstrümpfe, die sie bei der Katen-Kajsa abholen wollte«, erklärte Anne Lena.

»Diese Dreckliese von Magd, die keine Lust hat, ihre Strümpfe selber zu wickeln, sondern die Kröten, die man ihr an Lohn gibt, noch für so was wegschmeißt, wo sie doch genug Zeit hätte, es selber zu machen!« sagte Lars.

»Sprich nicht so! Sie ist in letzter Zeit so kränklich«, wandte Mutter Anne Lena ein. »Sie wäre bei der Weihnachtsplackerei beinahe zusammengebrochen; ein paarmal hat sie ihre Arbeit aus der Hand legen müssen. Es ist gar nicht leicht für sie. Du mußt bedenken, sie ist als Magd allein – und hat hier so viel zu tun!«

»Vielleicht möchtest du noch eine Magd dazu haben? Nein, danke! Meine Mutter hatte nie mehr als eine Magd hier auf dem Hof, und trotzdem gab es im Dorf kein Weib, das so ein Haus führte wie sie. Aber du bist so tranig, Anne Lena, es fällt dir so schwer, die Leute anzuspornen. Mach es wie meine Mutter! Die konnte einem Menschen Arme und Beine machen. Dann wird auch was geschafft – und zwar zur rechten Zeit. Im übrigen glaube ich nicht, daß die Schlampe von Magd irgendwelches Mitleid verdient. Das ist alles bloß Trägheit und Faulheit. Jedenfalls werdet ihr auf diese Weise nie und nimmer fertig, bis das Fest eingeläutet wird, das sage ich noch einmal. Ist das Zucht und Ordnung? Ihr habt noch nicht gemolken, und deshalb haben die Tiere auch noch nicht ihr Weihnachtsfutter gekriegt. Ich will, daß es hier ist, wie es vor mir gewesen ist – und wie es sein soll!« sagte Lars und stand auf.

Er ging an den Eckschrank, holte seine Rauchutensilien hervor und setzte sich dann auf die Hochbank, um Tabak zu schneiden.

Anne Lena wagte nicht, ihn durch weitere Einwände zu reizen; sie hätte ohnehin nicht recht bekommen. Nun schlug sie die letzte Zwecke in den Wandbehang und stieg auf den Fußboden herunter.

In diesem Augenblick erklangen die Kirchenglocken – das Weihnachtsfest wurde eingeläutet.

»Hab ich's nicht gesagt!« rief Lars ärgerlich.

Anne Lena ging mit einem Seufzer in die Küche. Die Knechte rollten das Faß hinaus, auf dem sie gestanden hatte. Vater und Sohn blieben allein in der Stube zurück.

»Hör mal, Nils«, begann Lars, während er den kleingeschnittenen Tabak in der Hand zerrieb. »Ich hab ein Wort mit dir zu reden. Du weißt, daß ich immer an dein Bestes denke. Morgen kommt die Schöffenfamilie aus Bräntorp her, und sie werden Neta mitbringen. Es wird ja nun Zeit, daß du mal an eine Frau denkst. Du verstehst, was ich meine.«

Nils zuckte zusammen, als wäre ihm ein Glutstück mitten ins Gesicht geworfen worden. Er erhob sich halb und wollte etwas erwidern. Als er jedoch den strengen Blick des Vaters gewahrte, sank er wieder auf die Bank zurück und schwieg. Als kleinerer Junge hatte er einmal dem Vater widersprochen, und jene Stunde stand noch immer lebendig vor ihm. Hätte ihn da die Mutter nicht beschützt, wäre er sicherlich nicht mit heilen Gliedern davongekommen.

Lars ging an den Herd und zündete sich die Pfeife an.

Im selben Augenblick kam Mutter Anne Lena wieder herein, legte Löffel auf den Tisch und rückte die Eßbänke zurecht.

»Hat sich das dreiste Trampel noch nicht nach Hause bequemt?« fragte Lars.

»Nein, aber sie wird wohl gleich wieder hier sein«, sagte

Anne Lena. Sie wollte sich nicht anmerken lassen, daß sie selbst verärgert war.

»Jaja, so ist das, nun kannst du dich selber in den Kuhstall verfügen und melken; denn gemolken werden müssen die Tiere noch, bevor du das Essen auf den Tisch bringst«, sagte Lars.

Anne Lena hatte kein Wort der Erwiderung. Sie nahm den Milcheimer aus der Küche und ging in den Kuhstall. Niemals hätte sie gedacht, daß sie sich an einem Weihnachtsabend würde in den Stall setzen und die Kühe melken müssen. Aber es war ja ihre eigene Schuld; sie hätte die Magd nicht gehen lassen sollen.

Nils verließ die Stube und ging zur Mutter hinaus.

»Ach, du bist es, Nils! Ich will nicht glauben, daß dem Mädchen was passiert ist«, sagte Anne Lena, als sie den Sohn in der Stalltür erblickte.

Nils antwortete nicht.

»Vielleicht ist es das beste, wenn du schnell mal zu Kajsa läufst. Tu das, lauf hin und bitte Stina, sich nach Hause zu tummeln, damit wir Vaters Geknurre nicht mehr zu hören brauchen.«

»Die Ärmste kommt schon von selbst, wenn sie kann«, sagte Nils. »Und Vater«, fuhr er verbittert fort, »wettert und prügelt doch drauflos, wenn es ihm einfällt, und macht mit einem, was er will.«

»Großer Gott, Nils, was sagst du da! Solche Worte über deinen Vater!« rief Anne Lena und hielt mit dem Melken inne.

»Ja, Ihr habt wohl vergessen, wie er mich fast totgeschlagen hat, als ich noch ein Knirps war, nur weil ich es nicht auf mich nehmen wollte, den Hofhund losgemacht zu haben. Aber ich hatte ihn nicht losgemacht. Ihr habt wohl auch vergessen, daß Ihr Euch buchstäblich über mich werfen mußtet, um mich zu schützen, und daß Ihr lange Zeit Schmerzen in der Hüfte gehabt habt und gehinkt seid, weil er Euch mit dem Fuß trat. Da hab ich meinen Schrecken vor ihm gekriegt. Ihr habt ihm immer nachgegeben, solange ich zurückdenken kann, und dabei hat er Euch schlimmer getriezt und herumkommandiert als irgendein hirnloses Geschöpf. Habt Ihr gesehen, wie das Pferd ausschlug, als er es im Frühjahr so erbarmungslos prügelte? Aber Ihr und ich, wir erdulden alles, was er mit uns macht, und schweigen nur. Ich weiß, ich bin einfach zu weich, ich bin ein richtiger Hasenfuß, aber das kann ich auf die Dauer nicht ertragen. Niemals zu sagen wagen, was man denkt, und niemals etwas anderes zu tun wagen, als was er will! Ich wünschte, ich wäre weit weg von hier und käme nie mehr zurück«, sagte Nils, und er war dem Weinen nahe.

»Aber, liebes Kind, sprich nicht so!« sagte Anne Lena. »Heute ist Heiliger Abend, und da wollen wir versöhnlich sein. Es wird schon alles gut werden, ja, es wird alles gut werden. Vater will dein Bestes. Wessen Glück sollte er wohl sonst wollen! Gedulde dich nur, gedulde dich nur! Es wird schon alles gut werden!«

»Nein, Mutter, es wird niemals gut werden ... Lieber Gott, was soll ich nur machen!«

Er setzte sich neben der Mutter auf den Boxbalken und weinte wie ein Kind.

»Gott tröste mich um deinetwillen! Du hast doch nichts Böses getan? Lieber Nils, was ist los? Sag es mir, was es auch sein mag!«

Die Mutter hatte den Melkeimer aus der Hand gestellt; nun lehnte sie sich zu dem Sohn hin und streichelte ihn zärtlich.

»Vater will, daß ich die Neta aus Bräntorp zur Frau nehme. Sie kommt morgen her«, sagte Nils halb für sich.

»Ja, lieber Nils, tu das, dann erfüllst du uns beiden einen großen Wunsch«, erwiderte Anne Lena.

»Ach, sieh da! Ihr also auch!« sagte Nils bitter und rückte in sich zusammen. »Aber ich will Euch eins sagen: die nehme ich niemals, für mich kommt nur unsere Stina in Frage.«

Die Mutter wich vor ihm zurück wie vor einem Missetäter.

»Die Stina! Gott bewahre dich gnädigst! Die Stina! Sie bekommst du nie im Leben – soviel kenne ich Vater. Schlag sie dir aus dem Kopf!«

Da fuhr Nils auf.

»Wußte ich's doch, daß Ihr so reden würdet! Euch hat er schon so abgerichtet, daß Ihr nicht mal wagt, anders zu denken, als er will. Mit mir aber hat er lange genug Schindluder getrieben. Jetzt ist Schluß! Ich habe schon oft daran gedacht, aber jetzt, jetzt ...«

Er ging auf die Mutter zu.

»Pfui, pfui! sag ich zu mir selbst. Ihr kennt Euern Jungen gewiß nicht wieder. Pfui über so einen Hasenfuß, wie ich es gewesen bin! Aber jetzt katzbuckle ich nicht mehr. Nein! Wollt Ihr wissen, wie es steht? Ja, Stina und ich wollen ein gemeinsames Leben beginnen, denn bald werden wir zusammen ein Kind haben. Pfui über einen so jämmerlichen Lumpenkerl, wie ich es gewesen bin! Ich hab kaum gewagt, sie zu trösten, die Ärmste ... Aber jetzt werd ich ihr schleunigst folgen. Es ist Heiliger Abend, und der Tag paßt gut für die Verlobung. Jawohl!«

Er stürzte hinaus. Die Mutter hatte während seines Aufbegehrens sprachlos dagestanden. Sie war bei seinem Geständnis in sich zuammengesunken und mußte sich gegen eine der Kühe lehnen, um nicht hinzufallen. Jetzt aber, da er blind in sein Unglück laufen wollte, jetzt sammelte sie alle ihre Kräfte und eilte hinter ihm her.

»Nils, Nils!« rief sie und packte ihn am Arm. »O milder Herrgott ... Mein lieber, lieber Junge, tu meinetwegen, was du willst – nur heute abend nicht! Ich werde für dich beten ... Gott der Herr möge dir beistehen ... Lieber Junge, lieber Junge, laß uns heute abend Weihnachten feiern!«

Sie weinte und flehte, sie liebkoste und küßte ihn, sie drückte ihn an ihre Brust, und sie barg ihren Kopf an seiner Brust.

»Denk an deine arme Mutter!« schluchzte sie. »Tu es nicht heute abend!«

Nils kämpfte einen schweren Kampf mit sich selbst. Aber die Liebe zur Mutter gewann die Oberhand. Er hatte, ebenso wie sie, ein weiches Herz. Seine Erregung legte sich, als er ihre Seelenangst sah. Die Tränen brachen wieder hervor. Und dann versprach er der Mutter, für diesen Abend alle Unbotmäßigkeit zu unterlassen. Am nächsten Tag aber ...! Er ging wieder ins Haus und setzte sich schweigend auf die Bank.

Mutter Anne Lena kam ebenfalls herein, stellte eine große Schüssel mit kräftiger Suppe auf den Tisch und zündete die Weihnachtskerzen an. Sie bebte noch am ganzen Körper, und Schweiß perlte ihr von Stirn und Wangen herab.

»Mir scheint, das war eine schwere Prüfung«, scherzte Lars, der glaubte, Anne Lena schwitze so vom Melken. »Du hättest ja die Melktrine zu Hause halten können.«

Der Knecht Sven wollte hinausgehen und das Vieh füttern, aber Lars hielt ihn zurück. Es war zwar nicht gut, gegen einen alten Brauch zu verstoßen, andererseits aber durfte man die Suppe nicht kalt werden lassen; außerdem durfte man beim Mittagessen am Heiligen Abend keine Unterschiede zwischen den Leuten machen.

Das Hofgesinde nahm seine Plätze am Tisch ein. Lars sprach an diesem Tage selber das Tischgebet. Dann aßen er und die Knechte tüchtig von den trefflichen Speisen, und der Bierkrug wie auch die Branntweintummler gingen fleißig durch ihre Hände.

Mutter Anne Lena und Nils dagegen brachten kaum einen Bissen hinunter.

»Du bist ein komischer Kauz, du, Nils«, meinte Lars und lachte. »Du kommst auch im Essen nicht nach mir. Als ich in deinen Jahren war, hab ich mich nicht gescheut, eine Schüssel Weihnachtssuppe wie nichts zu verdrücken. Du aber sitzt da und stakst immer nur in der Suppe rum; es sieht aus, als ob du dich kaum getrautest, den Löffel abzulecken. Nun iß und trink und sei fröhlich, denn heute ist Weihnachten!«

Die Knechte sahen einander an und grinsten. Sie konnten essen – und wie!

»Daß du alles selber machen mußt!« brummte Lars beinahe freundlich, als Anne Lena all das vom Tisch zu räumen begann, was nicht auch sonst stehenblieb. Das Essen hatte ihn in gute Laune versetzt.

»Sven, nimm nun vom besten Hafer auf der Tenne und gib jedem Tier seine ordentliche Garbe, damit es kein Unglück gibt, weil sie das Ihre nicht vor uns erhalten haben«, sagte er zu dem Knecht, der inzwischen die Laterne angezündet hatte und im Begriff war hinauszugehen. »Und du, Anne Lena, laß du die Abwäsche so stehen, wie sie da draußen in der Küche steht, und komm her und setz dich, denn jetzt wollen wir nach Brauch und Sitte ein Weihnachtslied singen. Wir dürfen doch Gottes Wort über dem Essen und Trinken nicht vergessen.«

Er holte das große Gesangbuch mit dem Messingschloß vom Eckschrank herunter und legte es vor sich auf den Tisch. Dann schlug er die Nummer fünfundfünfzig auf und stimmte an:

»Gegrüßt sei, schöne Morgenstund' …«

Er sang kräftig und sicher. Anne Lena fiel ein, ihre Stimme bebte vor Gemütsbewegung. In der Tiefe ihres Herzens rief sie Gott um Trost und Hilfe an vor den Gefahren, von denen sie sich und die Ihren bedroht sah. Der Kleinknecht sang bald mit, bald horchte er auf den Ton; er war nicht gerade ein großer Sänger, aber er wollte freilich auf seine Weise zum Gesang beitragen. Nils formte die Worte mit den Lippen, doch er brachte keinen Laut heraus. Der Gedanke an den bevorstehenden Bruch mit dem Vater erstickte seine Stimme.

Sie kamen zur zweiten Strophe:

»Ein Abbild Gottes und zugleich
ein Menschensohn, der in Sein Reich
all' Seelen froh will lenken;
er kommt, bringt Hoffnung uns und Gnad',
führt Irrende auf rechten Pfad,
wird jedem Liebe schenken,
Frieden
hienieden
allen Seelen,
die sich quälen,
Not nur haben,
sich aus schlechten Brunnen laben.«

Vom Flur her vernahm man hastige Schritte. Herein kam Sven, vor Entsetzen zitternd. In der einen Hand hielt er die Laterne, mit der andern trug er etwas, das in einen Frauenpelz eingehüllt war.

»Gott im Himmel, was für ein Elend!« jammerte er, indem er an die Seitenbank trat und seine Bürde dort niederlegte.

Die Enden des Pelzes schlugen auf, und auf einem wollenen Tuch sah man ein neugeborenes Knäblein liegen.

Lars und der Kleinknecht waren aufgesprungen und standen stumm vor Neugier und Bestürzung. Anne Lena schlug sich vor die Brust und rief laut: »O Herrgott, hilf uns!«

Nils aber stürmte auf den Knecht zu; seine Augen waren starr, seine Glieder zitterten. Er packte Sven am Arm.

»Wo ist Stina?«

»Auf der Hafertenne … Tot!« erwiderte der Knecht, entgeistert von den bloßen Worten.

Nils stürzte wie ein Wahnsinniger zur Tür.

Als ihm die anderen mit der Laterne folgten, kauerte er auf der Tenne und hielt Stinas Kopf in seinem Schoß. Sie lag halb angekleidet da; den Pelz hatte sie sich ausgezogen und um den Kleinen gehüllt. Nils strich ihr das lange dunkle Haar aus dem bleichen Gesicht, er suchte einen Funken Leben in den großen, erloschenen Augen aufzuspüren, er lehnte seine Wange gegen die ihre, er hob ihre Arme hoch – aber sie fielen schwer zurück.

»Stina, Stina!«

Er jammerte wie ein Kind.

Mutter Anne Lena hatte sich an der Seite der Toten auf die Knie fallen lassen. Ihr Körper schwankte, sie verbarg ihr Gesicht in der Schürze und weinte laut. Die Knechte blickten einander ernst an und schüttelten den Kopf.

Lars stand einen Augenblick reglos da. Dann riß er dem Knecht die Laterne aus der Hand und hielt sie Nils und der Toten dicht ans Gesicht. Seine stets harten Züge waren wutverzerrt. Die Adern an seiner Stirn schwollen, zwischen die Augenbrauen hatten sich tiefe Falten gelegt, die Lippen waren fest zusammengepreßt, und die Augen funkelten unheimlich. Er trat einen Schritt vor. Dann packte er Nils mit der rechten Hand im Genick und hob ihn hoch.

»Bist du der Vater des Kindes?« schnaubte er.

Als Nils die eisenharten Finger des Vaters in seinem Genick spürte, war all der Mut, den er eben noch der Mutter gegenüber gezeigt hatte, wie weggeblasen. Vor Schmerz schrie er laut auf.

»Antworte!« brüllte der Vater.

»Ja«, jammerte Nils. Lars schleuderte ihn von sich wie etwas Unreines. Dann stürzte er sich auf ihn, schlug ihn mit den Fäusten, trat ihn mit den scharfkantigen Holzschuhen; die Schläge fielen blindlings gegen Brust und Kopf, trafen überallhin. Er trampelte auf ihm herum, so daß es in den Rippen des Mißhandelten krachte. Die Mutter warf sich dazwischen, sie streckte mit gefalteten Händen flehend die Arme gegen ihren Mann aus, versuchte den Sohn mit ihrem eigenen Körper zu schützen. Lars aber schleuderte sie immer wieder beiseite.

»Der Herr Jesus helfe uns ...! Du schlägst ja unser einziges Kind tot!« schrie sie mit herzzerreißender Stimme, als sie sah, wie ihrem Jungen das Blut aus Nase und Mund strömte.

Da erst hielt Lars inne. Aber er packte den halbtoten Sohn und warf ihn achtlos an die Seite der Leiche.

»Da lieg neben dem liederlichen Weibsstück! Da paßt du am besten hin!« geiferte er, und dann drehte er sich zu den Knechten um. »Habt ihr vielleicht Lust, herumzutratschen, was ihr hier gesehen habt – diese Schande hier, wie?« brüllte er und zeigte ihnen seine mächtigen Fäuste.

Die Knechte standen schreckgelähmt da. Sie hatten nicht einmal daran zu denken gewagt, den Versuch zu machen, Nils vor der Gewalttätigkeit des Vaters zu retten. Sie kannten die Sinnesart und die Körperkräfte des Bauern. Gott mochte dem beistehen, der ihm in die Quere kam – ihm, der damit prahlen konnte, den ganzen Markt von Sjönevad zu beherrschen.

Er wandte sich noch einmal dem Sohn zu und spuckte nach der Stelle aus, wo dieser lag.

»Pfui und nochmals pfui – Schande meines Geschlechts!« Dann verließ er die Tenne.

»Ihr lieben Leute, helft mir, Nils reinzubringen!« jammerte Anne Lena.

Da kamen die Knechte zur Besinnung. Sie hoben Nils auf ihre Arme und trugen ihn ins Haus.

Lars saß auf der Hochbank am Tisch, stramm und hart wie zuvor. Er verzog keine Miene, als er sah, wie sich Anne Lena und die Knechte gemeinsam bemühten, den bewußtlosen, blutigen Sohn ins Bett zu bringen. Das Neugeborene lag noch auf der Bank und wimmerte; Lars hatte nicht einmal einen Blick für den Kleinen. Er griff nach der Branntweinflasche und goß sich einen Schluck ein. Er leerte den Tummler hastig; aber der Schnaps schmeckte ihm offenbar bitter, denn er verzerrte angewidert das Gesicht und spuckte danach immer wieder aus.

Mutter Anne Lena flüsterte den Knechten zu, sie möchten die Tote in den Holzschuppen hinuntertragen und eine Decke über sie breiten. Sie selbst setzte sich auf den Bettrand und betreute den geliebten Sohn. Ganz vorsichtig schob sie ihm das kleine Daunenfederkissen unter den Kopf, das sie für ihn gestopft hatte, als er noch klein war. Dann holte sie eine Schale mit Wasser und wusch sein Gesicht ab. Schließlich legte sie ihm einen Leinenlappen unter die Nase, der das Blut aufsaugen sollte, das hervorquoll, sooft er husten mußte. Er hustete so entsetzlich – aber er lebte!

Der Kleine wimmerte noch immer.

»Du liebe Güte, dich armen Wicht hab ich doch ganz vergessen!« sagte Mutter Anne Lena leise für sich und eilte zu dem Kind.

Während sie darauf wartete, daß das Badewasser, das sie aufgesetzt hatte, warm wurde, legte sie ein weiches Kissen über den kleinen Körper. Dann suchte sie aus ihrer Truhe Windeln sowie ein Leinenhemdchen und eine Mütze hervor. Ach ja, das waren Klein-Nils' erste Mütze und erstes Hemdchen. Wie glücklich und hoffnungsfroh war sie doch gewesen, als sie diese Kleidungsstücke genäht hatte! Wehmütig betrachtete sie die feinen Hohlsäume an der Mütze und an den Hemdsärmeln.

Nun war das Badewasser fertig. Mutter Anne Lena vergaß nichts von alledem, was beim Baden beachtet werden sollte. Die Wollschere und das Ei und der rote Stofflappen, der dem Kind eine helle, rosige Hautfarbe geben sollte – all das lag dort in dem Kupferkessel. Und dann sollte auch noch der Trauring der Mutter dazu. Sie seufzte, streifte dann aber ihren eigenen Ring vom Finger und legte ihn mit hinein. Bald darauf ruhte der Kleine in ihrem Schoß, gebadet und gewickelt, mit einem Zuckerschnuller im Mund, und blickte mit seinen großen Augen in die Stube.

»Du sollst nicht ohne Mutter bleiben, mein Kleiner!« flüsterte sie dem Kind zu.

In diesem Augenblick erhob sich Lars vom Tisch.

»Morgen kommt das Gör aus dem Haus! Ich will die Schande des Hauses nicht vor Augen haben«, sagte er mit Entschiedenheit und ging in den Vorratsschuppen hinaus.

Anne Lena erwiderte nichts, aber sie beugte sich zu dem Kind hinunter und küßte es. Und ein paar große Tränen tropften auf das kleine, rote Gesicht nieder.

Es wurde eine unruhige Heilige Nacht. Nils' Befinden verschlechterte sich immer mehr. Er hustete so, daß das Blut aus Mund und Nase hervorquoll. Als der Husten nachließ, begann er zu phantasieren: »Stina! Stina! Ich wag's Vater nicht zu sagen ... Oh, er schlägt uns tot! Aber ich werde dir folgen, wohin du willst ... Sieh da, wie weiß du bist, sieh da, was für ein Schatten du geworden bist, oh! Und die Augen bewegen sich nicht, und das Gesicht ist weiß wie Schnee ...! Heisa, hopp, Leute! Ich werd's dem bösen Vater geben! Ich will ihn nie mehr sehen. Er hat mich mein Leben lang nur geschlagen und geschunden ... Jetzt wollen wir Hochzeit halten! O weh, o weh, wie er sich sträubt ...! Ich sterbe ... Heisa, hopp, jetzt wollen wir beide tanzen, du und ich ... Er will, daß ich die Neta nehme. Nein, danke! Jetzt sind wir beide, du und ich, verheiratet ... O weh, o weh, wie weiß du bist ...! Nein, es hilft nichts ... Wenn ich auch dadurch sterben muß, so will ich Euch doch die Wahrheit sagen. Ihr seid ein teuflischer Vater gewesen, zu mir und auch zu Mutter ... Ha-ha-ha! Ich hab keine Angst mehr vor Euch. Jetzt bin ich ein Mann ... Ha-ha-ha!«

Anne Lena und die Knechte wachten an seinem Bett. Lars ging zwischen dem Vorratsschuppen und der Stube hin und her. Er hatte eine Kerze in den Schuppen hinausgetragen; es war ihm in der Dunkelheit so seltsam zumute.

Nils fing an, um sich zu schlagen und mit den Armen zu fuchteln; seine Brust arbeitete schwer, er konnte nicht mehr husten.

»Er stirbt, er stirbt!« rief Anne Lena und rang die Hände.

Sie lief in den Schuppen hinaus. Dort saß Lars, den Kopf in die Hände gestützt. Als er seine Frau kommen hörte, blickte er auf.

»Lieber Lars, schicke Sven zum Doktor!« bat sie inständig.

»Zum Doktor …! Der Doktor hat hier nichts zu tun. Nils wird sich schon wieder erholen. Sind wir nicht selber Leute genug, die unser Elend sehen müssen?« entgegnete Lars, aber seine Stimme war nicht mehr ganz so sicher wie zuvor.

Nils sank wieder in einen Dämmerschlaf. Er kam gar nicht richtig zur Besinnung. Das geschwollene Gesicht rann von Schweiß. Die Mutter saß mit einem Handtuch da und wischte ihm Schweiß und Blut ab, sobald es wieder hervorquoll.

In der Frühe des anbrechenden Tages verschlimmerte sich sein Zustand. Sein ganzer Körper schüttelte sich. Er hustete, als wollten ihm die Lungen aus der Brust fliegen. Man richtete ihn im Bett auf, um zu sehen, ob das Erleichterung brächte; doch der Kopf sank haltlos auf die Brust nieder. Die Hände ballten sich krampfartig zu Fäusten. Die Lippen bewegten sich, als wollte er sprechen, aber es kam kein Laut hervor.

Anne Lena jammerte, doch sie hatte keine Tränen mehr.

»Ach, ach, ach, wenn er doch nur wieder zu sich käme, wenn er doch nur wieder zu sich käme!« schluchzte sie.

Lars stand am Bett und stierte düster vor sich hin.

»Fahr in die Stadt und hol den Doktor, Sven! Nimm beide Pferde, damit es schnell geht!« befahl er nun und setzte sich selber zu dem Verletzten.

Sven kam jedoch gar nicht erst vom Hof. Nils' Todeskampf hatte begonnen. Der Sterbende machte noch einige krampfartige Bewegungen, er streckte sich heftig und wurde dann still. Er war tot.

Mutter Anne Lena fiel am Bett des Sohnes auf die Knie und sprach inbrünstige Gebete für die arme Seele des

Toten. Groß-Lars, der sich niemals vor jemandem gebeugt hatte, zitterte wie ein Rohr im Winde. Vor dem Tod mußte er sich nun beugen. Da lag sein einziger Sohn! Er hatte ihm das Leben gegeben, er hatte es ihm auch genommen. Er neigte sich vornüber und sank ächzend auf den Toten.

Aber gleich erhob er sich wieder. Sein Gesicht war nicht mehr so streng wie zuvor, doch eine finstere Entschlossenheit lag darin. Er ging zum Vorratsschuppen. In der Tür drehte er sich um und warf seiner Frau, die noch auf den Knien lag, einen milden Blick zu.

Von einer furchtbaren Ahnung gepackt, fuhr sie auf und lief hinter ihm her. Mit beiden Händen ergriff sie seine Hand.

»Lars, du darfst nicht rausgehen!« bat sie angstvoll. »Du darfst nicht rausgehen – in deinem Gemütszustand!«

»Kümmere dich nicht um mich und mein Tun!« sagte er wie befehlend und machte seine Hand frei; es lag jedoch eine seltsame Weichheit in seiner Stimme.

»Lieber Lars, lieber Lars! Tu dir nicht selber ein Leid an!« Sie ließ sich auf den Boden fallen und schlang die Arme um seine Beine.

»Du Lieber, du Lieber, versprich mir um Gottes willen, daß du dir kein Leid antust ...! Ich laß dich nicht los, eh' du das versprichst ... ! Versprich mir das! Du magst mich mit den Füßen stoßen und auf mir herumtreten, du magst mit mir tun, was du willst, aber ich laß dich nicht los, eh' du das versprichst.«

Er beugte sich nieder und legte seine Hand auf ihren Kopf. »Du bist ein guter Mensch, Anne Lena. Mach dir keine Sorgen um mich! Ich werde nichts tun, was ich vor Gott und den Menschen nicht verantworten kann.«

Sie ließ ihn los, und er ging zur Dachkammer hinauf. Die ganze Zeit jedoch schwebte sie in tausend Ängsten um ihn. Er hatte stets sein Versprechen gehalten, im guten wie im bösen, das wußte sie zwar – aber dennoch. Sie stand regungslos da, die Hand auf der Türklinke; ihre

Furcht vor ihm war so groß, daß sie nicht einmal wagte, die Tür zu öffnen.

Nach einer Weile hörte sie seine Schritte auf der Treppe. Da fiel ihr ein Stein vom Herzen. Lars kam festlich gekleidet herunter. Sein Gesicht war ruhig und ernst.

»Wo willst du in der Heiligen Nacht hin?« fragte Anne Lena verwundert.

»Ins Gefängnis«, antwortete er mild.

Anne Lena blickte ihn erschrocken an. Groß-Lars ins Gefängnis!

»O lieber Gott, nein, das darf nicht geschehen …! Du ins Gefängnis! Nein, nein!« jammerte sie und ergriff seinen Arm.

»Wenn ich nicht von selber gehe, kommen sie und holen mich – und die Freude gönne ich meinen Neidern nicht. Morgen weiß jedermann, was ich getan habe.«

»Nein, nein! Nimm Geld und alles, was hier ist, und versteck dich! Du darfst nicht ins Gefängnis kommen!«

Mutter Anne Lena war ganz außer sich.

»Nein, Mutter«, sagte Lars mild, aber bestimmt, »das wird nicht geschehen. Ich habe – Gott stehe mir armem Sünder bei! – meinen einzigen Sohn umgebracht, weil ich meinte, er habe Schande über mein Haus gebracht. Und so mögen die Leute nun von mir reden. Aber daß ich mich der Gerechtigkeit entzogen hätte, das soll niemand von mir sagen können … Gott segne dich, Mutter! Ach, wären mir doch die Augen schon längst geöffnet worden! Ich bin verblendet gewesen. Jetzt weiß ich, wie hart ich zu euch gewesen bin; ich habe ja nur an mich gedacht, niemals an euch; aber ich habe auch meine Strafe bekommen … Bereitet den beiden ein ehrliches Begräbnis! Und eh' ich gehe, möchte ich mir noch das kleine Wesen ansehen.«

Sie traten zusammen an die Bank, auf der der Kleine lag. Lars nahm seine große silberne Uhr mit der silbernen Kette ab, die er von seinem Vater geerbt hatte. Nils hatte sie seinerseits von ihm erben sollen. Er wickelte die Kette um die Uhr und legte diese dem Kind in die Windel. Dann ergriff er Anne Lenas Hand und drückte sie fest.

»O lieber Gott, nun werden wir uns in diesem Leben gewiß niemals wiedersehen!« klagte sie bitterlich und barg ihren Kopf an seiner Brust.

»Weine nicht, Mutter!« sagte Lars tröstend und streichelte sie liebevoll. »Wenn es Gottes Wille ist, komme ich wieder, wenn nicht – dann wollen wir Gott bitten, daß wir uns an einem besseren Ort wiedertreffen. Bete du für mich … Gib gut acht auf das Kind und erzieh es ordentlich in der Vermahnung zum Herrn.«

Er warf einen langen, traurigen Blick zu dem Bett, auf dem der tote Sohn lag – der, der einmal seine rechte Hand und die Stütze seines Alters hatte werden sollen. Er hatte danach getrachtet, ihn so zu machen, wie er selber war. Das aber war Hochmut, das hieß, sich über Gott erheben zu wollen. Es geht nicht an, eine Weidengerte als Mastbaum aufzustellen … Er hob die Hand an die Augen und ging dann auf den Hof hinaus.

Dort warteten die Knechte mit dem Wagen, vor den sie beide Pferde gespannt hatten. Der Bauer und Sven erklommen den Sitz. Und dann fuhr Groß-Lars auf Pärshof geradewegs zum Länsmann, um sich selbst wegen Verwandtentotschlags anzuzeigen.

Mutter Anne Lena blieb vor dem Tor stehen, solange sie das Gerassel des Wagens hören konnte. Dann ging sie ins Haus. Die Weihnachtskerzen waren in ihren Tüllen niedergebrannt. Auf dem Herd glimmten noch die Kohlen. Sie kniete wieder bei dem Toten nieder. Dann trat sie an das Bett, in dem der Kleine jetzt lag, nahm ihn in den Arm und setzte sich mit ihm vor den Herd.

»Du armer kleiner Wicht, jetzt bist du mein einziger Trost. Du kamst als ein Unglückskind auf die Welt, aber du kamst am Tage unseres Herrn. Der Herr stehe dir bei, mein Kleiner, und gebe dir seinen Segen!«

Fredrika Bremer

Heiliger Abend und Christmette

Liebe Kinder in Stockholm! Ich möchte euch etwas darüber erzählen, wie man das Weihnachtsfest auf dem Lande feiert, denn das wißt ihr wahrscheinlich nicht. Das aber weiß ich, die ich mehr als einmal dabeigewesen bin und es mit großem Vergnügen beobachtet habe. Sicherlich wird es euch Spaß machen, davon zu hören. Allerdings habe ich die Mutter und die Kinder, von denen ich euch gleich erzählen will, nicht selber gekannt. Ein guter Freund hat mir von ihnen berichtet.

Stellt euch nun vor: Am Rande des schwarzgrünen Tannenwaldes stand eine Hütte, und auf sie und rings um sie her fiel an einem dunklen Winterabend in dicken Flocken der Schnee. Drinnen aber war es hell, denn im Herd loderte ein Feuer und leuchtete freundlich durchs Fenster auf die Tanne, die ihre schneeschweren Zweige gegen die Hüttenwand streckte. Es warf seine Lichtbahnen bis in den Wald, wo der Uhu saß und seine Rufe hören ließ. Aus dem Schornstein wirbelte Rauch auf, und Funken tanzten um die Schneeflocken herum, so daß denen ganz schwindelig wurde und sie in den Schornstein und in den Grütztopf niedertaumelten. Das heißt, sie wären dort hineingetaumelt, wenn sie nicht auf dem Weg durch den Rauch verdunstet wären.

Auf dem Herd brodelte die Weihnachtsgrütze nebst anderem Leckeren. Denn es war Heiliger Abend, und nach ländlichem Brauch mußten die Speisen gleich für das ganze Weihnachtsfest zubereitet werden, so daß man sie zu den Mahlzeiten während der Feiertage nur aufzuwärmen brauchte.

Glaubt nun nicht, daß es reicher Leute Essen gewesen sei, das da im Topf kochte. In der Hütte wohnte eine einfache Kätnerswitwe mit ihren drei Kindern. Sie war eine fleißige, fürsorgliche Frau und gute Mutter und hatte nun, dem Weihnachtsfest zu Ehren, aufs beste vorgesorgt, hatte drei Pfund Fleisch gekauft, das da jetzt zusammen mit Petersilie und Sellerie brodelte und eine köstliche Suppe sowie ein kräftiges Kohlgericht für den Weihnachtstag verhieß, an dem man auf dem Lande nun einmal Kohl essen möchte. Außerdem gab es noch gelaugten Stockfisch, ganz weiß und zart, und Kartoffeln – was sich von selbst versteht.

Auf dem Tisch standen schon der Weihnachtskuchen und der Julkuse, der mit langen Hörnern prangte. Der sollte das ganze Fest über zwischen den weihnachtlichen Speisen stehen. Habt ihr schon vom Julkuse gehört, Kinder? Und wißt ihr, warum er auf dem ländlichen Weihnachtstisch stehen muß?

Nun, der Julkuse ist ein Stück Teig, das, geknetet, zu einer Art Bock mit langen Hörnern geformt wird. Nachdem er die Festtage über auf dem Tisch gestanden hat, muß er sich in einer Kiste verstecken, bis der Frühling einzieht und der Acker gepflügt wird. Erst dann kommt er wieder aus der Kiste hervor, worauf man ihn in Stücke zerschlägt. Diese werden den Zugtieren, Ochsen oder Pferden, gegeben, die den Acker bearbeiten und die, so heißt es, durch den Julkuse doppelt so stark werden wie vordem. Wird der Acker gut bestellt, so wächst das Korn gut, viele Garben kommen in die Scheune, viel Mahlgut zur Mühle und viel Brot ins Haus. All das macht der Julkuse, jenes sonderbare Tier.

Zwei kleine Kinder, Per und Maja, liefen um den Weihnachtstisch und konnten ihre Freude über den Julkuse, den Kuchen und das Feiertagsessen, das seinen guten Duft in der ganzen Hütte verbreitete, kaum verbergen. Und sie freuten sich auf die Christmette, zu der sie am nächsten Morgen mit ihrer Mutter würden fahren dürfen. Bruder Anders sollte sie alle im Schlitten, von dem alten Pålle gezogen, zur Kirche kutschieren. Die Kinder waren noch niemals in der Christmette gewesen und konnten sich das Ganze nicht recht vorstellen, aber daß die Mette etwas ganz besonders Prächtiges sei, das hatten sie gehört, und daran glaubten sie.

Anders war noch draußen und hackte Holz, damit der Vorrat für die ganze Woche zum Heizen reichte, von Weihnachten bis Neujahr. Hätte ihn aber jemand gesehen, wie er dort stand, mit finsterem Blick und in die Stirn hängenden Haarsträhnen, so hätte er bemerkt, daß Anders am Weihnachtsfest nichts Erfreuliches fand und daß er mit der ganzen Welt unzufrieden war.

Die Mutter hantierte am Herd. Warum aber hielt sie ihr Gesicht ständig von den fröhlichen Kindern abgewandt? Nur die Flammen sahen, daß ihr mitunter eine Träne über die Wange rollte. Sie wollte nicht, daß die Kinder es bemerkten, sie mochte ihnen nicht die Freude nehmen. Mutter Margret mußte an diesem Abend immer wieder an ihren Mann denken, der vor nur drei Monaten gestorben war, mußte daran denken, wie glücklich sie noch am letzten Weihnachtsfest mit ihm gewesen war. Sie hatten zusammen so manches Ungemach bewältigt und waren mit jedem Jahr besser vorangekommen, so daß sie allmählich mit Zuversicht in die Zukunft blicken konnten. Sie dachte daran, wie er so manches Mal gesagt hatte: »Liebe Margret, wir müssen uns noch einige Zeit tüchtig ins Zeug legen, aber dann wirst du sehen, daß es uns und den Kindern gut geht!« Und sie erinnerte sich, wie er sie, als er spürte, daß er sterben müsse, getröstet und ihr gesagt hatte, daß es, wenn einer von beiden davongehen müsse, besser sei, wenn das Los den Mann träfe, weil die Frau besser als er für die Kinder sorgen könne.

Die Frau aber fand, daß dieses Los schwer zu tragen sei, und sah viel Kummer für die Zukunft voraus. Sie war so einsam in ihrem Herzen und fühlte sich so allein auf der kleinen Kätnerstelle, die sie bewirtschaftete. Ihr Stiefsohn

Anders, der Älteste, der bisher in einem anderen Kirchspiel gedient hatte, nun aber heimgekommen war, um nach dem Tod des Vaters bei der Feld- und Hofarbeit zu helfen, hatte ein düsteres Gemüt und hegte offensichtlich bittere Gefühle gegenüber der Stiefmutter, die vergeblich versucht hatte, sie mit Güte zu ändern. Anders bewegte sich im Haus wie eine dunkle Wolke, er war stets mißvergnügt und unwirsch. Das bedrückte die Mutter schwer. Und gerade an diesem Abend, für den sie sich, dem Fest und den Kindern zuliebe, vorgenommen hatte, alle leidigen Gedanken zu verscheuchen, gerade an diesem Abend stürmten sie zuhauf auf sie ein – so dicht, wie die Schneeflocken auf die Tannen fielen; und sosehr sie auch versuchte, sie abzuschütteln, siehe – da waren sie wieder, schlimmer als zuvor.

Doch die Kinder, Klein-Per und Maja, dachten an nichts Trauriges. »Sieh doch den Julkuse, Maja!« rief Per. »Wie er dich mit seinen großen schwarzen Augen anstarrt! Sieh dich vor: er stößt zu, wenn du ihn berührst!« – »Nein, glaubst du, daß er stößt? Glaubst du, daß er richtig *lebt*? – Oh, wie gut die Suppe riecht …! Ist sie nicht bald fertig, Mutter? Und können wir nicht bald zu Majros und Dockan gehen, damit sie den Stern sehen und Weihnachten schmecken können?«

Ja, richtig! Die Suppe war jetzt fertig, und die Mutter hob sie vom Feuer. Dann zündete sie die Kerze in der Laterne an. Um die Kerze zog sich ein prächtiger gelber Papierstern, der das Licht noch heller machte. Jedes der Kinder bekam ein Stück Kuchen, und die Mutter füllte einen Krug mit dem frischen Weihnachtsbier. Dann gingen sie zu dritt in den Stall – die Tiere sollten doch wissen, daß Weihnachten war.

Überall auf dem Lande im ganzen schwedischen Reich ist es Sitte, die Tiere am Weihnachtsfest teilhaben zu lassen. Alle Geschöpfe auf Erden sollen sich über die Geburt des Herrn freuen, der der Welt neues Leben geschenkt und seine Jünger mit den Worten ausgeschickt hat: »Predigt das Evangelium allen Kreaturen!«

Eigentlich sind es die Haustiere, die wir zu Weihnachten bewirten. Aber in einigen Teilen Schwedens und überall in Norwegen bringt man vor den Türen der Häuser und Scheunen auf hohen Stangen oder entasteten jungen Tannenbäumen Hafer- und Gerstengarben an, damit sich die kleinen Vögel satt essen können. – Als ich eines Jahres in Norwegen war, hatte ich vor meinem Fenster zwei solcher Bäume, in deren Wipfeln große Gerstengarben hingen, und Schwärme von Spatzen, Zeisigen und Buchfinken hielten dort ihren Weihnachtsschmaus. Sie schienen unentwegt zu zwitschern: »Es ist Weihnachten, es ist Weihnachten!« Das war ein Lärmen und ein Jubeln, daß man nichts anderes hören konnte. – Doch wir kehren nun zu unserer kleinen Hütte in Schweden zurück.

Majros und Dockan dachten gewiß an nichts, wie sie da in ihren Boxen standen und an ihrem Stroh kauten. Plötzlich ging die Stalltür auf, und ein Licht leuchtete ihnen in die Augen. Sie drehten den Kopf zur Seite, blickten etwas verwundert drein, schnaubten und muhten leise, zum Zeichen, daß sie die Eintretenden erkannten und daß sie ihnen willkommen waren. Doch als die Kinder in ihrem Eifer auf sie zuliefen, ihre Brotstücke hinreichten, sodann Majros und Dockan »Jetzt ist Weihnachten!« in die Ohren schrien, da wichen die Tiere einen Schritt zurück, schüttelten heftig den Kopf und stierten, wie um zu fragen: Was ist denn das?

Aber da die beiden Braunen mit den weißen Flecken ganz verständige und manierliche Tiere waren, besannen sie sich bald, streckten die Zunge heraus, um das Brot zu erhaschen, schnupperten an dem Weihnachtsbier, schlürften einen ordentlichen Schluck davon in sich hinein und schienen sehr zufrieden. Dann streute die Kätnerin noch frisches Stroh unter sie und legte ihnen einen Armvoll vom feinsten Heu in die Raufe. Während sie sich entfernte, sagte sie: »Gott segne euch, meine guten Kühe, nun habt ihr euern Heiligen Abend gehabt!« Da schienen die Tiere das Ganze zu begreifen, blinzelten ins Licht und in den Stern, den die Kinder ihnen in die Augen leuchten ließen, und legten sich dann mit einem Büschel Heu im Maul gemächlich nieder, um den Sinn der Worte weiter zu bedenken. Doch außer einem »Muh« ließen sie nichts verlauten.

Dann ging es zum alten Pålle, um auch ihn vom Weihnachtsbrot und vom Weihnachtsbier kosten zu lassen. Auch er sollte merken, daß Heiligabend war. Pålle spitzte die Ohren und hob den Kopf. Es sah aus, als habe er schon auf die willkommene Botschaft gewartet. Pålle war alteingesessen, er hatte auf dem Hof schon mehrere Jahre das Weihnachtsfest begangen.

Die Schafe blökten vergnügt und leckten die Hände, die ihnen die Weihnachtskost gaben. Und die kleinen Ferkel hüpften und sprangen umher wie außer Rand und Band.

Dem Kater hinterm Herd begann die Zeit etwas lang zu werden; er fand es karg, nur seine Pfoten zu lecken. Da trat Mutter Margret mit den Kindern wieder in die Hütte, und nun bekam der Kater eine ganze Untertasse mit fetter Milch.

Die Hühner waren an diesem Abend unruhig, sie wollten ihre Schlafplätze auf den Stangen des Verschlages nicht aufsuchen, sondern flogen auf und nieder, gackerten und trieben ein Wesen, das sich niemand erklären konnte. Als nun aber aus vollen Händen goldene Körner auf sie herabregneten und die Kinder ihnen ihr »Jetzt ist Weihnachten!« zuriefen, gackerten sie besonders laut, flatterten umher und vollführten ein schreckliches Getöse. Der Hahn krähte, als wäre es Morgen.

In der Hütte hatte sich auch Anders eingefunden. Er war ein hochgewachsener Bursche von siebzehn Jahren und schaute verdrießlich drein. Mutter Margret warf einen unruhigen Blick auf ihn. Schon seit der Vater sich wiederverheiratet hatte, hegte er Haß gegen die Stiefmutter; er wollte, als sie ins Haus kam, nicht dort bleiben, sondern verdingte sich bei einem zwar reichen, aber unleidlichen Bauern im benachbarten Kirchspiel.

Anders saß da, einen Arm auf den Tisch gestützt, und starrte schweigend ins Feuer. Er schien nicht zu beachten, wie die Mutter auf dem Tisch das Essen zurechtstellte, und nahm auch keine Notiz von dem Plappern, mit dem die kleine Maja ihm von den Tieren und ihrem Weihnachtsabend erzählen wollte. Maja war ein liebes Mädchen, das alle Menschen mochte und das sich besonders zum großen Bruder hingezogen fühlte, obwohl er selten freundlich zu ihr war.

Als sie dann alle zu Tisch saßen und die Mutter das Weihnachtsbier eingegossen hatte, warfen die Kleinen einander schelmische Blicke zu, spähten zu Anders hinüber und nickten, als wollten sie sagen: Jetzt ist es soweit!

Dann nahm die Mutter ihr Glas, jedes der Kinder griff nach seinem Zinnbecher, und alle drei sagten: »Skål, Anders!«

Der Jüngling sah auf und blickte fast so verwundert wie Majros, als man ihr zurief, nun sei Weihnachten. Doch als die Mutter hinzufügte: »Und viel Glück, mein Sohn! Am Abend dieses Tages bist du ja geboren …«, da erwiderte Anders mit mürrischer Miene: »Worauf sollte man trinken, und was für ein Glück sollte das sein? Es wäre besser gewesen, wenn ich nicht geboren wäre!«

Da sagte die Mutter ernst: »Es ist sündig, so zu sprechen, mein Sohn. Wenn Gott uns Gesundheit und Kraft gegeben hat, zu arbeiten und zu streben …«

»Wozu soll man arbeiten und streben?« unterbrach Anders sie verdrossen.

»Lieber Junge, daß du das fragst!« erwiderte die Mutter. »Man soll doch schließlich leben …«

»Und wozu soll man leben?« entgegnete Anders wieder.

Die Mutter schwieg, weil sie nicht sofort eine Antwort auf die Frage fand.

Anders fuhr fort: »Wenn einer weder Vater noch Mutter hat, weder Geld noch irgend was anderes auf der Welt, für das es sich zu leben lohnt, dann wäre es ebenso gut, tot zu sein. Dann würde man sich alle Mühe sparen.«

»Bin ich nicht deine Mutter?« erwiderte die Witwe mit feuchten Augen.

»Ihr seid nur meine Stiefmutter«, sagte Anders hart. »Wäret Ihr meine Mutter, dann hättet Ihr mehr an mich gedacht, und ich brauchte nicht in diesem alten Rock vom Vater herumzulaufen, dann hättet Ihr mir einen neuen gekauft.«

»Das hätte ich getan, wenn ich das Geld dazu gehabt hätte. Aber du weißt doch, daß ich Vaters besten Rock verkaufen mußte, um ein ehrliches Begräbnis für ihn bezahlen zu können. Und du weißt auch, daß ich täglich am Spinnrad sitze, um dir einen Feiertagsrock zu schaffen.«

»Wann wird der denn fertig sein?« versetzte Anders. »Ihr hättet Pålle, den alten Gaul, verkaufen können – statt Vaters besten Rock. Aber Ihr seid eitel und wollt Pålle bloß behalten, um mit ihm zur Kirche fahren zu können. Irgendwelchen Nutzen haben wir sonst von ihm nicht, er frißt den Kühen bloß das Futter weg. Das beste und richtigste wäre, ihn zu verkaufen.«

»Mein Sohn«, sagte die Mutter, »Pålle ist alt, und er hat uns viele Jahre gedient, deshalb verkaufe ich ihn ungern, nicht aus Eitelkeit! Und ich weiß auch, daß Pålle so manchen Reichstaler für uns verdient, wenn die Nachbarn sich ihn ausleihen. Sollte es aber wirklich das richtigste sein, ihn zu verkaufen, so werde ich mich nicht dagegen sträuben – wenn ich nur einen guten Herrn für ihn finde. Allerdings wird es mir schwerfallen, mich von dem treuen

Tier zu trennen. Künftig werde ich dann wohl nie mehr zur Kirche können. Aber – mag es denn so sein.«

»Ein sanftes Wort stillt den Zorn«, lehrt die Heilige Schrift, und die Worte der Mutter waren so mild und würdevoll gesprochen, daß Anders darauf nichts erwidern konnte. Doch in seinem Innern spürte er einen Stich. Er stand ungestüm auf, schob die kleine Maja beiseite, so daß sie beinahe umgefallen wäre, und ging hinaus, wobei er die Tür heftig hinter sich zuschlug.

Dies alles tat Mutter Margret schrecklich weh – wußte sie doch, daß sie auch für den Stiefsohn ein mütterliches Herz hegte und daß sie diese Schroffheit von seiner Seite nicht verdiente. Zugleich aber leuchtete ihr ein, daß Anders, was das Pferd betraf, recht haben mochte: Vielleicht wäre es das klügste, Pålle wegzugeben. Der Gedanke aber, daß sie nicht mehr zur Kirche könnte – die lag gut eine Viertelmeile von der Waldkate entfernt –, drückte sie schwer.

Die Kinder begriffen nicht, was in den Bruder gefahren war. Sie aßen und tranken nach Herzenslust. Als die Mutter sie satt und zufrieden sah, schlug sie ihnen vor, einen Teil ihres Abendessens für die »Blumenmuhme« im Armenhaus aufzuheben. Damit waren die Kinder herzlich einverstanden. Brot und andere Speisen wurden in ein blaukariertes Taschentuch gebunden und das Bündel für den nächsten Tag bereitgelegt. Das wollten sie mitnehmen, wenn sie zur Christmette führen. Sie sollten selber zum Armenhaus gehen und es der »Blumenmuhme« geben.

Dann legten sich die Kinder zum Schlafen auf eine große, goldgelbe Strohgarbe, die sie eigens zum Weihnachtsfest in die Hütte geschleppt hatten. Sie kleideten sich nicht aus, damit sie am Morgen um so eher fertig wären. Beide bekamen von der Mutter ein weißes Taschentuch, das sie unter dem Kopf auf das Stroh legten. Bald schliefen sie ein, während die Schimmer des Herdfeuers über sie hin tanzten.

Anders kam schweigend herein und legte sich nieder,

ohne »Gute Nacht« zu sagen. Als letzte ging die Mutter zu Bett, nachdem sie in der Hütte aufgeräumt, das Geschirr abgewaschen, alles wieder an seinen Platz gestellt und aufs Feuer Holz nachgelegt hatte. Es sollte während der ganzen Heiligen Nacht brennen.

Als sie dann im Bett lag, konnte sie nicht einschlafen. Sie hatte sorgenvolle Gedanken und hörte, wie sich Anders in seinem Bett hin und her wälzte. Sie überlegte, ob sie noch einmal mit ihm reden solle, ihm sagen, daß er ihr unrecht und weh getan habe. Schlug nicht ihr Herz mütterlich für ihn, obwohl sie nicht seine richtige Mutter war? Was sollte sie tun? Es war doch Heiligabend, und da sollte man nicht in Unfrieden auseinandergehen! Leise rief sie: »Anders, bist du wach?« Doch der antwortete nicht, sondern lag reglos. Da meinte die Mutter, er sei wohl eingeschlafen.

Sie blieb still liegen, wandte nun ihre Gedanken zu Gott und bat ihn, die bittere und verdrießliche Sinnesart des Jünglings zu ändern. Und während sie betete, wurde sie ruhiger. Sie drehte sich um und sah nach ihren Kleinen. Der Schein des Feuers tanzte weiterhin über ihre rotbäckigen Gesichter. Schließlich schlief sie ein.

Als sie wieder erwachte, war es ganz dunkel in der Hütte. Da überkam sie Angst, und sie fühlte eine schwere Last in ihrem Kopf und ihrem Herzen. Der Tod ihres Mannes, Anders' verbittertes Gemüt und seine Vorwürfe, ihre Einsamkeit und die düstere Zukunft, die vor ihr lag, all das stürzte nun auf sie ein wie eine riesige Schneelawine und drohte sie völlig zu verschütten. Sie hörte in sich Anders' bittere Worte: »Wozu soll man leben?« Und sie verspürte den Wunsch, nicht mehr aufzustehen, sondern für immer ganz still liegenzubleiben.

Doch sie stand auf, kleidete sich an, machte wie üblich Feuer und setzte den Kaffeekessel auf den Herd. Zwar gehörte sie nicht zu den verschwenderischen Bäuerinnen, die alle Tage Kaffee tranken, doch dem Weihnachtsfest zu

Ehren sollte nun das ganze Haus mit Kaffee bewirtet werden.

Dann zündete sie die am Abend bereitgestellte Kerze an der Weihnachtstanne vor dem Fenster an und weckte die Kinder: »Zur Christmette, Kinder, zur Christmette!«

Die Kleinen richteten sich schlaftrunken auf und rieben sich den Schlaf aus den Augen. Da sahen sie das Licht an der Weihnachtstanne brennen, und es fiel ihnen ein, daß Weihnachten war und daß sie zur Christmette fahren wollten. Sie sprangen auf und waren im Nu ganz munter.

Die Mutter bereitete das Frühstück für sie und Anders, ging danach hinaus, um die Kühe zu melken und nach den anderen Tieren zu sehen. Als das getan war, zog sie sich und die Kinder zur Kirchfahrt an, während Anders, nach wie vor schweigsam und mürrisch, hinausging, um Pålle vor den unterkuften Leiterwagen zu spannen.

Als der Schlitten vor der Tür stand, trat Mutter Margret mit ihren Kleinen in Feiertagskleidung, mit dem Gesangbuch und einem weißen Taschentuch in der Hand, aus der Hütte. Der Morgenstern und der Mond standen hell am Himmelsgewölbe über dem dunklen Tannenwald und leuchteten heiter über den frischgefallenen Schnee.

Die Witwe dachte: Wieviel Schönes doch Gott für die Menschen geschaffen hat! Und mit tiefen Atemzügen sog sie die frische Winterluft dieses klaren Morgens ein.

Pålle, der arme alte Pålle, ahnte nicht, daß man daran dachte, ihn zu verkaufen. Er war munterster Stimmung, wieherte, wedelte mit den Ohren, drehte den Kopf hin und her, scharrte mit den Hufen im Schnee und gebärdete sich fast wie ein Fohlen.

Alsbald saß die Witwe mit den beiden Kindern im Schlitten, Anders stand dahinter auf den Kufen und lenkte. Pålles Glöckchen bimmelte lustig, während sie auf dem Gemeindeweg durch Wald und Feld dahinfuhren. Der Morgenstern strahlte auf die weißen Flächen und die schneebeschwerten Tannen längs des Fahrweges. Hier und dort sah man auch Lichter im Wald funkeln.

Die Kleinen waren recht geschwätzig. »Seht doch«, riefen sie, »die Lichter im Gutshof, ein Licht in jedem Fenster! – Und dort, bei der alten Brita auf dem Hügel ist auch Licht! Und dort, dort, ganz weit hinten im Wald auch! Seht doch …! Nein, drei Lichter im Pförtnerhäuschen, am Weihnachtsbaum, hinterm Fenster! Seht doch nur, den ganzen Weg lang leuchtet's! Wie schön! Ist es in der Christmette noch schöner, Mutter?«

»Ihr Dummchen«, sagte die Mutter, »die Christmette ist auf ganz andere Art schön!«

Nun waren sie auf der Landstraße, und da kamen viele Leute gefahren, die zur Kirche wollten. Es war ein riesiger Zug von kleinen Schlitten mit bimmelnden Glöckchen, so daß den Kindern fast schwindelig wurde. Als sie aus dem Wald hinausfuhren und auf eine Anhöhe gelangten, lag vor ihnen ein offenes Tal, und im Hintergrund hob sich vor dunkelgrünem Wald die weiße Kirche ab. Die Turmspitze zeigte hoch zum Himmel, und aus allen Fenstern strahlte Licht.

Auf einmal begannen die Kirchglocken zu läuten. Die Kinder verstummten; es wurde ihnen ganz feierlich, ganz seltsam zumute.

Bald waren sie am Ziel. Die Glocken läuteten noch, Gesang und Orgelbrausen tönte aus der Kirche. Ringsumher war es dunkel. Der Mond war untergegangen. An der Außenseite der Kirchenmauer drängten sich, dicht an dicht, kleine Schlitten mit vorgespannten Pferden, die ruhig dastanden und Heu kauten. Zwischen ihnen fand nun auch Pålle seinen Platz. Er hatte ein großes Büschel vom besten Futter als Weihnachtsfrühstück – und eine Decke über sich, so daß er während der Wartezeit nicht zu frieren brauchte. Die Kätnerin tätschelte ihm liebevoll den Hals und dachte: Danke, lieber alter Freund, vielleicht ist es das letzte Mal, daß du mich zur Kirche gebracht hast!

Mit den Kindern an der Hand ging sie dann über den Kirchhof, zwischen den stillen Grabmälern, die sich während der Nacht alle mit dicken Schneemänteln bedeckt hatten.

»Wißt ihr noch, Kinder«, fragte sie, »was ich euch über die Christmette gesagt habe?«

»Ja«, antwortete der kleine Per, »die ist, weil … weil …«

»Weil unser Herr und Heiland Jesus Christus in der Heiligen Nacht geboren wurde«, fiel die kleine Maja eifrig ein.

»Ja, liebe Kinder«, sagte die Mutter, »denkt nur daran, daß er für uns gelebt hat und gestorben ist und daß er uns Gottes Güte und Willen offenbart hat.«

»Und seine Geburt feiern wir in der Christmette«, ließ sich die kleine Maja wieder vernehmen.

»Ja«, fuhr die Mutter fort, »er ist das Licht der Erde, und er hat das Leben für uns erhellt. Deshalb zünden wir zur Erinnerung an seine Geburt Kerzen an.«

Als sie in die Kirche traten, sang die Gemeinde: »Gegrüßt sei, schöne Morgenstund'!«

Aber die Kinder achteten jetzt nicht auf den Gesang. Sie schauten nur und staunten. Soviel Licht, soviel Licht! Die vier großen Kronleuchter, die im mittleren Gewölbe hingen, waren ganz mit Kerzen besteckt, auf dem Altar brannten Kerzen in hohen Leuchtern, und auch auf der Empore stand ein Licht neben dem anderen, aus den Wänden streckten sich vergoldete Arme, die ganze Bündel von Kerzen hielten, und an jeder Bank brannte ein Licht, so daß der ganze Mittelgang einer Allee von Flammen glich. Wohin man auch sah – überall erstrahlte Kerzenlicht.

Die Bänke waren mit Menschen Kopf an Kopf besetzt. Die Kinder hatten noch niemals so viele Menschen gesehen und dachten, sie würden keinen Platz finden. Doch auf einer Bank rückten die Leute zusammen. Eine freundliche Bauersfrau nahm die kleine Maja auf den Schoß, die

Mutter hob den kleinen Per auf ihre Knie, und so konnten sie alle sitzen.

Die Kinder blickten immerfort um sich. Sie hatten nur Augen für die glitzernde Pracht. Die Mutter aber hatte sie und alles um sich her bald vergessen, denn gerade als sie das Gesangbuch aufschlug, um in das Lied einzustimmen, sang die Gemeinde:

»Wie uns sind Tränen ihm nicht fremd,
in unsrer Not, die arg uns hemmt,
weiß Hilfe er, läßt Labsal fließen,
verkündet seines Vaters Rat,
wird Süße einer ew'gen Gnad'
in unsern Sorgenkelch einst gießen.«

Da löste sich der Schmerz, den die Witwe in ihrem Herzen getragen hatte, löste sich auf in Tränen, die wie Balsam auf sie wirkten.

Nun betrat der Pfarrer die Kanzel. Er war ein noch junger Mann, mit einem guten Gesicht, das Ernst und Herzlichkeit ausdrückte. Man wußte, daß er – der Sohn des alten Unterpfarrers – in seiner Armut viel Gutes tat, daß er frohen Herzens von Hütte zu Hütte ging, die Kranken tröstete, den Kindern vorlas und ihnen von Christus erzählte.

Es berührte die Witwe – und noch jemanden in der Kirche – auf seltsame Weise, als sie die ersten Worte des jungen Pfarrers hörten: »Warum und wozu leben wir?«

Mutter Margret konnte nicht umhin, einen flüchtigen Blick auf Anders zu werfen. Da sah sie, daß er verwundert zu dem Pfarrer aufblickte, so als habe dieser ihn persönlich angesprochen.

Und das tat er. Er sprach gleichsam zu jedem einzelnen. Besonders wandte er sich an die Armen, an all die in der Welt Geringgeachteten, wies darauf hin, daß der Heiland, als einer von ihnen geboren, sich auf ihrer Lebenswanderung zu ihnen gesellt und ihnen erklärt habe, weshalb und wozu sie lebten und wie herrlich das Leben hier und in der Ewigkeit sei, wenn sie *eins* mit ihm und durch ihn *eins* mit Gott geworden seien. Dann sprach er von diesem Leben, wie schön es auch in der kleinsten Hütte sein könne, da ein jeder, auch der scheinbar Unbedeutendste, durch sein Leben für das Reich Gottes und das Werden der Herrlichkeit wirken könne, nach der sich alle sehnten. Jeder Mensch könne – als Mutter, Schwester oder Bruder – in dieser Arbeit dem göttlichen Heiland folgen und dann in die himmlischen Wohnungen aufgenommen werden.

Da erschien dieses kleine Leben auf einmal groß und reich, so voller Zukunft und Freude, daß die Witwe das Bedürfnis hatte, Gott dafür zu danken, daß sie geboren war. Und in diesem Augenblick hatte sie das Gefühl, als würde ihr künftig nichts mehr zu schwer werden. Alles Schwere würde einst ein Ende haben. Gottes Güte und Herrlichkeit währte ewiglich – das war gewiß.

Als die Predigt zu Ende war, mußte Mutter Margret wieder den Kopf wenden und zu Anders hinüberschauen. Da sah sie in seinen Augen ein Leuchten, wie sie es noch nie zuvor bei ihm wahrgenommen hatte.

Die Gemeinde sang ein weiteres Lied. Danach verließen einige der Mettebesucher die Kirche, die anderen blieben noch sitzen. Eine halbe Stunde später sollte der Hauptgottesdienst beginnen. Inzwischen war es Tag geworden, und die Kerzen in der Kirche wurden gelöscht.

Die Witwe ging mit ihren beiden Kleinen hinaus. Die Kinder wollten nun im Armenhaus die »Blumenmuhme« bewirten.

Die Alte war eine bleiche, doch hübsche Frau, auf beiden Augen blind, so daß der schwarze Punkt in ihrem Augenstern ganz fehlte. Das sei so gekommen, erzählte sie, als sie sich die heftig schmerzenden Augenzähne habe herausreißen lassen. Das sei nun zehn Jahre her. Vordem war sie in der Gegend umhergezogen, brachte kleinen Kindern das Lesen bei und fertigte aus farbigem Papier prächtige Blumensträuße, die sie in gefaltete Pappschachteln steckte und an die verschenkte, die sie freundlich beherbergt hatten. So war sie an die fünfzehn Jahre in der Gegend umhergewandert, ohne daß jemand ihren Namen und ihre Herkunft kannte. Man wußte nur, daß sie von irgendwo weit her stammte. Niemals sprach sie von sich oder ihren Angehörigen, und so hieß es, etwas Seltsames sei mit ihr, man könne aber sehen, daß sie von »besseren Leuten« komme. Und da sie so geschickt, von nettem und sanftmütigem Wesen, zudem sauber und ordentlich war, schätzte man sie allgemein und nannte sie überall »die Blumenmuhme«. Bauern und Kätner beherbergten sie gern einige Wochen bei sich. Seit sie blind geworden war, keine Blumensträuße mehr machen, die Kinder nicht mehr Lesen lehren und sich selbst nicht mehr versorgen konnte, lebte sie im Armenhaus der Gemeinde. Dort besuchten die Leute sie sonntags und brachten ihr etwas zu essen: ein paar Eier, ein wenig Butter oder anderes, was einem alten Gaumen guttut.

Als die Waldkätnerin das Armenhaus betrat, saß die »Blumenmuhme« in Sonntagskleidung auf ihrem Bett. Der Fußboden war mit Wacholderreisig bestreut, und es duftete so frisch wie im Wald. Die »Blumenmuhme« war noch bleicher als sonst, doch ihr kluges, mildes Gesicht wirkte heiterer denn je, seit sie erblindet war.

Nachdem die Witwe mit ihr über dieses und jenes geplaudert hatte und sich schließlich nach ihrem Befinden erkundigte, antwortete die Frau: »Gott sei gedankt, in letzter Zeit habe ich viel Hoffnung gefaßt, denn jetzt kann ich manchmal einen leichten Schimmer sehen. Es ist kein Sonnenschein – vielmehr glaube ich, es ist ein Schein, der mir verkündet, daß ich mich dem Land nähere, wo die Augen des Blinden geöffnet werden und die Herrlichkeit des Herrn schauen dürfen.«

Diese Worte und das heitere Gesicht der Blinden bewahrte die Witwe in ihrem Herzen unter den lichten Eindrücken dieser Morgenstunde.

Dann, ehe der zweite Gottesdienst begann, sah man sie neben dem Bauern vom Großhof bei Pålle stehen. Beide tätschelten und klapsten das Pferd. Der Großbauer, so sagten einige, habe danach ausgesehen, als sei er um ein Pferd reicher geworden.

Die Sonne stand hoch am Himmel, als der Hauptgottesdienst zu Ende war und die Glocken ausläuteten. Im Nu war die Kirche leer, und nach allen Richtungen sah man die Kirchgänger fröhlich davonlaufen und davonfahren, auf Steigen und Wegen, über schneebedeckte Berge und Hügel. Auf dem Lande heißt es nämlich, daß demjenigen, der am Weihnachtstag als erster von der Kirche nach Hause gelangt, vergönnt sein werde, im nächsten Herbst als erster seine Ernte einzubringen.

Die Witwe hatte es nicht eilig, sie fuhr mit ihren Kindern als allerletzte von der Kirche fort. Das von der Sonne beleuchtete Land schien, von glänzendweißen Laken bedeckt, im Winterschlaf zu liegen. Auch der dunkle Kiefernwald, mit einer Nachtmütze von Schnee auf dem zottigen Schopf, sah aus, als sei er in tiefen Schlummer versunken. Schweigend fuhr Mutter Margret mit ihren Kindern durch den Wald. Die Kleinen waren hungrig und verfroren. Was Anders dachte, wußte man nicht. Pålle aber dachte natürlich an die Mittagsmahlzeit; er rannte aus Leibeskräften heimwärts, und sein Glöckchen bimmelte lustig.

Bald stand Pålle wieder im Stall und ließ sich vernehmlich das Weihnachtsfutter schmecken. Und bald saß auch Mutter Margret mit den Kindern am Mittagstisch und aß von dem köstlich dampfenden Kohl- und Fleischgericht. Nach dem Essen trank man zu Ehren des Festes noch einen Schluck Kaffee.

Als die Abenddämmerung hereingebrochen war und sie alle um den Herd saßen, in dem das Weihnachtsfeuer prasselte, sagte die Mutter: »Nun, Kinder, möchte ich wissen, ob ihr etwas von der Predigt des jungen Pfarrers in der

Christmette behalten habt.« Aber ach, die Kleinen erinnerten sich an kein Wort. Nein, sie hatten einfach nichts gehört. »Da war soviel Licht«, sagten sie, »daß wir nichts hören konnten.«

Deshalb wiederholte die Mutter, was der Pfarrer gesagt hatte, freilich auf ihre Weise, so daß die Kinder es besser verstanden. Per und Maja waren liebe und kluge Kinder. Sie begriffen und beherzigten, was die Mutter ihnen sagte. Dann durften sie mit den Papierblumen und den anderen kleinen Gaben spielen, die sie von der »Blumenmuhme« bekommen hatten.

Mutter Margret und ihr ältester Sohn blieben allein vor dem Herd sitzen. Anders saß mit verschränkten Armen und gebeugtem Kopf da und starrte ins Feuer. Die Mutter sah ihn an. Seit dem gestrigen Abend hatte er ihr noch kein freundliches Wort gesagt, doch es kam ihr vor, als habe irgend etwas sein Inneres erweicht.

Nach einer Weile brach sie das Schweigen. Zuvor mußte sie einen Seufzer unterdrücken, der ihr fast die Stimme erstickt hätte. Sie sagte: »Anders, ich habe über das nachgedacht, was du gestern abend gesagt hast: Wir sollten

Pålle verkaufen. Ich habe mit dem Großbauern gesprochen. Er würde Pålle für hundert Reichstaler nehmen. Morgen will er kommen und ihn abholen und die Hälfte der Kaufsumme sofort bezahlen. Die sollst *du* haben, Anders. Und du kannst damit machen, was immer du möchtest. Du bist vernünftig genug, für dich selbst zu sorgen. Ich möchte nur, daß du, mein Sohn, mich nicht mehr deine Stiefmutter nennst, denn ich habe deinen Vater sehr liebgehabt.«

Die Witwe konnte ihre Tränen nicht zurückhalten.

Anders stand auf. Es war, als sei eine Eiskruste um sein Herz mit einemmal geschmolzen. Seine Lippen zitterten, als er sagte: »Nein, Mutter, Ihr sollt Pålle nicht verkaufen ... Der Großbauer soll ihn nicht haben ... Ihr sollt ihn behalten! Und jeden Sonntag will ich Euch mit ihm zur Kirche fahren ... Ich hab Euch unrecht getan, Mutter ... Ich weiß jetzt, daß Ihr mich mögt ... Und ich weiß jetzt auch, warum ich leben möchte ... Ich will unsere kleine Wirtschaft so in Ordnung halten, daß wir uns nicht schämen brauchen, und genug Futter für Pålle schaffen, solange er lebt ... Dafür werd ich sorgen. Von jetzt an soll alles anders werden ... Sei nicht mehr traurig über mich, Mutter! Gott hat ...«

Er verstummte, konnte nicht weiterreden, weil jetzt die kleine Maja mit ihren Blumen zu ihm kam und ihn bat, daran zu riechen. Da nahm er sie in seine Arme und gab ihr einen Kuß.

»Gottes Frieden!« ertönte plötzlich eine freundliche Stimme von der Tür her. Herein trat der junge Pfarrer, der in der Christmette gepredigt hatte. Er hatte von dem Kummer der Kätnerswitwe gehört und kam nun, um sie zu trösten.

Wie er fand, war hier dank dem, von welchem er in der Morgenstunde gepredigt hatte, inzwischen Freude eingekehrt. Doch er verweilte lange in der Hütte, sprach mit der Witwe und mit Anders, dessen Herz völlig verwandelt schien. Er versprach, ihm Bücher zu leihen, und lud ihn zu sich ein. Er wollte einige junge Leute aus der Umgebung unterweisen und mit ihnen vierstimmigen Gesang einüben; Anders sollte einer von ihnen sein, weil er von seiner schönen Stimme gehört hatte.

Als der Pfarrer ihm zum Abschied die Hand schüttelte, hatte er das Empfinden, als seien ihm an diesem Tag Vater, Mutter und Bruder geschenkt worden.

Fortan zeigte sich Anders völlig verändert. Zwar wurde er kaum gesprächiger oder vergnügter – jeder hat nun einmal sein eigenes Wesen – aber alle mochten ihn, und man sah, daß er sich freute zu leben. In der Kirche sang er, daß man ihm mit Lust zuhörte. Zu Hause vergaß die Witwe, daß er nicht ihr leiblicher Sohn war. Ein leiblicher Sohn hätte seiner Mutter nicht herzlicher zugetan sein können. Und wenn er auch von Natur schweigsam war, sah man ihn nie mehr mürrisch. Es schien zuweilen, als leuchte etwas in ihm. Und die kleinen Geschwister sagten dann zueinander oder zur Mutter: »Jetzt ist in Anders Christmette.«

Eyvind Johnson

Advent

Während die alte Frau die Laterne anzündet, muß sie plötzlich – gerade in dem Augenblick, da das Streichholz an der Reibfläche aufzischt – daran denken, wie unbegreiflich gut man es doch jetzt hat. Sie denkt das, immer mit der gleichen Freude, jeden Abend, wenn sie hinausgeht, um das Schwein zur Nacht zu füttern, jedesmal, wenn sie abends in den Stall oder in den Holzschuppen muß. Das Glücksgefühl kommt stets in zwei Wellen. Zuerst denkt sie: es müßte auch im Schweinestall elektrisches Licht sein, und dann, wie schön, wie sauber, wie unglaublich bequem es doch ist, Elektrisches im Hause zu haben. Sie erfreuen sich nun schon vier Jahre daran; es wurde gelegt, als der eine Sohn, Karl, das letztemal daheim war, und sie empfindet es noch immer als etwas sehr Merkwürdiges. Das Radio ist zwar auch ein erstaunlicher Kasten, aber das muß man als eine launige Erfindung, ja geradezu als ein Wunder auffassen; mit dem Elektrischen ist es jedoch so ganz anders, so merkwürdig. Vor dem Radio mit seinen schönen Stimmen und seiner Musik geniert man sich fast ein bißchen, wenn es auch manchmal bockt und streikt; über das Elektrische aber gebietet man auf eine völlig andere Weise. Es werde Licht, und es ward Licht – bei dem man arbeiten oder lesen kann. Jedesmal, wenn sie die Laterne anzündet, denkt sie: es müßte auch im Schweinestall sein. Und dann erfüllt sie Genugtuung darüber, daß man es im Hause hat. Sie denkt es sich draußen auf der Vortreppe, auf dem Gang zum Stall und drinnen beim Schwein. Und sie sagt leise: »Du mußt dich mit der Petroleumlampe begnügen, mein Dickerchen! Aber du findest wohl deine Schnauze beim Fressen auch so. Wenn's sein muß, gar im Dunkeln.« Viel Zeit bleibt dir ja nun nicht mehr! fügt sie in Gedanken an das Tier hinzu. Sie hat es gern, man könnte fast sagen, sie liebt es – zumal der Traum von einer Kuh doch niemals in Erfüllung gehen kann. Sie versucht zusammenzuzählen, wie viele Schweine sie schon besessen haben, aber sie kommt zu keinem rechten Ergebnis. Man müßte es an den Fingern abzählen oder mit Bleistift und Papier ausrechnen können. Ein Jahr hatten sie kein Schwein, das war 1912, als sie so lange krank lag. Aber an die vierzig Schweine mögen sie schon großgefüttert haben.

Sie öffnet die äußere Stalltür, wo gewöhnlich das Futterfaß steht, bevor das Wetter im Herbst zu kalt wird; jetzt ist das Faß weiter ins Stallinnere gerückt worden. Als sie die reifkalte Innentür aufklinkt, schlägt ihr die wohlige

Wärme entgegen. Die Innenseite der Tür und die gekalkten Wände leuchten feuchtglänzend im Schein der Laterne. Das Schwein begrüßt sie zunächst mit einem einleitenden, zögernden Grunzen, dann erhebt es sich schwerfällig und schlachtreif und schlurft an den Trog heran; nun kommen, die Laute schon lebhafter. Die Alte schöpft aus dem Faß und mischt dessen Inhalt mit dem Warmen, das sie im Eimer hat. Der Dampf vom Stall und vom Futter bewegt sich in dicht aufsteigenden Wolken um sie her, während sie ein paarmal mit der Schöpfkelle umrührt und das Gemengsel in den Trog füllt. Das Schwein grunzt ruhig und zufrieden, während es das Futter in sich hineinschlingt. Sie beugt sich in den Verschlag und krault ihm den Rücken.

»Du Fettwanst, du!« sagt sie.

Sie kann sich nicht an jedes für sich erinnern. Eines der Schweine, die sie gehabt haben, war fast ebenso klug wie ein Mensch; sie nannten es »Rosenknospe«, aber es kam nicht recht zu Gewicht. Es grübelte zuviel, meinte Niklas.

Nun kränkelt Niklas seit anderthalb Jahren, und im Frühjahr wird er siebzig. Es ist nichts Gefährliches, er ist nur immer müde, und außerdem hat er es mit dem Magen. Das kommt nicht von liederlichem Lebenswandel; er hat weder seinen Lohn versoffen, noch ist er mit Schnupftabak im Mund eingeschlafen. Und die paar Male, wo er etwas ausgelassen war – als sie heirateten, als Lina (das Mädchen, das später starb) getauft wurde, als Karl und Isak konfirmiert wurden (beide zusammen, weil Isak ein bißchen zurückgeblieben war) und als sie den alten Isak begruben –, da hielt er sich vom Geraufe fern, tanzte statt dessen und beteiligte sich höchstens mal am Hakeln.

Sie krault das Schwein und denkt, wie gut ihr Leben doch gewesen sei. Daß Lina mit siebzehn Jahren dahinmußte, war, wenn man es nach so langer Zeit betrachtete, vielleicht gut, denn einmal hatte sie Schande über die Familie gebracht, zum andern hatte sie das häßliche Muttermal im Gesicht und hätte wohl niemals einen Mann bekommen. Isak wurde Bahnwärter im Süden, alle seine Kinder lebten und waren gesund. Karl ging zur See und kostete alles aus, was dazugehört; der bekam die Welt zu sehen und lernte etwas. Er sollte unten in Bohuslän ein Kind haben, jedenfalls nach dem, was die Leute sagten. Ja, das Leben war seltsam. Er schickte zu jedem Weihnachtsfest etwas Geld nach Hause und auch mal zwischendurch, wenn es sich so machte. Niklas selbst erhielt vom Staat sechshundert Kronen Rente, solange er lebte, und man hoffte ja, daß er das noch einige Jahre tun würde. Und das Schwein schien in seinen letzten Lebenstagen gut zu gedeihen; sie schätzte es auf neunzig Kilo. Für gewöhnlich schlachteten sie erst nach dem zweiten Adventssonntag, dann schafften sie es noch mit dem Sülzemachen, und der Speck konnte bis Weihnachten gut aushängen, ehe sie ihn in den Bottich legten. Morgen war Sonnabend; da wollte dann Henrik Nilsson am Nachmittag kommen, wenn er frei wäre, und es schlachten. Für seine Mühe ließen sie ihm immer ein Kilo Schweinebauch und die Blase für die Kinder, damit sie Weihnachten Luftballon spielen konnten.

Mit ihrer knochigen Hand hebt sie die Laterne und läßt das Licht auf das Schwein fallen. Das Glück ist ein seltsames und einfaches Ding. Dieses Gefühl erfüllt sie jetzt, und in diesem Augenblick glaubt sie, daß auch das Schwein davon erfüllt sei, obwohl es bald sterben wird. Es hat ein gutes Leben gehabt, die kurze Zeit, die ihm blieb; es hat kräftiges Futter bekommen, sie hat Schlempe gekocht und dickes Schweinemehl hineingerührt. Der Koben ist warm und in seiner Art schön, wenn man vom Fußboden absieht, aber der hat das Wohlbefinden seines Bewohners nicht gestört – ein Schwein ist nun mal ein Schwein. Es hat Stroh bekommen, auf dem es liegen konnte und das es gern über den Boden verstreute, und es hat es so sauber gehabt, wie es sich ein Schwein nur wünschen kann – falls es solche Wünsche kennt. Sie hofft, daß es einen leichten Tod haben wird. Das heißt, Tod sollte man es wohl nicht nennen, ein Schwein stirbt nicht, es wird geschlachtet und gibt Fleisch.

»Nö-öff!« grunzt das Schwein und sieht zu ihr auf; ihr ist, als lächele es.

Das Licht glänzt an den feuchtwarmen, weißgestrichenen Wänden und an den Wassertropfen an der Decke. Dann und wann fällt ein Tropfen, der dort oben hing und zur Reife schwoll, herab und untermalt noch das tiefe, stille Glück.

Sie sieht nicht gleich, sondern spürt nur, daß da jemand im Schneedunkel an der Vortreppe steht. Als sie die Laterne hebt, fällt der Lichtschein auf einen Mann. Sie geht einige Schritte auf ihn zu und grüßt: »Guten Abend!« Der Fremde murmelt etwas, das sie zuerst nicht versteht, dann räuspert er sich und formt seine Worte zu einem »Gutt Aben«.

Beim Klang der heiseren Stimme hebt sie die Laterne noch höher und mustert ihn eingehend. Er ist mit einem alten, verschlissenen Mantel bekleidet, auf dem Kopf sitzt eine Sportmütze, ähnlich der, wie Karl sie immer trug, und die Füße stecken in Halbschuhen. Sein Gesicht ist dunkel und müde und mit groben Bartstoppeln übersät.

Er nimmt die Mütze ab und verbeugt sich vor ihr.

»Gutt Aben«, sagt er noch einmal.

Die Augen glänzen sie dunkel an. Es ist ein Landstreicher, denkt sie, ein Zigeuner! Sie geht nicht näher heran, reißt sich jedoch zusammen und fragt: »Was wollen Sie?«

Niklas und sie wohnen allein in dem Häuschen, es ist einen Kilometer vom Dorf entfernt.

Er murmelt wieder etwas, verbeugt sich abermals vor ihr, als wäre sie eine reiche Schöffenfrau, und bringt nur das eine Wort hervor: »Essen!«

Seine Augen sind bittend, die Lider blinzeln schlaff vor Müdigkeit.

Sie überlegt, ob er wohl Läuse habe. Denn Läuse hält

man sich vom Leib; und man kann sagen, was man will, aber verlaust ist man niemals gewesen. Reinlich und sauber hat man es immer gehabt, wie arm man auch gewesen sein mag, als die Kinder noch klein waren. Aber sie kann sich nicht sogleich entschließen, zu fragen. Es dauert ein Weilchen, ehe sie sagt: »Sie haben doch kein Ungeziefer?«

Er erfaßt es nicht sofort. Vielleicht ist er nicht ganz gescheit? Aber dann zeigt sie auf ihn und deutet sich selbst mit dem Zeigefinger an die Schläfe, die unter der dicken Haube verborgen ist. Da schüttelt er den Kopf, wenngleich es nicht sehr überzeugend wirkt.

»Warten Sie hier«, sagt sie, leuchtet ihm noch einmal mit der Laterne ins Gesicht und geht an ihm vorbei die Haustreppe hinauf.

Er hat sie nicht verstanden und folgt ihr zögernd.

Als sie die Außentür zum Haus öffnet, dreht sie sich um und sagt noch einmal: »Sie können hier draußen warten.«

Da versteht er und geht die Vortreppe wieder hinunter.

Sie macht die Tür hinter sich zu, bleibt im Flur stehen und überlegt. Aber sie schließt nicht ab. Auf jeden Fall hebt sie die eiserne Handwaage von der Wand und nimmt sie mit in die Küche, stellt sie hinter die Herdmauer und geht dann zu Niklas in die Kammer.

Der sieht sie mit großen Augen an. Flüchtig kommt es ihr in den Sinn, daß sie ihm zu Weihnachten den Bart säuberlich schneiden muß.

»Draußen auf dem Hof steht ein Mann«, sagt sie. »Er will Essen haben. Aber er sieht so eigenartig aus und redet kaum wie ein vernünftiger Mensch.«

Niklas hebt seine knochige, magere Greisenhand und fährt sich damit langsam durch den zotteligen grauen Bart. Er überlegt, sie denken beide an dasselbe.

»Hast du die Handwaage mit reingebracht?« fragt er.

»Die steht hinterm Herd.«

»Und das Beil?«

Das Beil hat sie vergessen, das steht in der Ecke zwischen Flur- und Küchentür.

»Hol das auch rein«, sagt er, »und gib es her.«

Sie holt die kleine Handaxt, und er steckt sie unter die Bettdecke. Man hat so viel gehört und in der Zeitung gelesen.

»Wie sieht er denn aus?« fragt der Alte.

»Nicht gerade bösartig«, erwidert sie, »aber zerlumpt und schwarz wie ein Zigeuner.«

»Ist er groß und stark?«

In den Knochen des langen, aber hinfälligen Greisenkörpers knackt es, als er sich streckt und im Bett aufrichtet.

Sie muß überlegen, sie ist sich nicht sicher.

»Ja – so halbwegs. Aber er sieht aus, als hätte er lange nichts in den Magen gekriegt. Er sieht fast so aus, als hätte er die Schwindsucht – und seine Stimme ist heiser.«

Der Alte überlegt wieder. »Bald ist Weihnachten«, sagt er.

»Ja«, bekräftigt die Frau mit einem Nicken.

Sie denken beide eine Weile nach.

»Dann mußt du ihm wohl 'n Kanten Brot geben und was drauf«, sagt Niklas.

Vorsichtig öffnet sie die Haustür. Der Mann wartet unten an der Vortreppe. Die Alte leuchtet ihn mit der Laterne an, die noch im Flur stand, und winkt ihm: »Sie können dann wohl reinkommen, es wird kalt draußen.«

Der Mann kommt zögernd näher und zieht, schon bevor er den Flur betritt, die Mütze vom Kopf.

Die Frau will ihn dort stehen lassen, aber als sie die Küchentür öffnet, ruft Niklas aus der Kammer: »Er kann sich ja ins Warme setzen.«

Die Alte zeigt auf die Flurtür, die der Mann daraufhin schließt, und als sie in die Küche geht, folgt er ihr. Sie wischt mit der Schürze einen Stuhl ab und stellt ihn nahe dem Küchenfenster an die Längswand. Niklas kann den Fremden von seinem Bett in der Kammer aus mustern.

Der Alte sieht das lockige schwarze Haar, das an den Schläfen ergraut ist, die gebogene Nase, die schweren Augenlider – die müden Augen sind braun –, sieht die gelbe Haut unter den groben, blauschwarzen Bartstoppeln. Er denkt an Tater oder Zigeuner, was für ihn so ziemlich als ein und dasselbe gilt. Und er sieht, wie der Fremde ißt.

Der Mann hält den runden, weichen, mit Margarine bestrichenen Kanten mit seinen beiden schmalen Händen. Er starrt das Brot an und kaut mit einer Art stiller Gier, die in dieser traulichen Küche fremd wirkt. Er spricht kein Wort, ißt nur.

»Sie sind wohl lange unterwegs gewesen?« entschließt sich die Alte nun zu fragen, aber er antwortet nicht, sondern hebt nur fragend den Blick; dann scheint er zu verstehen und nickt zwischen zwei Happen.

»Ja, das ist nicht immer leicht«, sagt der Alte vom Bett aus.

Der Fremdling blickt auf und nickt abermals. Dann scheint ihm etwas einzufallen: er steht auf, verbeugt sich vor dem Greis dort drinnen und setzt sich wieder.

Die Frau holt eine Schale mit Milch. Er legt das Brot auf sein Knie und trinkt.

»Vielleicht mag er einen Teller Grütze?« meint der Alte.

Es ist noch etwas im Topf; sie wollten es morgen zum Frühstück braten. Die Alte füllt einen Teller voll und bleibt einen Augenblick lang unschlüssig damit stehen; dann aber faßt sie einen beherzten Entschluß: »Sie können wohl an den Tisch kommen.«

Sie deutet dorthin, der Mann erhebt sich. Nun sitzt er am Tisch und ißt schweigend weiter, jedoch nicht mehr so hastig wie eben noch; allmählich fühlt er sich gesättigt. Niklas bewegt sich unruhig in seinem Bett in der Kammer, er kann ihn nicht sehen. Die Alte steht in der Herdecke, die Handwaage hinter ihr berührt ihren Rock.

»Vielleicht mögen Sie auch eine Tasse Kaffee?« sagt sie.

Er nickt. Der Kessel ist warm; es ist guter Kaffee, sie hat ihn heute morgen frisch aufgebrüht. Niklas und sie können ja ihren Abendkaffee trinken, wenn der Mann fort ist. Der Fremde trinkt schweigend, er tut zwei Stück Zucker hinein und trinkt aus der Tasse, nicht aus der Untertasse.

Dann steht er vom Tisch auf und verbeugt sich vor ihr.

»Mögen Sie noch einen Schluck?«

Sie kommt mit dem Kaffeekessel, aber er schüttelt den Kopf und lächelt, ein stilles, warmes Lächeln, und ehe sie es sich überlegt hat, zeigt sie auf den Stuhl am Fenster und sagt: »Sie können ja noch eine Weile sitzen bleiben und sich ausruhen, wenn Sie wollen.«

Der Alte, der – die eine Hand unter der Schaffelldecke – angespannt im Bett gesessen und gelauscht hat, atmet auf. Jetzt sieht er, daß das Gesicht des Fremden ansprechender geworden ist. Das kommt wohl vom Essen und vom Kaffee; die Wangen des Mannes haben etwas Farbe bekommen, und sein Blick ist nicht mehr gar so angstvoll. Aber er sieht müde aus und sitzt zusammengesunken da, als habe er keine Kraft mehr in sich.

»Sie haben wohl keine Arbeit?« fragt der Alte.

Der Mann auf dem Stuhl erfaßt es nicht gleich, aber ehe der Alte dazu kommt, noch einmal zu fragen, nickt er: »Ja, so ist es.«

Er hat eine so sonderbare Aussprache; hier aus dieser Gegend ist er jedenfalls nicht.

»Sie sind wohl von weit her?« forscht der Alte.

Der Fremde muß wieder überlegen, dann nickt er: »Weit, serr weit.«

»Woher denn?« fragt die Alte.

Mit Mühe formuliert er die Antwort: »Oh, nirgens. Serr weit.«

»Nirgends?« wiederholt sie, beugt sich vor und blickt ihn an. Sie spürt die Sicherheit, die von der Handwaage hinter ihr ausgeht, sie kann das kalte Eisen mit den Fingern erreichen – und ihr Ehegenosse umfaßt den Beilschaft unter der Decke fester. Aber der fremde Mann sieht ganz vernünftig aus.

»Sind Sie denn nicht irgendwo eingetragen? Im Kirchenbuch?« fügt sie erklärend hinzu.

Er versteht vielleicht nicht ganz, was sie sagt, aber er antwortet: »Isch bin Jude.«

Das sagt ihnen nicht viel. Jude – denkt sie, das waren doch die, die Christus, unseren Heiland, ans Kreuz geschlagen haben – amen. Aber dann mußten sie zur Strafe um die Erde wandern. Oder war das nur der Schuster aus Jerusalem, der sich, den anderen zur Warnung, alle hundert Jahre einmal zeigen sollte? Und einmal vor vielen Jahren war ein Jude aus dem Dorf hierhergekommen, der verkaufte Schürzen und Knöpfe und Garn und Hosenträger – sie konnte sich nicht an alles erinnern. Sie gingen gern hausieren, die Juden.

Ihr kommt ein Gedanke; in ihrer Stimme schwingt Angst mit, aber sie möchte es wissen: »Haben Sie denn nichts zu verkaufen? Garn und Strumpfbänder und so was?«

»Verkaufen?«

Aber dann lächelt er wieder und schüttelt den Kopf: »Nein, nichts verkaufen.«

»Aber irgendwas müssen Sie doch tun!« meint der Alte. »Was sind Sie denn so?« Und Niklas versucht, mit diesem fremden Mann, der so schwer versteht, was die Leute zu ihm sagen, ganz deutlich zu sprechen. »Was treiben Sie so? Ich meine, was für Arbeit oder sozusagen Handwerk oder Beruf?«

Der Mann versteht diesmal ziemlich schnell; er lächelt wieder und entgegnet mit mühsam gefundenen Worten: »Isch bin … isch bin« – er sucht nach dem Wort –, »isch bin Lehrer … isch bin Lehrer und Doktor.«

»Alle Wetter, er ist Lehrer und auch Doktor!« ruft die Alte und blickt ihn erstaunt und mißtrauisch an.

Und der Alte kann mit seinem natürlichsten Gedanken

nicht zurückhalten: »Dann sind Sie aber ziemlich runtergekommen, wenn man so sagen darf!«

Eine Röte überzieht das Gesicht des Fremden, als er begreift, was der Alte im Bett meint. Seine Wangen glühen, die braunen Augen funkeln in dem wohltätigen elektrischen Licht, und seine Hände falten sich nervös (ganz wie bei einem richtigen Christenmenschen, denkt die Alte, aber vielleicht hat er bereut und ist bekehrt worden, in Jesu Namen, amen – solche soll's ja geben), und er reckt den Kopf auf dem mageren Hals und versucht zu erklären.

Er sei kein Doktor für Kranke, er sei ein Doktor für Bücher.

»Bücher?« wiederholt der Alte. »Hat das denn Aussichten – so was Komisches wie Doktor für Bücher zu sein? Jaja, man hat davon wohl schon gehört. Aber ...«

Und wieder versucht der Fremdling zu erklären. Er sei Lehrer, dürfe aber nicht in seinem Land leben und vielleicht auch nicht hier. Er müsse irgendwo eine Arbeit finden, ganz gleich, was für eine, nur um hier bleiben zu können.

Er erzählt den alten Leuten einiges. Sie fahren bei jenem eigenartigen Wort zusammen – Konzentrationslager. Sie haben davon gehört, sie haben davon in den Zeitungen gelesen; aber es liegt ja so weit weg, das Land, wo man die Leute prügeln soll, die eigentlich nichts Böses getan haben, außer daß sie vor langer Zeit unseren Heiland ans Kreuz schlugen. Aber, denkt die Alte, es kam, wie es kommen mußte, denn das war prophezeit.

Sie versuchen, sich an seine Worte zu gewöhnen, und kommen ihm entgegen, und zuletzt steht ihnen das Bild des Fremden klar vor Augen und haftet fest in ihrem Bewußtsein. Er ist Ausländer, er war Lehrer, man sperrte ihn ein, weil er Doktor für Bücher war, die man verboten hatte, und dann – ja, dann schlugen sie ihn wohl. Aber als junger Bursche war er mit im Krieg gewesen. Er hatte viel gesehen.

Er hätte sich doch ordentlich verhalten und Doktor für andere Bücher werden können, meint Niklas vorwurfsvoll.

»Still, Niklas«, sagt die Alte, »das begreifst du wohl nicht richtig!«

»Begreifen!« entgegnet der Alte. »Sollte ich das nicht begreifen: wenn man fleißig und manierlich ist und seine Zeit abgedient hat und mit im Krieg gewesen ist, dann muß man doch sein Recht bekommen!«

»Ja, das versteht sich«, pflichtet die Alte bei. Aber dann fällt ihr ein: »Er sagt ja, daß er Jude ist, und das soll doch gewissermaßen verboten sein, siehst du.« Und sie wendet sich zu dem Fremden: »Haben Sie nicht gesagt, daß Sie Jude sind? Ein richtiger Jude?«

Der Angeredete lächelt müde in ihr altersrunzliges Gesicht und nickt.

Da sagt der Alte: »Er sieht ziemlich müde aus. Wenn er kein Ungeziefer hat, könnte er wohl heute nacht auf dem Küchensofa schlafen. Übrigens, so was kann einem ja an den Leib kommen, ohne daß man was dafür kann. Einmal, als wir die Bahnstrecke bauten, kriegten wir in einer Baracke allesamt so'n Zeugs. Da haben wir uns das Haar mit grüner Seife gewaschen und Hemd und Unterhosen gewechselt.«

Die Frau sieht zu ihm hin. Jetzt liegen beide Hände des Alten auf der Decke.

»Wenn's so sein soll«, sagt sie, »kann er sich ja waschen und ein sauberes Hemd anziehen, eh' er sich hinlegt. Denn du hast wohl genug, daß es für deine Zeit reicht.«

Der fremde Mann sitzt da vor ihnen mit geschlossenen Augen. Doch jedesmal, wenn er zusammensacken will, reißt er sich wieder hoch.

»Vielleicht können Sie heute nacht auf dem Küchensofa schlafen«, sagt sie. »Dann ...«

Sie schrickt zusammen; fast ohne es zu wissen, hat sie schon entschieden, daß er hierbleiben darf, bis er sich ausgeruht hat. Oder bis (sie denkt es nur sehr dunkel), bis der Gemeindevorsteher aus dem Dorf hiergewesen ist und ihn ausgefragt hat.

Der Fremdling darf sich auf das Küchensofa legen, er bekommt ein Kissen unter den Kopf und ein paar alte Flickendecken über den Leib. Er schläft sofort ein.

Dann gießt die Alte für Niklas eine Tasse Kaffee ein und bringt sie ihm in die Kammer. Auch sie selbst nimmt sich eine Tasse.

Schweigend sitzt sie am Küchentisch und grübelt.

Niklas hat sich zu ihrem Entschluß nicht geäußert, irgendwie aber muß sie sich entschuldigen.

»Du, Niklas ...«

»Jaa?«

»Er könnte doch Henrik morgen nachmittag beim Schwein helfen. Blut rühren und Fleisch schaben, wenn wir abbrühen. Wenn er dazu taugt.«

Niklas läßt sich die Sache eine Weile durch den Kopf gehen.

»Darauf wird er sich doch wohl verstehen«, sagt er schließlich mit großem Ernst. »Er ist Lehrer und Doktor und ist im Krieg gewesen, da muß er doch allerhand gelernt haben. Ich kann mich gut erinnern, wie's beim Militär war, als ich meine Zeit abdiente.«

Die Frau trifft ihre Vorbereitungen für die Nacht. Sie schließt die Außentür. Da fällt ihr etwas ein. Sie geht in die Küche, holt die Handwaage und hängt sie wieder in den Flur. Es sieht vielleicht schlecht aus, wenn sie hinterm Herd steht.

Sie schaltet in der Küche das Licht aus und geht in die Kammer. Als sie die Tür hinter sich zugemacht hat, überlegt sie einen Augenblick. Das Schloß ist entzwei, viele Jahre hat man es auch nicht benutzt. Und ein Sicherheitshaken ist nicht vorhanden.

Der Alte blickt sie an, sagt aber nichts.

Nachdem sie das Elektrische ausgeknipst hat (es ist so

bequem, sich nicht die Lunge aus dem Leib pusten zu müssen, sondern einfach nur an einem Knopf zu drehen) und im Begriff ist, zu dem Alten ins Bett zu kriechen, fragt sie »Und …?« Sie schämt sich, es beim Namen zu nennen.

»Das hab ich unters Bett gelegt«, sagt er.

Eine Weile liegen sie schweigend nebeneinander, dann aber kommt dem Alten etwas in den Sinn: »Es heißt, daß Juden kein Schweinefleisch essen dürfen.« Es klingt bedauernd.

»Ja«, erwidert sie, »aber vielleicht ist das nicht bei allen so. Blutpfannkuchen wird er wohl vertragen können.«

Wieder vergeht eine Weile.

»Du, Niklas«, sagt sie, »als Mädchen hab ich mal in einem Buch eine Tafel gesehen – oder wie das heißt … Er da draußen ähnelt – ja, er ähnelt ihm.«

Der Alte erinnert sich, daß sie vor langer Zeit einmal von dem Bild gesprochen hat.

»Jaja, es gibt hier in der Welt vieles, was man nicht ergründen kann«, sagt er.

Und die Alte denkt: Ich bin hungrig gewesen, und ihr habt mich gespeist. Ich bin durstig gewesen, und ihr habt mich getränkt. Ich bin ein Fremdling gewesen, und …

Victoria Benedictsson

Herr Tobiasson

»Du bist doch immer ein Esel gewesen«, sagte Herr Tobiasson in der Frühe des Heiligen Abends zu sich selbst, als er nach beendeter Rasur das Kerzenlicht gegen den Spiegel hielt, um zu sehen, wie ihm das Werk geglückt sei. Lange betrachtete er das alte Gesicht, das ihn nicht weniger aufmerksam aus dem Spiegel ansah.

Ja, Herr Tobiasson war ein ungewöhnlicher alter Esel, das wußte er. Aber er konnte nicht begreifen, weshalb er das war. Von Kindesbeinen an hatte er versucht, klug und vernünftig zu sein wie alle anderen; aber das war ihm nicht gelungen. Und deshalb stand er nun da und musterte sein Gesicht, als könnte er darin eine Antwort auf die Fragen finden, die er sich selber stellte. Das Gesicht nahm sich jedoch aus, als gehöre es einem ganz intelligenten alten Herrn. Deshalb schätzte ihn auch niemand so ein, wie er wirklich war. Und das war gut.

Es war ein lustiges Gesicht. Es konnte lang und es konnte kurz werden. Es hatte weiche, bewegliche Züge, wie aus Kautschuk. Der Mund war zusammengepreßt, als hätte man ihn durch einen Stoß gegen das Kinn geschlossen; die Nase war groß und klobig und beherrschte das Ganze mit komischer Majestät. Über dem blanken Scheitel lag das Haar in dünne Streifen gezogen, um die Kahlheit zu verbergen, doch von den Ohren aus rings um das Genick wuchs es, kurzgeschnitten und stahlgrau, in reicher Fülle.

Aus diesem Gummigesicht lachten ein Paar helle Augen, geschützt von gardinenähnlichen Lidern mit vielen Runzeln. Durch ein boshaftes kleines Verziehen des einen Mundwinkels in Verbindung mit einem Zukneifen der Augenlider konnte sich dieses Gesicht in eine Inkarnation altersschlauer Verschmitztheit verwandeln. Das wußte Herr Tobiasson, und er wußte auch, daß dies sein Glück war, denn hierin lag seine einzige Schutzwaffe, wenn die Dummheit wieder einmal hervorschimmern wollte.

»Jaha-ja«, sagte er und betrachtete das gutlaunige alte Gesicht mit seinen vielen Falten, Furchen und Kanten.

Dieses »Jaha-ja« war für ihn eine Art ständiger Begleiter. Es konnte auf alles antworten und alles aussagen.

Ganze Tage konnten vergehen, ohne daß er anderen Umgang hatte als dieses »Jaha-ja«. Aber das mochte auch genügen, denn eigentlich bestand er aus zwei Personen. Und das war es eben, was ihn verdroß.

Die weite Übersiedlungsreise von Lund nach Stockholm hatte er nur gemacht, um den einen dieser beiden Jemande loszuwerden. Und nun war er jedenfalls doch mitgekommen, das fühlte Herr Tobiasson. Deshalb zog er das Gesicht zusammen, so daß der Mund zu einem einzigen Strich wurde und das Kinn sich gegen die Nase hob. Von den Augen war fast keine Spur zu sehen: die Gardinen waren vorgezogen; und Herr Tobiasson kratzte sich im Genick – wo es noch etwas zu kratzen gab. Ja, es steckten zwei Jemande in ihm. Der eine war ein alter Narr, der es nicht lassen konnte, die ganze Welt zu lieben, der andere ein eingefleischter Skeptiker, der über diese Sentimentalität höhnisch lächelte.

Wo immer Herr Tobiasson jemandem begegnete, der Hilfe brauchte, fand sich auch der Narr ein und pochte darauf, daß der betreffende zufriedengestellt werde. Und wenn Herr Tobiasson füglich entgegnete, ein jeder müsse sich selber helfen, so gut er könne, so bekam er seinen Plagegeist zu spüren. Denn der ließ nicht locker. Er konnte den armen Mann nächtelang wachhalten, er blies ihm in die Ohren, daß er ein verstockter alter Sünder sei, ja er vergällte ihm jeden Bissen und flößte ihm das Gefühl ein, er habe ihn anderen gestohlen.

Wenn Herrn Tobiasson schließlich so zugesetzt war, daß er nicht mehr konnte, tat er dem Narren seinen Willen. Dann aber kam der Skeptiker an die Reihe! Und war Herrn Tobiasson schon vorher die Hölle heiß geworden, so wurde es nun noch schlimmer. Denn der Skeptiker war weitaus raffinierter als der Narr, er verstand es, das Ganze so grundlächerlich hinzustellen, daß sich Herr Tobiasson die Augen aus dem Kopf hätte schämen mögen. Er hetzte den armen Mann mit seinem Hohn, er marterte ihn mit mathematischer Genauigkeit, machte ihm klar, wie ein gewisses kleines Kapital durch die leere Tasche der Freigebigkeit davonrinnen würde, ohne einem gewissen alten Herrn etwas anderes übrigzulassen als das Bewußtsein, daß er wie ein Gimpel gewirtschaftet habe. Das Schlußtableau bestand immer aus Herrn Tobiasson selbst, dargestellt als Armenhäusler in magischer Beleuchtung.

Mit dem letzten Vorhalt konnte der Skeptiker Herrn Tobiasson rasend machen; in seiner Verbitterung beschimpfte der alte Herr den Narren, ballte sozusagen die Faust vor dessen Nase und sagte, nicht eine Prise Schnupftabak sei er wert.

Aber es half alles nichts. Die beiden stritten sich weiterhin um ihn, und er hätte alles, was er besaß, hingegeben, nur um Ruhe zu finden. Niemals ließ ihn das heimliche Gefühl los, daß er dem einen wegnehme, was er dem anderen gab, und daran war der Narr schuld. Deshalb beschloß er, mit diesem zu brechen; er wollte ganz einfach von ihm wegreisen und bei dem Skeptiker Rettung suchen. Diesen weisen Entschluß setzte er mit einer Eile ins Werk – als gelte es, sich vor einem Erdbeben zu retten. Er verkaufte sein Haus, ließ seine Habe versteigern und erwarb eine Leibrente. In Lund konnte er nicht bleiben, denn jeder mittellose Student bedeutete einen Fallstrick – ja, überhaupt jeder Student, der »vorübergehend« in der Klemme steckte. Und die Straßen wimmelten von solchen.

Nach Stockholm kam er an einem naßkalten Dezembermorgen, während die Stadt noch schlief. Er genoß es, daß alles so fremd und kalt aussah. Hier würde er in Frieden leben können. Seine Bücher und seine Musik würden seine Welt sein. Den Studentengesang mochte der Teufel holen; hier hatte er ja die Große Oper.

Und dann fand Herr Tobiasson auf seiner Wohnungssuche ein möbliertes Zimmer mit Alkoven, das ganz anders war als alle, die er sonst besichtigt hatte. Er brauchte nur die Bemerkung fallenzulassen, daß er in seinem hinteren Zimmer eine Chaiselongue wünsche, und schon wurde eine Chaiselongue beschafft.

Die Wirtin war ein freundlicher Mensch, schrecklich besorgt, daß Herr Tobiasson unzufrieden sein und ausziehen könnte. In seiner derzeitigen Gemütsverfassung tat ihm diese Demut wohl, denn sie ließ ihn sich als hartherziger alter Mann fühlen, der sich um nichts anderes kümmerte als um seine eigene Bequemlichkeit. Er versäumte auch keine Gelegenheit, als solcher zu erscheinen. Mit dem alten Leben sollte Schluß sein – absolut! Er befürchtete geradezu, Interesse für seine Wirtsleute zu fassen.

Als er aber nun da stand und sein frischrasiertes Gesicht betrachtete, hatte er doch die Geschichte dieser Menschen so klar in seinem Kopf wie in einem aufgeschlagenen Buch. Stück für Stück war er mit ihr bekannt geworden, ohne daß die Leute selbst davon gewußt hätten; er hatte sie allein schon von den Möbeln erfahren, die er benutzte. Denn gegen seinen Willen war Herr Tobiasson ein sehr wacher und sehr neugieriger alter Herr.

Er wußte, daß diese beiden Leute ein gemütliches kleines Heim ihr eigen nannten, das sie sich selbst erarbeitet hatten, sie als Näherin, er als Handlungsgehilfe. Nach ihrer Heirat und der Eröffnung eines Geschäfts war es mit ihnen gut vorwärtsgegangen, bis die Krise kam und der Mann auf Grund einer Bürgschaft all ihre gemeinsamen Ersparnisse verlor. Als dann das Konkursverfahren abgeschlossen war, mußten sie von neuem beginnen. Ihre besten Zimmer hatten sie vermietet, um sich ein Einkommen zu verschaffen, und alles, was sie noch an Möbeln besaßen, hatten sie aufgewendet, um diese Räume so einladend wie möglich zu gestalten. Es gab jetzt so viele Wohnungen, und es war schwer, Mieter zu bekommen; aber sie hatten ihr Bestes tun wollen. Sie selbst drängten sich mit den Kindern zusammen im Schlafzimmer. Herr Tobiasson hatte einmal einen Blick dort hineinwerfen können: so gut wie leere Wände, ein ausgeblichener Stuhl, ein blankgeschrapter Tisch, die ärmlichen Bettstellen und im übrigen die reine, nackte Not. Und nach dem einzigen, was sie zu retten versucht hatten – der Chaiselongue des Mannes –, hatte er seine Pfoten ausgestreckt, nur weil er über Geld verfügte und sie nicht. Lag darin Gerechtigkeit? Und da stolzierte er – der alte Faulpelz, der er war – herum und brüstete sich in seinem Überfluß, während andere für sich und ihre Kinder wie Sklaven rackern mußten. War er nicht der Kuckuck in einem Kleinvogelnest? Ein unverschämter alter Kuckuck! War er nicht ein Eindringling und Blutsauger?

Er verfügte über den Schreibschrank der Frau und den Schreibtisch des Mannes, und ihre beste Diwandecke lag unter seinen Füßen zum täglichen Gebrauch. Und mußte sich der Mann nicht wie ein Dieb auf seinen eigenen Korridor hinausstehlen, um sein eigenes Klavier zu hören, wenn Herr Tobiasson einmal darauf zu spielen geruhte! Und konnten sich die armen Kleinen eine einzige frohe Stunde gönnen, ohne sogleich mit einem »Macht den alten Herrn nicht böse!« zum Stillsein ermahnt zu werden!

Eine Magd hielten sie, die – als einzige im Hause – imstande gewesen wäre, Herrn Tobiasson graue Haare zu schaffen, wenn er sie nicht schon vorher gehabt hätte. Erstens konnte er sich nicht vorstellen, in welch elender Kabuse sie sie aufgetrieben haben mochten, denn irgend etwas in ihrem ganzen Aussehen ließ vermuten, daß sie niemals von der Sonne beschienen worden sei; zum andern waren ihre Kleider so dünn und erbärmlich, daß es Herrn Tobiasson fror, wenn er sie nur ansah. Und dann schien sie stets vor irgend etwas Angst zu haben, besonders vor ihm selbst, und immer streckte sie den Kopf vor, als suche sie das erstbeste Rattenloch, um hineinkriechen zu können. Er bemerkte, daß sie niemals zu ihm hereinkommen durfte, ohne zuvor besondere Toilette gemacht zu haben, die darin bestand, daß sie ihr struppiges Haar mit

Wasser kämmte und sich eine ausgebleichte und verwaschene Schürze vorband, so dünn und steif wie ein Stück Papier. An betriebsamen Tagen, wenn die Frau Plätzchen zum Verkauf buk, konnte er das arme Mädchen in einem noch schäbigeren Kleid als sonst über den Hof eilen sehen. Besonders war ihm aufgefallen, daß sie sich an dem einen Oberarm ein dreieckiges Loch in den dünnen Baumwollstoff gerissen hatte, so daß die nackte Haut hervorsah. An recht kalten Tagen – und solche gab es in diesem Winter viele – kam es vor, daß dieser Riß vor Herrn Tobiassons Augen regelrechten Spuk trieb. Er sah ihn, wo er ging und stand, er konnte an nichts anderes denken als daran, wie die Kälte wohl in diese nackte Haut biß, unter den dünnen Kleidern am Körper entlangkroch und ihn blaufrieren ließ, wie sie in die bebenden Nervenfasern hineinzog, durch jede Pore sickerte, durch Mark und Bein und bis tief in die Seele schlich – diese beißende Kälte, die sogar durch seinen dicken Wintermantel drang. Es war zum Wahnsinnigwerden, sich vorzustellen, wie sie fror, und niemand schien das besser zu sehen als er! Alle brachten es fertig, sie so herumlaufen zu lassen, nur er nicht – er nicht !

War das nicht zum Verrücktwerden! Was kümmerte es ihn, daß sie fror? Er hatte sich das hundertmal gesagt, und doch kam er sich wie ein verworfenes Wesen vor, nur weil er sich erlaubte, Geld zu besitzen, während die Not vor seiner Tür waltete.

Welche Qual mußte es erst bedeuten, reich zu sein, wenn man schon eine armselige Leibrente so zu spüren bekam!

Er hatte die Absicht gehabt, seinen Weihnachtsabend recht angenehm zu feiern, allein mit einer Flasche Johannisberger und seiner Musik. Ein ganzer Berg neuer Noten war ihm ins Haus geschickt worden und wollte durchgespielt sein. Und nun kam dies dazwischen und zerstörte seine Freude! Das war der Narr – nur der verdammte Narr war schuld daran. Er hatte zu Herrn Tobiasson gesagt: »Du kannst ja ausgehen, ganz gleich wohin, du kannst sagen, du seist eingeladen, kannst in der Stadt spazierengehen und in einem Restaurant etwas essen. Was macht dir das aus? Und dann kannst du ihnen die Wohnung überlassen, den Kindern Spielsachen besorgen, der Magd einen Kleiderstoff und auch der Frau irgend etwas kaufen. Du kannst dich fernhalten, so daß es wieder ist, als hätten sie ihr kleines Heim für sich, und alles wäre wie vordem, als noch kein Eindringling da war. Das kannst du tun.«

So weit waren die Vorstellungen gediehen, als Herr Tobiasson sein »Jaha-ja« einwarf; er sagte es verärgert, denn er spürte schon in den Gliedern, daß, wie sehr er sich auch dagegen sträuben mochte, der Narr doch mit ihm davonziehen werde ... Jaha-ja, er würde alles hergeben, jaha. Er war so verbittert, daß es in ihm siedete. Und wie würde es gehen? Ja, man würde merken, daß er ein alter Esel war. Man würde alles entgegennehmen, anfangs mit überraschten Mienen und dankbarem Lächeln, dann würde es stufenweise absinken zu einer willkommenen Gewohnheit, einem gleichgültigen Hinnehmen, und schließlich würden es ständig wachsende Forderungen werden. Und dann stand man unter dem Pantoffel – dem Pantoffel der Wirtin. In Lund war es der der Haushälterin gewesen. Der Skeptiker verzerrte das Gesicht wie beim Geschmack von Wermut.

Nein! Was ging es ihn an, wie sich ihr Weihnachtsabend gestaltete? Konnte er *allen* Menschen helfen?

Er wollte seine Dummheiten verscheuchen. Er wollte ausgehen und Mittag essen. Was war schon am Weihnachtsabend? Was hatte *er* damit zu schaffen? Weihnachtsabend – nur was für Kinder! *Er* würde darüberstehen und ihn entsprechend abtun. Er war dem Weihnachtsabend entwachsen. Er war ein alter Skeptiker.

Frischrasiert und feingekleidet machte er sich auf den Weg. Rasiert war er nun einmal, daran ließ sich nichts mehr ändern.

Auf der Straße begegnete er Kindern und alten Frauen mit papierverzierten Leuchtern. Er traf Herren mit Paketen, Boten mit Paketen, Dienstmädchen mit Paketen. Du liebe Zeit, die Menschen waren ja verrückt! Und alle schienen sie es so eilig zu haben, alle sahen so wichtig-erwartungsvoll aus. Er fühlte sich überflüssig oder nicht dazugehörig, und er ging schnell, gleichsam um die Leute glauben zu machen, es erwarte ihn jemand. Doch um nicht länger auf der Straße gehen und eine Komödie spielen zu müssen, von der keiner Notiz nahm, eilte er zur Östermalmer Dampfküche, der nächstgelegenen Speisestätte, hinunter. Er war ein schlichter Mann, der lediglich über eine Leibrente verfügte und keinerlei Illusionen hegte, er konnte gut und gern in einer Dampfküche essen.

Einsam setzte er sich an einen Tisch, und während er auf die Suppe wartete, verfiel er erneut ins Grübeln.

Auch er war einmal jung gewesen. Und es hatte noch jemanden gegeben, gleichfalls jung damals, mit roten Wangen, einer rundlichen kleinen Figur und zierlichen Füßen, die in hochhackigen Schuhen steckten. Seine Mutter hatte kein vorwurfsvolles Wort geäußert, aber er hatte ihre Gefühle gespürt, hatte mit ihr gefühlt, was es bedeutete, von dem zurückgesetzt zu werden, den man mehr liebte als das eigene Leben, an die zweite Stelle abgeschoben zu werden, die Leitung des Haushalts nach dreißig Jahren aus den Händen geben zu müssen. Jeder freundliche Blick auf die roten Wangen schien der Mutter gestohlen. Ein solcher Widerstreit der Gefühle war nicht auszuhalten. Deshalb zog er sich zurück, um nachzudenken, bevor er einen entscheidenden Schritt tat; und während er nachdachte, verheirateten sich die roten Wangen mit einem Kohlenhändler, in der festen Überzeugung, daß Per Tobiasson ein trügerisches Mannsbild sei, das gewissenlos sein Spiel mit treuen Frauenherzen treibe, und nährten fortan einen heimlichen Haß auf sein ganzes Geschlecht, den Kohlenhändler eingeschlossen. Und so wurde Herr Tobiasson ein alter Junggeselle – um seine Falschheit zu sühnen. – Ja, und nun saß er da einsam in der Dampfküche und aß seine Suppe. Jaha-ja.

Wie war es am vorigen Weihnachtsabend gewesen? Da hatte er Studenten bei sich gehabt, drei Burschen, die kein Zuhause besaßen, wohin sie hätten reisen können. Sie waren so fröhlicher Stimmung gewesen, hatten Geschichten erzählt, seine Zigarren geraucht und Lieder gesungen, bis die Mitternachtsstunde überschritten war. Als sie dann merkten, daß er sie so zeitig heimgehen lassen wollte, wurden sie mißvergnügt und fanden, er hätte sie gar nicht erst einzuladen brauchen – wenngleich sie zu höflich waren, zu zeigen, was sie dachten. Und als sie schließlich Abschied genommen hatten, erschien die Haushälterin gereizt wie eine Biene, weil sie so lange geblieben waren.

Hier lachte der Skeptiker überlegen. So war es, wenn man sich um andere kümmerte! Nein, man sollte nur für sich selber leben. Nur *einem* kann man es recht machen – mag man selber doch dieser eine sein!

Herr Tobiasson kam sich geistreich vor. Das war ja ein Aphorismus, den er da erdacht hatte, ein wahrer Aphorismus! Und mit fast zynischem Appetit verzehrte er sein Beefsteak, das der Suppe gefolgt war. Als er dann den Katharinenpflaumen zusprach, war er mit sich selbst vorbehaltlos zufrieden.

Aber es war muffig dort unten, und es tat wohl, wieder auf die Straße hinaufzukommen.

Auf dem Erdboden lag Schnee, die Laternen waren angezündet. Schlitten pingelten hin und her, und schon in dem Klang lag etwas von freier Luft und Frost.

Herr Tobiasson steckte die Hände in die Manteltaschen und setzte sich in Bewegung.

Dort lag der Humlegården und zeichnete seine Laternen und Bäume gegen einen durchsichtigen Nebel ab, dort lag die Bibliothek dunkel und schwer, von der Esplanade her atmete das elektrische Licht in langsamen Zügen und mit bläulichem Schein. Das war etwas anderes als Lund! Es war ein großartiges und seltsames Gefühl, einsam durch diese fremde Stadt zu gehen. Das gefiel ihm, und er sog die Luft in tiefen, die Brust weitenden Zügen ein.

Es ist doch etwas Merkwürdiges mit dem Weihnachtsabend; die Luft ist eine andere, die Lichter haben einen anderen Schein, und Erinnerungen stellen sich ein, trübsinnige Stimmungen, kindliche Gedanken und ein wundersames Gefühl entbehrten Glücks.

Aha, war er nun wieder dort angelangt!

Nein, der Weihnachtsabend war eine törichte Einrichtung. Was hinderte ihn daran, ihn zu ignorieren? Ihm ganz einfach zu trotzen?

Er wandte sich hastig um und lenkte seine Schritte zum Stureplan hinunter. Er wollte ein Stück durch den Kungsträdgården gehen. Was kümmerte es ihn, daß andere es eilig hatten, daß sie dort erwartet wurden, wohin sie gingen!

Gemächlich schlenderte er den Bürgersteig entlang, vorbei an den erleuchteten Schaufenstern. Auf dem Stureplan war es dämmerig. Welche Menge von Tannenbäumen! Sie sogen gleichsam das Dunkel an und verbargen es zwischen sich. Sie standen auf Holzfüßen, und sie lagen auf der Erde, große Tannen, kleine Tannen – Tannenbäume für Arme wie für Reiche. Ein herber Duft von Tannennadeln und frischgeschnittenem Wacholder strömte mit jedem Atemzug ein; in der Luft selbst lag Weihnachten.

Die Wirtsleute würden keinen Tannenbaum haben, dazu fehlte ihnen das Geld. Sie hatten versucht, es den Kleinen klarzumachen, die aber konnten es nicht verstehen. Weshalb sollten sie keinen Tannenbaum haben? Sie würden auch den ganzen Tag ruhig und artig sein. Ob sie dann nicht einen Tannenbaum bekommen könnten?

Er hatte dies am Morgen durch die dünne Bretterwand gehört, als er in seiner Garderobe war …

Was für eine Riesentanne hier – dunkel, dicht und kräftig! »Wieviel kostet die?« fragte er aus bloßer Neugier, denn er war ein wißbegieriger alter Herr.

»Fünfzig Öre.«

Er verstummte fast vor Erstaunen. Das war doch kein Preis!

»Einerlei, ob ich sie so billig verkaufe oder wieder nach Hause schleppe«, sagte der Mann.

Aber es ging doch nicht an, einen solchen Tannenbaum für fünfzig Öre zu verkaufen! Das war ja Barbarei, das war ja heller Wahnsinn! Wirtschaftete man hier oben so mit dem Wald?

Der Mann stand da und blickte erwartungsvoll drein; er hielt die Mütze in der Hand. Hier würde wohl ein Handel zustande kommen.

»Heute ist es schlecht gegangen. So schlecht ist es noch in keinem Jahr gegangen, deshalb verkaufe ich jetzt zu Schleuderpreisen.«

Der Mann stand mit seinen Tannenbäumen schon seit dem frühen Morgen dort; er hatte die weite Reise in die Stadt angetreten, als es noch dunkel war, lange bevor es zu tagen begann. Und nun verkaufte er einen solchen Tannenbaum für fünfzig Öre!

Herr Tobiasson sah aus, als überlege er. Der Mann mit den erwartungsvollen Augen betrachtete ihn, bemüht, seine Gedanken zu lesen.

War es nun möglich, zu sagen, daß er aus bloßer Neugier gefragt habe, und dann seines Weges zu gehen – die höflich-aufmerksame Miene in Enttäuschung und Groll sich verwandeln zu sehen?

»Es ist ein Spottpreis«, sagte der Mann.

»So bringen Sie ihn zu mir nach Hause, hier ist meine Karte.«

»Dann kriege ich noch fünfundzwanzig Öre fürs Hintragen.«

Herr Tobiasson gab ihm seine fünfundsiebzig Öre und ging weiter.

KORTVARU-HAN

Dort an der Ecke lag ein Blumengeschäft, klein und unansehnlich, aber mit sehr schönen Blumen. Herr Tobiasson konnte niemals umhin, sie zu betrachten; er war ein Blumenfreund. Drinnen stand ein junger Mann und sah zu, wie der Gärtner frische Blumen in einem Korb ordnete, weiße, rote, vielfarbige, und unter den Blumen lagen Früchte, Äpfel, Birnen und Weinbeeren – Weinbeeren in großen grünen Trauben. Der junge Mann lächelte, er lächelte so glückselig, und sein Wintermantel war so abgetragen, seine Hände rot vor Kälte. Aber was machte ihm das aus! Es war ja Weihnachtsabend.

Herr Tobiasson machte kehrt. Das war ja nicht auszuhalten. Er zürnte dem jungen Mann, der so heiter war, er zürnte dem Gärtner, der so geschäftig aussah. Was hatten sie davon, daß heute Weihnachtsabend war? Mußten sie sich deshalb zu Narren machen? Weintrauben und Blumen …

Jaha-ja.

Er schlenderte wieder heimwärts. Er wollte nach Hause gehen, Zeitungen lesen und so tun, als sei nichts Besonderes los. Nichts? I bewahre! Man würde Weihnachtsgeschenke von ihm erwarten, da er doch unterwegs war. Er wußte genau, wie es zugehen würde. Die Magd würde mit seinem Abendtee hereinkommen und ihn mit einem schüchtern-freudigen Blick ansehen: Nun gibt er mir sein Geschenk! Und er würde sich nichts anmerken lassen.

Dann würde sich die freudige Miene wieder verflüchtigen wie ein schwindender Lichtstrahl; sie würde den Kopf auf jene Weise senken, als hinge er lose an einem Draht und fiele von seiner eigenen Schwere vornüber. Und ihre Augen würden sich mit Tränen füllen. Er kannte das so gut. Es waren hervorstehende hellblaue Glotzaugen. Die Tränen würden darüberschwemmen wie Wasser über eine Glasscheibe, den Blick starr machen und sich auf dem Rand der Lider sammeln, bereit, jeden Augenblick überzulaufen. Sie würde alles tun, um das zu verbergen; abgewandt würde sie aus dem Zimmer gehen und lautlos die Tür hinter sich schließen. Er aber würde es doch bemerken, und er würde diesen Blick in Gedanken immer und immer wieder vor sich sehen, er würde sich peinigen und darunter leiden …

Und nun spukte es wieder, das schlottrige alte Baumwollkleid mit dem Riß im Ärmel, durch den die Kälte in die nackte Haut biß.

Hatte er denn mehr übrig, als daß er selber gerade so leben konnte, wie er eben lebte? Was waren das für Forderungen! Worauf sollte er verzichten? Nein, es mußte Schluß sein mit der Weichherzigkeit!

Wie er so dahinging und mit sich selbst stritt, gelangte er ins Treppenhaus und stapfte hinauf.

Die Magd öffnete ihm.

»Eben war ein Mann mit einem Tannenbaum hier«, sagte sie zögernd, »er meinte, der sollte hierher.«

»Jaha, ich will einen Weihnachtsbaum haben«, erwiderte Herr Tobiasson kurz.

Er trat ein. Dort stand der Tannenbaum und erfüllte das ganze Zimmer mit weihnachtlichem Duft.

»Ach, richtig, es war ein Herr hier und hat seine Visitenkarte hinterlassen. Er sagte, er wollte nach einer Weile wiederkommen«, berichtete die Magd, während sie seine Tür einen Spaltbreit öffnete.

»Soso.«

Herr Tobiasson schloß die Tür wieder. Er ging zu seinem Schreibtisch und sah sich die Karte an. Ja, freilich: Ludvig war ja vor ein paar Jahren nach Stockholm gezogen, daran hatte er bis zu diesem Augenblick gar nicht mehr gedacht.

Die Karte war von einem seiner vielen Neffen, von dem, den er von allen am liebsten mochte. Herr Tobiasson stand noch da und ließ seine Augen auf dem ihm wohlbekannten Namen haften, als es an der Korridortür läutete.

Von draußen war die Stimme der Magd zu hören: »Ja, der Herr ist nach Hause gekommen.«

Und dann öffnete sich die Tür. - Herr Tobiasson erschauerte im Vorgefühl neuer Konflikte.

»Was sind das für Manieren, so inkognito nach Stockholm zu kommen!« sagte der Eintretende, indem er auf den Alten zuging. »Ja, Onkel, du erkennst mich wohl kaum wieder; es ist viel Wasser ins Meer geflossen, seit wir uns das letztemal sahen.«

Er war klein und jovial, trug einen blond-grauen Schnurrbart, der fast das ganze Gesicht verdeckte, und lachte mit einem Paar blinzelnder Augen.

»Aber gewiß, aber gewiß«, sagte Herr Tobiasson, der auf keinen Fall gerührt aussehen wollte, und schüttelte seinem Gast kräftig die Hand.

»Es ist eine lange Geschichte, wie ich es fertiggebracht habe, dich zu finden, Onkel«, sagte dieser. »Zuerst wohntest du in Hotels, das las ich in den Zeitungen; im übrigen mußte ich zu Werke gehen wie ein Detektiv. Schließlich mußte ich dich doch ausfindig machen ... Was für Schrullen, mich nicht zu benachrichtigen!«

Ganz der alte Ton! Herrn Tobiasson wurde es warm ums Herz, als er ihn vernahm.

»Ja, Onkel, daß ich verheiratet bin, weißt du ja. Und wie, das wirst du selber sehen.«

Ja, das war zu sehen. Es leuchtete geradezu um ihn.

Herr Tobiasson fühlte sich ein wenig verlegen, das tat er immer vor Jungverheirateten.

»Und wenn man glücklich ist, hat man das Bedürfnis, andere daran teilhaben zu lassen«, fuhr der Neffe fort, »und da darfst du am Weihnachtsabend einfach nicht hier allein sitzen. Bei uns ist es klein und einfach, aber es herrscht Gemütlichkeit und Kinderfreude. Du mußt heute abend unser Gast sein, Onkel! Ich gehe nicht, bevor du mitkommst. Herrgott, das soll so recht an alte Zeiten erinnern – ich habe doch zwei Weihnachtsabende bei dir gefeiert. Wie herrlich war es, aus der Studentenbude in dein kleines Heim kommen zu dürfen. Bitte, besuch uns, Onkel, jetzt gleich! Du mußt doch meine Bälger sehen – ich habe bereits zwei … Mein lieber kleiner Haustyrann hat mir zwar aufgetragen, auf dem Heimweg noch ein paar Einkäufe zu machen, aber du kannst doch auf alle Fälle gleich mitkommen, dann kann ich dir den Weg zeigen. Es ist nämlich für dich als Ortsunkundigen sonst schwierig, zu uns zu finden.«

Herr Tobiasson schwankte noch. Es war ihm, als könne im Hause des Neffen eine verborgene Gefahr lauern. Aber zugleich brachte er es nicht übers Herz, diese Augen, die so freundlich auf ihn geheftet waren und eine Antwort erwarteten, mit einem Nein zu bescheiden.

»Gut, ich komme mit.«

Welcher Jubel würde hier im Hause herrschen, wenn er ginge! Er würde ihnen den Tannenbaum überlassen, würde den ganzen Abend über wegbleiben, und er würde …

Der Narr wollte ihm keine Zeit lassen, den Entschluß zu bereuen; nun mußte alles in Eile vonstatten gehen.

»Ich komme sofort«, sagte Herr Tobiasson, der den einen Arm schon im Mantel hatte und sich abmühte, in den anderen Ärmel hineinzugelangen, während er mit unwirschen Schritten durch den Korridor zur Wohnstube der Familie stiefelte. Nachdem er sich mit vernehmlichem Klopfen angemeldet hatte, öffnete er die Tür.

Drinnen waren nur die Kinder. Das größte von ihnen, ein kleines Mädchen, saß auf einem Schemel und schien den beiden anderen, die sich ganz ungezwungen vor ihr auf dem Fußboden niedergelassen hatten, Geschichten zu erzählen. Die Erzählerin verstummte erstaunt und blickte den alten Herrn an.

»Ich möchte mit Mutter sprechen«, sagte dieser.

Die Älteste eilte in die Küche, und gleich darauf kam die Frau. Herr Tobiasson zog sich in den Korridor zurück, wo es dunkel war, und die Frau blieb ihm gegenüber in der offenen Tür stehen.

»Wissen Sie, Frau, ich wollte Sie bitten, etwas für die Kinder zu kaufen – auf so etwas verstehe ich mich nicht –, und dann steht dort drinnen ein Weihnachtsbaum. Ich gehe jetzt weg und komme erst sehr spät wieder heim, so daß Sie meine Zimmer ganz wie Ihre eigenen benutzen können.«

»Tausend Dank, das ist aber wirklich zu gütig!« sagte die Frau demütig und mit deutlicher Überraschung, während sie in dem Dämmerlicht versuchte, einen verstohlenen Blick auf das Geld zu werfen.

»Es ist nur einmal im Jahr Weihnachten«, sagte er mit einem Ton, der ihre freudige Erregung sogleich abkühlte und sie wie ein schüchternes Kind zu dem strengen alten Mann aufsehen ließ.

Er fühlte einen Stich ins Herz. Dieser scheue Blick würde seine ganze Weihnachtsfreude zerstören.

Er war boshaft, er war hart, er war ein gemeiner alter Bärbeißer. Er beschimpfte sich mit allem, was ihm gerade in den Sinn kam. Er war nicht würdig, auf der Erde zu wandeln. Hatte diese bedauernswerte Frau nicht schon Verdruß genug, ohne daß er daherzukommen und ihr unfreundliche Dinge zu sagen brauchte!

Er öffnete die Tür zu seinen Zimmern und rief: »Nun bin ich fertig.«

Als sie die Treppe halb hinuntergegangen waren, wandte er sich um, lief wieder hinauf und pochte an die Küchentür.

»Ist Tilda hier?« fragte er ungestüm, als die Frau öffnete.

»Tilda!« rief die Frau.

»Tilda!« riefen die zarten Stimmen der Kinder von drinnen. Und Tilda kam atemlos angelaufen. Du liebe Zeit, das alte Scheusal sollte doch wirklich darauf kommen, zu Neujahr umzuziehen, wenn man es niemals zufriedenstellen konnte!

Er sah Tilda an und wußte nicht recht, wie er beginnen sollte. Und diese seine Unschlüssigkeit drückte sich auf eigene Art aus: das Kautschukkinn schob sich gegen die Nase hinauf, die borstigen Augenbrauen senkten sich, das Gesicht wurde ganz kurz, der Mund ganz breit und die Nase so komisch gewichtig.

»Wieviel kostet der Stoff zu einem Kleid?« kam es schließlich heraus.

Tilda blickte auf, wie um festzustellen, ob die Frage wirklich an sie gerichtet sei. Das war sie, denn aus dem Schatten unter den struppigen Lidern blinzelte ein Augenpaar auf sie herunter. Sie stammelte, stierte und suchte nach Worten.

Konnte er …? War es denn möglich, daß er …? Sollte er etwa eine Liebste haben? Das kam ja hin und wieder bei alten Männern vor.

Es war, als habe er ihr diesen Verdacht von den Augen abgelesen, und der erbitterte ihn.

»Für eine Magd!« krächzte er mit rabenähnlicher Stimme, so unmenschlich, daß sich Tilda erschrocken und hilfesuchend nach der Hausfrau umsah.

»Acht bis zehn Kronen«, antwortete die Frau, die mehr Fassung bewahrt hatte.

»Soso. Dann erspare es mir künftig, das Kleid mit dem zerrissenen Ärmel sehen zu müssen; das ist bestenfalls noch wert, verbrannt zu werden«, sagte er mürrisch und reichte ihr einen Zehnkronenschein.

Die vorstehenden Augen wurden blank von Tränen. Geschah es aus Dankbarkeit für das neue Kleid oder aus dem Bewußtsein der Demütigung, das der Vorwurf wegen des alten Kleides in ihr weckte? Wer mochte das wissen! Sie verneigte sich zum Dank und sah doppelt so verlegen und doppelt so arm aus wie sonst. Sein altes Narrenherz schnürte sich zusammen, als er das sah, und er hätte viel darum gegeben, wenn er mit der Hand über den niedergebeugten Kopf, über das struppige Haar hätte streichen können, das an diesem Tag noch gar nicht mit Wasser gekämmt worden war, und wenn er mit freundlicher Stimme hätte sagen können: Armes Kind, ich habe es nicht böse gemeint! Aber das konnte er nicht. Er war verlegen, viel verlegener als Tilda.

Als er in Begleitung des Neffen mit schweren, knarrenden Schritten die Treppe hinunterging, rechnete er verdrießlich nach, welches Loch diese unnötigen Ausgaben in seine Kasse gerissen hatten. Und nun mußte er natürlich auch etwas für die Kinder des Neffen kaufen!

Weihnachten war ja nur ein Ausdruck für das unverschämteste Erpressungssystem – das konnte wohl niemand bestreiten ... Was sollte er nun für jene Kinder kaufen, die er doch nicht mit Geld abspeisen konnte? Was pflegte man Kindern zu schenken? Das wußte Herr Tobiasson nicht. Konnte man einfach in einen Laden gehen, Geld auf den Tisch werfen und sagen: Geben Sie mir für drei Kronen Spielzeug?

Ihm war bitter und gallig zumute. Weshalb sollte der Weihnachtsabend denen aufgezwungen werden, die ihn nicht wollten? Er wollte ihn nicht. Weshalb konnte er nicht davon verschont bleiben?

Inzwischen waren sie auf die Straße gelangt. Es fror. Der Schnee knirschte so, daß es unter den Füßen fast schrie.

Sie kamen an einem Spielwarengeschäft vorbei.

»Hier will ich hinein«, sagte der Alte mit der Entschlossenheit der Verzweiflung.

Der Neffe hielt ihn zurück.

»Die Kinder bekommen Spielsachen mehr als genug«, sagte er. »Kauf für fünfzig Öre Bonbons, mit denen du sie anlocken kannst – das wäre gerade das richtige.«

Der Alte empfand Bewunderung für diesen entschiedenen Ton. Es war doch bemerkenswert, daß jemand so genau wußte, was es sein sollte!

»Aber hier will ich hineingehen, Onkel. Willst du mitkommen?«

Der resolute junge Mann betrat ein Textilgeschäft, und ohne zu zögern bat er, ihm einige wollene Damenjacken zu zeigen.

»Es sollen Jacken mit Ärmeln sein«, fügte er hinzu.

Man legte einen Packen Wollsachen auf den Ladentisch.

»Ja, die fühlen sich dick und gut an«, sagte er billigend, indem er sie mit Kennermiene anfaßte und umdrehte. Es schien, als habe er in seinem Leben niemals etwas anderes gemacht als Damenjacken gekauft.

Herrn Tobiassons Bewunderung stieg weiter.

»Sie soll für unsere Magd sein«, erklärte der junge Mann, zu dem Alten gewandt.

Und er schien keineswegs zu schwanken. Er suchte eine Jacke heraus, eine schwarz-rote, und bekam sie in Papier eingewickelt, und das alles war für ihn wie gar nichts.

Dann ging man.

In der Tür hielt Herr Tobiasson plötzlich inne. Er wandte sich hastig um und sagte unvermittelt: »Ich möchte auch eine von den dicksten da, eine mit Ärmeln!«

Er bekam sie in ein Paket gewickelt, bezahlte und ging zu dem Neffen hinaus, der auf der Treppe wartete.

Herr Tobiasson war zufrieden. Konnte man sich ein solches Glück vorstellen! Auf eine Wolljacke wäre er niemals von selbst gekommen. Eine Wolljacke mit Ärmeln – das war genau das, was sie benötigte! Nun würde sie an Back- und Reinemachtagen nicht mehr zu frieren brauchen.

Jaha-ja! Das sah ihm so ähnlich: abwägen, sich bedenken, bereuen, sich etwas mit der weitschweifigsten Umständlichkeit vornehmen und dann in der Übereilung eines Augenblicks losgehen und genau das tun, was er sich vorgenommen hatte nicht zu tun. Hatte er nun nicht wieder Geld hinausgeworfen? Vier Kronen! Zwei Opern hätte er sich dafür anhören können. Aber er war ein alter Esel. Deshalb würde er auch im Armenhaus enden – ohne Opern.

Die Mahlzeit war beendet, die Kerzen am Weihnachtsbaum waren angezündet, die Kinder hatten ihre Gaben bekommen, und nun saß man im warmen, gemütlichen Arbeitszimmer des Hausherrn und rauchte.

Das Mädchen, das jüngere der beiden Kinder, war, umgeben von seinen Spielsachen, auf dem Sofa eingeschlafen, und die Magd hatte es, noch immer schlafend, fortgetragen. Der Junge aber war noch hellwach und lief im Zimmer umher, ritt auf einem Steckenpferd und knallte mit der Peitsche.

In einem bequemen Schreibstuhl saß der Hausherr, die Füße auf eine herausgezogene Schublade seines Schreibtisches gelegt, und dicht neben ihm, die Ellbogen auf einen kleinen Nähtisch gestützt, saß seine junge Frau, die ihm mit lebhaftem Interesse zuhörte, obgleich er nur Dinge zu erzählen hatte, die alt und wohlbekannt für sie sein mußten, nämlich seine erste Bekanntschaft mit ihr, seine unbedachte Werbung und alles, was darauf gefolgt war. Gewiß sei es ein Wagnis gewesen, bei einem so kleinen Einkommen zu heiraten, aber anscheinend gehe es gut, und man habe es nicht bereut. Hierbei sahen sich die beiden mit lächelnden, vielsagenden Blicken an, und Herr Tobiasson gewann den Eindruck, als seien sie von unendlicher Dankbarkeit füreinander erfüllt.

Ausgestreckt in dem Voltairestuhl des Hausherrn, den Aschenbecher neben sich auf dem Klappbrett, betrachtete er mit scheuer, wohlwollender Neugier das kleine Interieur.

Eigentlich hatte Herr Tobiasson nur sehr wenige Ehen gesehen, aber daß es glückliche und unglückliche gab, das wußte er. In den glücklichen liebkoste man sich – und das berührte ihn peinlich, denn Liebkosungen waren verbotene Früchte, die vor aller Leute Nase zu pflücken eine Frechheit bedeutete –, und in den unglücklichen zankte man sich, und da war es am besten, sich in sicherer Entfernung zu halten.

So kopfüber in das häusliche Leben zweier junger Menschen geworfen zu werden machte deshalb einen sonderbaren Eindruck auf ihn. Es gab etwas so Natürliches und Ungezwungenes bei ihnen, ihre Freundlichkeit hatte eine Herzenswärme, die für ihn neu war, und ihr Umgangston war so kameradschaftlich, daß er sich hier zu Hause fühlte wie im Kreise seiner Studentenschützlinge.

Mit seiner Altherrenneugier prüfte er ihre Gesichter, und er fand darin nichts, was auf Reibereien schließen ließ, nichts, was Unruhe, Besorgnis oder Mitleid auslöste – nur Zuversicht und Zufriedenheit. Besonders verblüffte ihn das bei dem jungen Mann, und er konnte nicht umhin, ihn mit sich selbst zu vergleichen. Ob auch ihn jenes Gefühl peinigte, das Herrn Tobiassons Lebensplage war: entweder sich selbst oder anderen unrecht zu tun? Sicherlich nicht. Es mußte in ihm etwas sein, das alles ins Gleichgewicht brachte.

Während dieser Gedankengang wie ein stiller Unterstrom dahinfloß, lauschte der alte Mann der Erzählung des jungen von den kleinen Begebnissen, die sein und seiner Gefährtin Lebensschicksal bildeten.

Der Knabe lief umher, spielte für sich, schlug mit seiner Peitsche und plapperte munter vor sich hin, als hätte er bei seinem Tun Gesellschaft.

Angelockt von der Bewegung, folgten Herrn Tobiassons Augen seinem Spiel, anfangs gedankenlos, allmählich aber mit erwachendem Interesse.

Für den alten Eigenbrötler war dieser im Wachsen begriffene Mensch geradezu ein Phänomen. Von Kindern wußte er ebensowenig wie von der Ehe: junge Studenten und alte Junggesellen waren sein einziger Umgang gewesen.

Gewiß war er es gewöhnt, so kleinen Würmern, behütet von Müttern oder Kindermädchen, bei Spaziergängen auf der Straße zu begegnen; er hegte eine gewisse Ehrfurcht vor ihnen, wie vor Wesen von tiefer, geheimnisvoller Bedeutung, aber auch wie vor etwas, das ihm unbekannt war, wie ein fremder Kult. Kinder waren ganz einfach das heranwachsende Geschlecht, die kommende Generation, und sie bestanden für ihn eigentlich gar nicht aus Individuen. Er hätte sie ebensowenig voneinander unterscheiden können wie ein Ameisenei vom anderen.

Daß Frauen ihre Kinder umsorgten, war ebenso berechtigt, wie daß Ameisen ihre plumpen Larven im Sonnenschein umherschleppten; daß dies aber auf irgendeine Weise einen Mann rühren konnte, das war ihm nie in den Sinn gekommen, und deshalb hatte er auch niemals die geringste Lust verspürt, sich einer dieser herumtapsenden dicken, kleinen Menschenlarven zu nähern. Im Gegenteil, er ging ihnen aus dem Wege.

Was zuerst seine Aufmerksamkeit auf den Kleinen lenkte, war, daß er in dem rundbäckigen Gesicht das Spiel wechselnder Gemütsbewegungen zu bemerken glaubte, die er einem so unentwickelten Geschöpf niemals zugeschrieben hätte. Der Kleine war dahintergekommen, daß er Gegenstand der Aufmerksamkeit geworden war, und plötzlich hatte sich seine Verhaltensweise völlig verändert; es lag jetzt eine gewisse Geziertheit, man könnte beinahe sagen Bewußtheit, darin.

Nachdem er sich zunächst mit einer Miene unzugänglichen Mißtrauens in angemessener Entfernung gehalten hatte, begann er nun näherzurücken, doch immer noch mit vorgeschützter Gleichgültigkeit, die sich ungemein komisch ausnahm. Da die Eltern an ihn gewöhnt waren, achteten sie nicht auf die kleine Komödie, die da sozusagen zwischen den Kulissen gespielt wurde. Es war die übliche Art der Kinder und durchaus nichts weiter Bemerkenswertes.

Herr Tobiasson aber war erstaunt bis zur Verblüffung. Dies mußte ein überaus merkwürdig entwickeltes Kind sein, ein richtiges kleines Wunder. Sollten die Eltern das noch nicht bemerkt haben? Dieses Geschöpf in seinem gestutzten Röckchen und mit seinen dicken Beinchen war ja ein wahrhaftiger Mensch, bereits ausgestattet mit den Eigentümlichkeiten der menschlichen Natur, ihren Gemütsregungen, ja sogar ihren kleinen Narrheiten. Herr Tobiasson hätte im Übermaß seiner Rührung rufen mögen: Er *denkt* – er *denkt* bestimmt! Aber er scheute sich. Die Eltern machten den Eindruck, als gehöre das zum Alltäglichen, und Herr Tobiasson fürchtete, sich ihnen nicht begreiflich machen zu können. Sie hatten wohl gar keinen Blick dafür.

Im stillen aber wurde ihm die ursprünglichste Freude zuteil. Es dünkte ihn, er habe eine Entdeckung gemacht, die so verblüffend neu war, daß er sie noch keinem anzuvertrauen wagte, und außerdem fühlte er eine Art natürlichen Zusammenhang zwischen sich und dem Kleinen. Dieses Gefühl weckte den Eindruck von Reichtum und Üppigkeit; es war, als habe sich der Gesichtskreis um ihn geweitet.

Auf einmal war die Liebe des Alters zu den Kleinen erwacht, die instinktive Liebe des Individuums zu seinem Geschlecht. Herr Tobiasson hätte stundenlang so dasitzen und dieser drolligen kleinen Figur zusehen können. Hier schien ein unermeßliches Feld für Beobachtungen zu liegen. Der Kleine versuchte den Anschein zu erwecken, als frage er nicht das geringste nach dem Alten, zugleich aber spähte er danach aus, ob jener nicht geneigt sei, den ersten Schritt zu einer Annäherung zu tun. Immer häufiger strich er in seinem Spiel an ihm vorbei, streifte ihn fast, zog sich wieder zurück, als fürchte er, festgehalten zu werden, tat aber alles, um zu einem Attentat in dieser Richtung herauszufordern. Als das nichts nützte, schmunzelte er ab und zu mit einer Miene heimlichen Einvernehmens zu ihm hin, und dann ging es wieder los, im Zickzack und in Schnörkelbogen, wie wenn ein Hase seine Spur verwischen will.

Währenddessen unterhielt sich Herr Tobiasson mit den

Gastgebern, hörte zu und antwortete, doch sein ganzes Interesse galt dem Kleinen. Ob man den molligen Knirps einmal hochheben durfte? Ob er dabei schreien würde? Ob er wohl schwer war?

Herr Tobiasson verspürte das Verlangen, ihn auf den Arm zu nehmen – ein gänzlich unmotiviertes und unvernünftiges Verlangen, das binnen weniger Minuten zur Leidenschaft anwuchs.

Er *mußte* ihn hochheben, er *mußte* feststellen, ob er schwer sei.

Ohne ein Wort und ohne ein Lächeln – er wußte immerhin, daß dies ein Experiment war, das die unerhörteste Kühnheit und Kaltblütigkeit erforderte – beugte er sich vor, ergriff den Dreijährigen, hob ihn senkrecht ungefähr eine Elle über den Fußboden und setzte ihn dann gleich wieder ab, genau an der Stelle, wo er ihn hochgenommen hatte.

Ja, er war schwer, berückend schwer, ganz hinreißend schwer – schwer wie ein Mensch, fast wie ein Klumpen.

Herr Tobiasson war vor Anstrengung – oder Gemütsbewegung – stark gerötet.

Der Junge blieb einen Augenblick still stehen und sah ihn aus den Augenwinkeln ernst und forschend an. Er überlegte offenbar, wie er diese Präliminarien für eine nähere Verbindung auffassen sollte. Dann wieherte er auf wie ein Pferd, galoppierte im Zimmer herum und tat so, als sei nichts geschehen. Die Mutter sah ihm mit einem bewundernden Blick nach; Herr Tobiasson aber schien völlig unverändert, und die Unterhaltung lief weiter wie zuvor.

Nach einigen Minuten fing der Kleine jedoch seine Annäherungsversuche in kleinen Absätzen und mit vielen Luftsprüngen wieder an, wobei er alle seine kleinen Künste aufbot, um den Alten zu einer Wiederholung des Manövers zu verlocken. Da das aber nicht gelingen wollte, blieb er schließlich ganz still an dem einen Bein Herrn Tobiassons stehen, lehnte sich mit seinem ganzen Gewicht dagegen und ließ die eine seiner Patschhände darauf ruhen.

Die Einladung war deutlich.

Herr Tobiasson nahm die kleine Hand in die seine, und der Junge ließ es geschehen; nach einem Augenblick Bedenkzeit hob er das ganze Kerlchen auf sein Knie, legte ihm den Arm um die rundliche kleine Taille, und auch dies durfte geschehen. Ein nachdenkliches Gesichtchen wandte sich sogar um, und blaue Kinderaugen blickten in das alte Antlitz.

Es wurde ihm so seltsam, so seltsam zumute! Es wurde ihm so warm ums Herz; es zog wie feuchte Frühlingswärme durch seine Brust; es wollte wie eine Woge emporschäumen und wie ein Regen über seine runzligen Wangen niederströmen. Aber es löste sich in einem Lächeln, das wie Sonnenschein über den Kleinen herabstrahlte und das alte, durchfurchte Antlitz erhellte.

Der junge Familienvater verstummte plötzlich. In dieser Gruppe fand sich etwas, das seinen Schönheitssinn ansprach, und von einer plötzlichen Eingebung getrieben, sagte er: »Willy, küß den Großvater!«

Das Wort kam ihm in den Mund, ohne daß er es sich recht überlegt hatte.

Der Kleine sah den Alten einen Augenblick lang prüfend an, dann stützte er die Hände gegen dessen Brust und wandte mit ernster Miene seinen hellroten feuchten Kindermund zu ihm auf. Der Alte beugte sich nieder und küßte ihn so leicht wie ein Atemhauch.

»Der Kleine wird niemals einen anderen Großvater kennenlernen«, sagte der junge Mann, »Papa war es nicht vergönnt, so lange zu leben, daß er seine Enkelkinder zu Gesicht bekommen hätte – der Arme. Aber es hat wohl so sein sollen: Nun wirst du, lieber Onkel, eben Enkelkinder haben.«

Es entstand eine Pause. Der Alte legte die Zigarre beiseite, die fast zu Ende geraucht war und die er in Brand zu halten vergessen hatte.

Ja, so hat es wohl sein sollen! klang es ihm durch den Sinn. Er hätte jetzt ein alter Großvater sein sollen, mit Enkelkindern auf den Knien. Aber er hatte ein Glied in der Kette übersprungen ... Großvater? Wie sonderbar das klang! Es war nur ein harmloser Scherz, aber es warf ein Schlaglicht über sein vergangenes Leben.

Zum erstenmal fiel es Herrn Tobiasson auf, daß es niemals etwas Über- oder Untergeordnetes in seinem Verhältnis zu anderen Menschen gegeben hatte. Er hatte allen gegenüber die gleichen Verpflichtungen gefühlt und hatte deshalb nie solchen unverhältnismäßigen Forderungen genügen können. Diese mangelnde Fähigkeit, sich über- oder unterzuordnen, hatte die seiner Natur innewohnende Liebe gehindert, Blüten zu treiben, sich zu Frucht und Kern zu verdichten. Das eine Verhältnis hatte das andere erstickt, ohne selbst das nötige Entwicklungsvermögen zu besitzen.

Während Herr Tobiasson so dasaß und sich diesen Überlegungen hingab, war die Frau hinausgegangen, um den Kaffee zu holen. Sie kam alsbald damit herein und stellte ihn auf den kleinen Tisch, während ihr Mann gewichtig damit beschäftigt war, den Korken aus einem Likörkrug zu ziehen.

»Du mußt nicht glauben, Onkel, daß wir unter gewöhnlichen Umständen so verschwenderisch sind«, sagte er vergnügt, während er ringsherum mit Sorgfalt den Lack aufklopfte. »Aber zu Weihnachten darf man wohl einmal seine übliche Sparsamkeit vergessen ... Herbei mit den Likörgläsern, Ehegenossin! Welcher Duft! Ja, ich weiß, daß du dich darauf verstehst – Leckermäulchen!« Er lächelte seiner Gattin zu, die dabei war, Tassen und Gläser auf dem Tablett zu ordnen, um alles darauf unterzubringen.

Herr Tobiasson betrachtete seinen Neffen, wobei er ständig den Arm um den Kleinen hielt. Dieser »Familienversorger« war ein Bild der Gesundheit. Seine Figur begann sich schon leicht zu runden, jedoch nur wie in einem Übermaß an Wohlbefinden. Ob er wohl auch, wenn er den Seinen etwas gab, das Gefühl hatte, es anderen wegzunehmen? Niemals! *Er* war sich im klaren darüber, was für ihn über- und untergeordnet sei. Hier gab es keine Reibereien zwischen einseitigem Egoismus und einseitiger Selbstlosigkeit, hier gab es einen Regulator: die Familie. Was für Herrn Tobiasson so unvereinbar war – eigener Vorteil und Wohlwollen gegen andere –, das verschmolz hier ganz natürlich, das begrenzte sich so wohltuend. Er wunderte sich darüber, daß er die Ehe niemals von dieser Seite gesehen hatte. Es lag ja eine ganz andere Bedeutung darin als in dem, was er bisher erträumt hatte.

Der alte Herr versank in seine Gedanken, wie er es so oft zu tun pflegte; sein Blick war abwesend, und er achtete nicht darauf, daß der Neffe, nachdem er seine Beschäftigung mit dem Likörkrug beendet hatte, jetzt dasaß und ihn betrachtete.

Über das gutmütige junge Gesicht mit dem großen Schnurrbart und den freundlichen Augen hatte sich innige Teilnahme gelegt. Sein eigenes Herz war so reich und voll; jetzt rührte ihn die Armut im Leben des Alten auf andere Weise als früher, da er noch ein ausgelassener Student war und das bißchen Behaglichkeit genoß, das der Eigenbrötler um sich zu schaffen vermocht hatte. Wie grau war doch sein Haar geworden, wie zerfurcht dieses redliche, herzensgute Gesicht! Er legte die Hand auf den Arm seiner Frau, und ihre Augen folgten der Richtung seines Blickes.

»Man sieht, wie sehr der Onkel an das Alleinsein gewöhnt ist«, sagte er, und seine Stimme war weicher als sonst, »jener nach innen gekehrte, konzentrierte Blick ist so typisch für diejenigen, die ganz auf sich selbst angewiesen sind.«

Wie mit sanfter Hand weckten die Worte den Alten aus seiner Grübelei. Er blickte auf, und die lebhaften Züge glätteten sich zu einem freundlichen Lächeln. Welch schöner Patriarchenkopf es doch war!

»Ja, und deshalb danke ich dir, daß du mich hierhergeschleppt hast«, sagte er, »von selbst wäre ich wohl niemals gekommen.«

Sein Dank war aufrichtig. Es fand sich bei diesen jungen Menschen und in ihrem gesunden Alltagsglück etwas, das auf seine zergrübelten Sinne heilend wirkte und ihm etwas von der Gemütsruhe gab, nach der er sich so lange gesehnt hatte. Und in dem Erlebnis, diesen warmen, weichen kleinen Körper in seinen Armen zu spüren, lag etwas, das sein zersplittertes Mitgefühl für alles Lebende sich sammeln ließ – sich sammeln ließ in der Liebe zu diesem kleinen Kind, das wie ein angeschossenes Vogeljunges auf seinem Knie hockte und den seidenhaarigen Kopf vertrauensvoll gegen seine Brust lehnte.

»Er schläft!« flüsterte die Mutter und beugte sich nieder, um in das zarthäutige Gesicht zu blicken. »Er war müde, er ist eingeschlafen. Sieh doch, wie niedlich er beim Onkel sitzt!«

Der Onkel bestätigte den leisen Ausruf mit einem Nicken – feierlich, gewichtig, nahezu andächtig.

Man lächelte einander zu und ging auf den Zehen. Die junge Frau gab Herrn Tobiasson eine Tasse in die freie Hand, und man schenkte ihm dort ein, wo er saß, damit er nicht aufzustehen brauchte. Man trank Kaffee und plauderte halblaut. Herr Tobiasson lächelte und nickte, sparte jedoch mit Erwiderungen. Hätte man auch erwarten können, daß er antwortete – beansprucht wie er war von einer so verantwortungsvollen Aufgabe! Hin und wieder blickte er in liebevoller Fürsorge auf den blonden Kopf hinunter, der willenlos und schwer vom Schlaf an seiner Brust lag.

Die Frau deutete an, daß die Magd hereinkommen und

den Kleinen nehmen solle; er könne beschwerlich werden. Herr Tobiasson aber schob die Lippen vor, so daß sich sein Kinn in ein Nichts verflachte, und zog sein Gummigesicht zu einem einzigen Protest zusammen, während er zugleich mit einer gebieterisch abwehrenden Bewegung seiner freien Hand ein Nein in die Luft schrieb.

Und man gewann Herrn Tobiasson dafür lieb, man war von Herrn Tobiasson entzückt; er war geradezu das Ideal eines Großonkels.

Sie tranken ihren Likör mit dem Gefühl, einen heiligen kleinen Geheimbund zu bilden.

Schließlich mußte der Kleine doch zu Bett gebracht werden, und die Magd erschien auf der Schwelle.

»Kann *ich* ihn nicht tragen?« wandte sich Herr Tobiasson zaghaft fragend an die junge Frau.

Sie nickte bejahend, und die Magd erhielt einen Wink, sich wieder zu entfernen.

Die Frau ging voran und öffnete alle Türen bis zum Schlafzimmer. Ihr folgte Herr Tobiasson mit kleinen, unbeholfenen Schritten, deren jeder ihn – bei seinen eifrigen Versuchen, auf den Zehenspitzen zu gehen – so nachdrücklich mit dem Oberkörper zusammenknicken ließ, daß es der allerbewunderungswürdigsten Schlaffähigkeit einer kerngesunden Kindesnatur bedurfte, um nicht davon geweckt zu werden. Zuletzt kam der junge Familienvater, stolz darauf, diese Perle von einem Onkel aus eigener Veranlassung ins Haus gebracht zu haben.

Dann wurde der Kleine Stück um Stück ausgekleidet, bewundert und angebetet, und als es den geschickten Händen der Mutter gelungen war, dem ungestört Schlafenden das lange Nachthemd anzuziehen, das wie ein Taufkleid bis über die Füße hinabhing, da warf man einander bedeutungsvolle Blicke zu. Schließlich wurde der Kleine sacht auf die Kissen gelegt, die Bettdecke wurde über ihn gebreitet, und dann konnte man gehen. Auf einem kleinen Regal brannte die Nachtlampe und warf einen matten Schein ins Zimmer.

Die Mutter küßte die kleine, rote Wange, die wie eine zarthäutige Frucht über den Rand des Lakens leuchtete; auch der Vater küßte sie, und die Scheu seines Herzens überwindend, beugte Herr Tobiasson seine steifen alten Knie am Bett des Jungen, nahm die daunenwarme kleine Hand und drückte sie an seine Augen.

Er liebte dieses Kind, das er an diesem Tag zum erstenmal gesehen hatte. Er liebte es so, wie nur der, dessen Leben sich spürbar dem Ende neigt, den lieben kann, dessen Leben gerade erst beginnt.

Und dann verließ Herr Tobiasson diese glücklichen Menschen und ging, sein Paket unter dem Arm tragend, heim zu seiner kleinen Junggesellenwohnung. Und obgleich niemand es ausgesprochen hatte, war sich der Scheidende ebenso wie die Zurückbleibenden im klaren darüber, daß das nächste Logis, das der Alte suchen würde, nirgendwo anders sein konnte als hier bei ihnen.

Noch als er heimgekommen war, in seinem Schlafzimmer Licht angezündet und sich auszuziehen begonnen hatte, nahmen ihn zwei Dinge ganz in Anspruch: Ludvigs Junge und Tildas Wolljacke.

Er hatte den Korridorschlüssel bei sich gehabt und selber geöffnet; also würde sie ihr Geschenk erst am folgenden Morgen erhalten. Sicherlich würde sie mit dem Kaffeetablett hereinkommen und ihn wecken. Ja, und dann würde sie das Paket sehen! Nein, er wollte es recht gut verstecken, so daß sie nichts ahnen konnte, bis er ihr das weiche Kleidungsstück überreichte. Wie er dessen Wärme durch sein Herz strömen fühlte! Nun würde das zerschlissene Kleid nicht mehr an allen kalten Tagen vor ihm spuken. Wo aber sollte er sein Paket verstecken? Hier, unter dem Kopfkissen! Das war eine vorzügliche Idee. Und dann würde er es ihr geben und dabei versuchen, sich seiner eigenen Freundlichkeit nicht zu schämen und seine gute

Absicht nicht mit einem Sarkasmus wegzukrächzen. Er wollte einfach und natürlich sein wie jene Menschen, in deren Gesellschaft er diesen Abend verbracht hatte.

»Aah!« gähnte er mit ausgiebigem Wohlbehagen und ließ sich nach alter Gewohnheit so unversehens wie ein umfallender Stock auf sein Bett sinken, und er schaute noch einen Augenblick zu dem Licht hin, abwesend, nach innen gekehrt, ehe er sich entschließen konnte, es auszulöschen.

Jetzt schlummerte er in seinem Bettchen, der Kleine – der Kleine, der so schwer war, wenn man ihn hochhob, der Kleine, der heranwachsen, jung und groß sein würde, wenn Herr Tobiasson in seinem Grabe läge und sich in Nichts verwandelte – der Kleine, der vielleicht auch einst ein alter Mann werden würde; aber kein alter Eigenbrötler, sondern ein alter Mann mit Kindern und Kindeskindern!

Dann blies Herr Tobiasson das Licht aus und schlief selbst wie ein Kind in seiner Weihnachtsfreude ein, schlief ein im Gedanken an den Kleinen und mit Tildas Wolljacke unter dem Kopfkissen.

Drittes Kapitel

WEIHNACHTEN AM MEER

Holger Drachmann

Das Schiff in der Kirche

Da saßen die drei Männer, der alte Ole Bertelsen und seine zwei Söhne Karl und Kristian, und unterhielten sich mit gedämpfter Stimme. Hin und wieder warfen sie verstohlene Blicke auf Sören, den dritten Bruder, der mit seinen groben Fingern ganz feine Gebilde an Bord des »Schiffes« zurechtrückte.

Sie waren sehr stolz auf dieses Schiff, so stolz, daß sie nur im Flüsterton davon sprechen konnten. Hätte sie jedoch jemand danach gefragt, so hätten sie gewiß ins Blaue hinein geantwortet, als wäre das Schiff für sie das gleichgültigste Ding von der Welt.

Sören saß da, indem er sein Holzbein im rechten Winkel von seinem richtigen Bein abgespreizt hielt. Diese Stellung war etwas unbequem, aber eine andere Möglichkeit gab es nicht, und während seine »Notmast« zur Seite geneigt lag und sein mageres, bärtiges, von Leiden gezeichnetes Gesicht sich vorsichtig zwischen Rahnocken und Stengenpardunen hinabbeugte, fuhren seine groben, schwieligen Hände mit den feinfühligen, einer Puppennäherin eigenen Fingern auf dem Deck und in der Takelung herum, wobei die großen, ruhigen Augen in ihrer Tiefe eine Seelenfreude verbargen, die auch nur mit einem Zwinkern zu verraten sie sich peinlich hüteten.

»Nun ist es wohl bald soweit mit ihr?« fragte der alte Ole Bertelsen vorsichtig und ehrerbietig.

Sören war einer Antwort füglich enthoben. Er saß da mit zwei Tauenden zwischen den Zähnen, in den Fingern hielt er einen winzig kleinen, aus Holz geschnitzten Block, und in dem rasch schwindenden Licht des Dezembertages suchte er die Scheibengatts zu entdecken, durch die die dünne Leine gezogen werden sollte.

Dann ließen seine Zähne die Tauenden los, und er antwortete auf eine andere Frage, die ihm fünf Minuten zuvor gestellt worden war: »Ich hab nur ein einziges Wurmloch in ihrem Boden gefunden. Sie hat, wenn man's so nennen darf, ihre zwanzigjährige Reise gut überstanden.«

»Das hat sie!« bestätigte Karl nachdrücklich.

»Ja aber, Sören«, bemerkte Kristian, »du hast ihrem Leib damals auch eine Dreiviertelliterflasche Öl und Terpentin eingeflößt.«

»Und jetzt kippen wir noch eine rein«, sagte Sören. »Wenn das Schiff dann in zwanzig Jahren wieder auf die Helling muß, wenn wir selber vielleicht von Würmern zernagt sind und andere Leute unsere Arbeit in die Hände kriegen, dann sollen sie doch sehen, daß wir es gut mit ihr gemeint haben!«

»Oh«, sagte der alte Ole, »wir können bis dahin noch feste am Leben sein. Das liegt doch in der Familie!«

Ole war in den Siebzigern, und die Söhne hatten die Vierzig überschritten.

Sie waren sich vor zwanzig Jahren – zusammen mit anderen Leuten aus dem Fischerdorf – über die Sache einig geworden: Alle anderen Dörfer an der Küste hatten ihr Schiff in der Kirche hängen. Warum sollte da Vangå zurückstehen?

Zu jener Zeit war Sören gerade von einer langen Reise heimgekommen: mit einem Bein aus Holz – statt aus »Fleisch und Knochen« wie bei seiner Abreise. Die Leiden draußen in dem fremden Hospital waren ungeheuer gewesen, und der standhafte Seemann hatte schließlich das Spiel verloren geben müssen. Das Sektenwesen blühte um die Krankenbetten, die verschiedenen »Abgesandten« rissen sich um die Patienten, und Sören war einem fanatischen Mann mit kurzgeschorenem Haar und zusammengepreßten Lippen als Beute anheimgefallen. Feuer und Schwefel, Pech und anderes Brennmaterial hatte es auf den entkräfteten Krüppel herabgeregnet, und Sören war, als er nach Hause zurückkehrte, nicht nur seines natürlichen Beins, sondern auch seines natürlichen Frohsinns beraubt. Er, der er von frühester Jugend an stets sittenstreng gelebt hatte, lief nun herum und bereute die Sünden der übrigen Welt. Mit den Schmerzen im Beinstumpf und den peinigenden Gedanken, im besten Mannesalter anderen zur Last zu fallen, verbanden sich die im Hospital geweckten Skrupel. Er sollte und mußte ein Sünder sein, und nun ergriff er eifrig die Gelegenheit, mit der Arbeit an dem »Schiff« etwas von seiner großen Sündenschuld abzutragen, und zwar dort, wo selbst über Kleinigkeiten Buch geführt wurde.

Die anderen hatten Geld für das Rohmaterial zusammengeschossen. Sören nahm den Löwenanteil an Mühewaltung auf sich: ein halbes Jahr unermüdlicher, beharrlicher Arbeit daran, den Rumpf der Fregatte zu umkleiden und sie aufzutakeln. Das Schiff wurde auf den Namen »Seemannsdenkmal« getauft und maß vom Heck bis zum Nock des Klüverbaums seine guten sieben Fuß. Als es fertig war, wurde es mit großer Feierlichkeit zur Kirche getragen und dort aufgehängt. Der alte Pfarrer weihte es mit einer Ansprache ein, die jedenfalls die Länge für sich hatte. Sören putzte sich ununterbrochen die Nase mit seinem baumwollenen Taschentuch, auf dem der Fall von Sewastopol abgebildet war, und als die anderen nach dem feierlichen Akt ins Wirtshaus gingen, humpelte er an seiner Krücke und seinem Stock die halbe Meile nach Hause. Unterwegs schlug er sich mit dem ihm innewohnenden alten Feind herum: den Gedanken, die sich gegenseitig anklagten und verteidigten. Hatte er nicht vielleicht allzuoft zu dem schönen Schiff hinaufgeschaut, aus Furcht, es könnte anfangen, sich an der Kette um die eigene Achse zu drehen? Und hatte er es in dieser eitlen Angst nicht versäumt, dem alten Pfarrer zuzuhören, so wie es sich geziemte, einen Verkünder des Wortes anzuhören – wenn es sich dabei auch nur um ein Schiff handelte?

Dann kam die schlimme Geschichte mit dem alten Pfarrer heraus, und Sörens Gedanken wurden dadurch nicht heiterer. Wenn sich ein Beamter der Kassenunterschlagung schuldig macht, so bietet das ein schlechtes Beispiel, wenn jedoch ein Pfarrer seiner Gemeinde Ärgernis bereitet, dann ist das noch schlimmer. Denn zwar ist die Mehrheit der Einwohner eines Kirchspiels dickfellig, aber es gibt auch empfindsame Gemüter wie Sören, die unter der angeborenen Unzulänglichkeit leiden, die ewiggültige Moral nicht durch die Untiefen der menschlichen Schwächen und Leidenschaften steuern zu können. Sören wurde mit jedem Tag mißmutiger, und er konnte ja nicht wie seine Brüder die Gedanken einfach mit den Netzen draußen ins tiefe Meer versenken und sie in Form silbrigglänzender Fische wieder heraufziehen.

Und dann fiel eine zufällige Äußerung des Vaters, die ihn zur Tat aufrief. Solange man noch ein richtiges Bein und zwei Fäuste am Leibe habe, laufe man nicht herum und »speckeliere« und zehre von der Mühe der anderen! Da schämte sich Sören und machte sich an die Arbeit. Den Anstoß hatte das »Schiff« gegeben. Sören takelte eine neue Fregatte auf; die kam auf eine Ausstellung und wurde gekauft – von keinem Geringeren als einem Admiral, der sie seiner Modellsammlung einverleibte. Weitere Schiffe liefen vom Stapel; einige landeten in Kirchen, andere in Spielwarengeschäften. Einige segelten in den Gewässern der Erbauung, andere in denen des Vergnügens und der Zerstreuung. Sörens Gedanken segelten mit, sie lagen nicht mehr daheim und zehrten an seiner Kraft. Sie zeigten ihm die Welt in all ihren widersprüchlichen Erscheinungen, zeigten ihm ein großes, gemeinsames menschliches Gesetz, das hinter dem Ganzen stand, das Gesetz des Lebens und das der Moral. Von einem Pietisten wurde Sören zu einem Philosophen, und als die erste Beklommenheit angesichts dieser Entdeckung vorüber war, fand er, daß er bei dem Tausch gewonnen habe.

So glitten die zwanzig Jahre dahin. Die Brüder hatten sich jeder seine Frau und längst auch Sprößlinge dazu angeschafft. Sören hatte sich ein neues »Bein« gefertigt, viel besser als das alte englische, das sieben Pfund Sterling gekostet hatte; er philosophierte und er takelte, er legte sich etwas Geld beiseite und half den Brüdern. Er war nun beinahe der angesehenste Mann im Dorf – und das will etwas heißen bei einem Mann, der nicht auf Fischfang geht.

Seit den Tagen des »alten« Pfarrers hatte es eine ganze Reihe von Seelsorgern an der Kirche gegeben, der das Fischerdorf zugehörte. Es war wohl eine Art »Durchgangspfarre«. Der letzte, ein jüngerer Mann, hatte sein Amt seit einem oder zwei Jahren inne. Die Pfarrer stehen heutzutage sehr im Kreuzfeuer der Meinungen. Von der einen Seite tönt es »Wahrheitszeuge« und »prächtiger Kerl«, von der entgegengesetzten Seite heißt es »Heuchler« und »Schwachkopf«! Dieser junge Pfarrer war weder das eine noch das andere. Er war ein Kind – in seinem Glauben wie in seinen Taten –, ein kränklicher Gelehrtensohn, der sich eine große, durchgreifende Liebe aus seiner Schulzeit bewahrt hatte: er liebte die See, und er wäre gern zur See gegangen. Seine Gesundheit aber hatte dies vereitelt, und er war Theologe geworden. Er war ein ehrlicher Idealist, zerstreut, verlegen, mit einem mädchenhaften Äußeren. Seine geistliche Berufung schloß für ihn keine aufreibenden Widersprüche ein. Das Leben kannte er nicht und wollte es auch gar nicht kennenlernen. Hätte er ihm eines Tages von Angesicht zu Angesicht gegenübergestanden, so wäre er ihm ausgewichen und hätte sich in sein Studierzimmer geflüchtet. Dort hatte er auf seinem Bücherregal ein – Spielzeugschiff stehen. Das war ihm von seinen Schultagen an überallhin gefolgt. Außerdem hatte er eine stille Frau und einen kleinen Jungen. Auf dem Gelände hinter dem Pfarrhaus lag ein Torfmoor mit klarem Wasser. Hier verbrachte der Pfarrer zusammen mit seinem kleinen

Sohn und seinem Schiff viele Stunden, und es ließ sich schwer feststellen, wer am meisten Vergnügen daran hatte, das Schiff segeln zu sehen, der Vater oder der Sohn. Ja, es war durchaus möglich, daß der Vater den Jungen nur mitnahm, um nicht allein bei dieser Beschäftigung überrascht zu werden.

Jeden Tag unternahm er einen Fußmarsch von einer halben Meile zum Fischerdorf. Dort stand er dann und träumte sich auf die See hinaus, und er schaute wie gebannt zu den Fischern und ihren Booten. Eines Tages war er drauf und dran gewesen, sein Schiff unter den Arm zu nehmen, um es im »richtigen« Wasser segeln zu sehen. Im letzten Augenblick hatte er sich beherrscht, es dann im Grunde aber bereut. Er kannte sich theoretisch in der ganzen Seefahrerei, in der ganzen Schiffsbau- wie auch in der Schiffstakelungskunst aus. Er hatte Werke darüber studiert, und ein Onkel von ihm, ein alter Seemann, hatte sich einen Spaß daraus gemacht, ihm die maritime Terminologie einzuimpfen. Wenn er aber mit den Fischern reden wollte, dann überkamen ihn Verlegenheit und Zerfahrenheit. Er war dem Leben aus dem Wege gegangen, nun ging das Leben ihm aus dem Wege.

Es waren nicht viele Fischer, die in der kleinen Kirche erschienen. Nicht weil man in Vangå einen besonderen Mangel an Gottesfurcht gehabt hätte; aber es war der Schlendrian eingerissen, daß man sich nur zu den allerfeierlichsten – und den wirklich unumgänglichen – Gelegenheiten dort zeigte. Die wenigen Fischer, die aus alter Überlieferung kamen, blieben nach und nach auch noch weg. Man verstand den Pfarrer nicht. Man hatte nichts gegen ihn, ganz im Gegenteil: es stellte sich bald heraus, daß er mit seinen bescheidenen Mitteln viel Wohltätigkeit übte. Ja, er ließ sich leicht etwas vormachen, und die Schamloseren unter den Fischern plünderten ihn geradezu aus. In die Kirche aber kamen sie nicht.

Er selbst konnte das nicht begreifen. Er arbeitete seine

Predigten mit der größten Sorgfalt aus; als einziges Kind eines Gelehrten war er an Gründlichkeit gewöhnt. Bisweilen – und besonders am Anfang – hatten sich seine Augen, nachdem sie vergebens nach Fischern im Kirchenraum Ausschau gehalten hatten, von der Kanzel aus an das »Schiff« geheftet, das dort an seiner Kette vor ihm von der Decke herabhing. Mit der Freude eines Kindes hatte er dort verweilt, war dabei in seiner Textauslegung abgelenkt worden und hatte sich ernsthaft zusammennehmen müssen, um nicht ganz den sehr fein und sinnreich gesponnenen Faden zu verlieren. Das Schiff war einfach zu schön.

Aber im letzten halben Jahr hatte er einen Zustand der Gebrechlichkeit an den Spieren, den Rundhölzern und dem Tauwerk des Schiffes entdeckt. Er sprach darüber mit dem Schullehrer, dem Kirchenältesten und auch anderen Leuten in dem kleinen Dorf. Sie konnten ihm jedoch keinen Rat geben, ja, sie ahnten kaum etwas von der Existenz des Schiffes – obwohl es doch, augenfällig für die ganze Gemeinde, dort hing, gut sieben Fuß lang, mit kleinen staubigen Matrosen in der Takelage, mit einer Flagge unter der Gaffel und einem Stander im Topp.

Dann, im letzten Herbst, ließ sich eine Abordnung aus Vangå beim Pfarrer melden.

Sören, der Wortführer dieser Abordnung, schob sich mit Stock und Krücke in die Tür des Studierzimmers. Karl, sein Bruder, und ein anderer Fischer folgten ihm.

Der Pfarrer war sehr verlegen, er errötete und stotterte, als er nach dem Grund des Besuches fragte. Und da der Pfarrer so verlegen war, wurde Sören gleichfalls verlegen. Auch er stammelte und stotterte so, daß ihm Karl das Wort abschneiden wollte; aber er wurde zurückgewiesen. Und schließlich kam der Anlaß ihres Besuches zutage: Am Sonntag vor Weihnachten werde es zwanzig Jahre her sein, daß das Schiff in der Kirche aufgehängt worden war, und nun wolle man gern die letzten paar Monate dazu benutzen, es herunterzunehmen und sowohl das stehende als auch das laufende Gut zu überholen; dann wolle man es – am Sonntag vor Weihnachten – wieder aufhängen, und dazu wolle man den Herrn Pastor bitten, seinen Segen zu geben und eine kleine Ansprache zu halten, wenn der Gottesdienst beendet sei.

»Sehen Sie, Herr Pastor«, so schloß der Wortführer, »mit den Schiffen ist es doch genauso wie mit lebendigen Menschen: wenn Jahr und Tag hingegangen sind – von zwanzig Jahren und soundsoviel Tagen gar nicht zu reden –, dann werden sie schlaff im Tauwerk, krumm in den Rundhölzern und staubig in den Fugen. Die Kunst, einen Menschen außenbords wie innenbords frisch aufzumöbeln, die beherrschen wir Fischer zwar nicht – eine ganz andere Sache aber ist es mit einem Schiff, für das wir alle zusammengelegt haben und das ich, Sören Olsen, ohne mich zu rühmen, selber aufgetakelt habe.«

Der junge Pfarrer errötete nochmals, er schaute Sören an und sagte: »Ich – ich habe allerdings selber schon bemerkt, daß das Schiff eine Überholung vertragen könnte. Das Vorstengensalingshorn an Backbord ist gebrochen, und – ja, es sind allerhand Schäden dran ...«

Sören blickte den schmächtigen Pfarrer erstaunt an, dann wandte er sich zu den beiden anderen, als wollte er sagen: Habt ihr das gehört – Vorstengensalingshorn!

Das klang in den Ohren der guten Leute wirklich genauso seltsam, wie es in den Ohren des Pfarrers geklungen hätte, wenn die Fischer plötzlich hebräisch gesprochen hätten.

Sören räusperte sich jedoch nur und sagte: »Na ja, wenn dann also der Herr Pastor ...« Der Pfarrer nickte.

»Tun Sie nur das Ihre, ich werde schon das Meine tun!«

Und dann streckten sich drei große Hände vor, alle nacheinander, und die kleine Hand des Pfarrers verschwand dreimal. Alle drei Fischer sagten: »Dann möchten wir dem Herrn Pastor vielmals danken!«

Daraufhin entfernte sich die Abordnung. An der Tür

aber drehte sich Sören noch einmal um und zeigte auf das Spielzeugschiff des Pfarrers.

»Entschuldigen Sie meine Dreistigkeit, aber die da ist mir sofort in die Augen gesprungen. Ich glaube, sie könnte es auch vertragen, mal auf die Helling zu kommen. Wenn der Herr Pastor nichts dagegen hat, würde ich sie gern – in der Woche nach Weihnachten …«

»Wollen Sie das wirklich tun?« fragte der Pfarrer erfreut. »Sie sind ein richtig guter Mensch.«

»O nein«, erwiderte Sören bedächtig, »ich bin nur dreiviertel von einem richtigen Menschen – und gut ist nur einer gewesen.«

»Das ist christlich gesprochen!« sagte der Pfarrer.

»Das ist menschlich gesprochen«, sagte Sören, jedoch ganz leise.

Und dann kam der Sonntag vor Weihnachten. Es wurde erst gegen die neunte Morgenstunde hell, aber in dem schwachen Tagesschimmer betrachtete Sören sein Werk. Da stand die Fregatte auf ihrem großen Schemel, unter dem sich Tragstangen anbringen ließen; die Segel waren beschlagen, und auf dem Deck glänzten zwölf erzene Kanonen. Kleine Matrosen in blauen Hemden kletterten in der Takelage umher, und der reizendste Kapitän stand mit goldbetreßter Mütze achtern auf der Schanze; über ihm wehte unter der Gaffel die Flagge, und im Großtopp leuchtete ein weißer Stander mit der deutlichen Inschrift »Seemannsdenkmal«. Draußen aber standen die Halbwüchsigen des Dorfes vollzählig versammelt, drückten sich die Nasen an den Fensterscheiben platt und konnten dennoch nicht hindurchschauen.

Dann wurde es elf Uhr, und da trugen die Männer das Schiff so behutsam, als wäre es aus Glas, aus ihrer Behausung hinaus auf den Weg zur Kirche. Das ganze Fischerdorf hatte sich eingefunden, die Männer teils in Zylindern, teils in niedrigen Hüten, und an ihrer Spitze sah man ein Klapphorn, zwei Klarinetten und eine Ziehharmonika. Die Frauen und Mädchen beschlossen den Zug, und die Kinder liefen ein weites Stück voraus und riefen Hurra – machten dann aber sogleich wieder kehrt, um das Schiff nochmals zu betrachten.

Als der eigentliche Gottesdienst beendet war, blieben die Dorfbewohner in ihrem Gestühl sitzen, und es kamen aus der Umgebung ständig noch mehr dazu. Die Kirche war um die Kanzel herum mit jungen Fichten und anderem Wintergrün geschmückt. Es herrschte vollkommene Weihnachtsstimmung. Und dann kamen die Männer in taktfester Prozession mit dem Schiff durch den Kirchenraum gezogen. Von der Decke wurde die Kette bis zum Fußboden gefiert, woraufhin Sören und sein alter Vater sie mittschiffs an einer Öse festmachten, die im Deck der Fregatte angeschraubt war. »Es hätte eigentlich eine Eisenstange sein müssen!« flüsterte Sören dem Alten zu.

»Ist ein Törn in der Kette?« fragte Ole.

»Nein, das glaube ich nicht«, antwortete Sören, »aber gesetzt den Fall, daß sie sich trotzdem dreht!«

»Na, sie wird schon wieder aufhören«, meinte Ole.

Und dann hing das Schiff dort oben an seiner Deckenverankerung, und alle konnten den Kupferbeschlag an seinem Boden und die vergoldete Galionsfigur und die Kanonen sehen, die ihre Hälse durch die Schießscharten reckten. Es fand sich kein Auge in der Kirche, das nicht all das wahrgenommen hätte.

Der Pfarrer stand auf der Kanzel. Er war sehr bleich; er hatte die halbe Nacht darauf verwandt, seine Ansprache durchzuarbeiten. Jetzt aber, da er hier stand, erschien ihm all das, was er in der Nacht mit Gelehrsamkeit und Gründlichkeit vorbereitet hatte, irgendwie fremd. Dort hing das schöne Schiff – und er wagte es kaum anzuschauen, um nicht zuviel zu sehen. Und zugleich starrten all diese neuen Gesichter zu ihm herauf, all die Fischer, ihre Frauen und Kinder. Die Kirche war niemals zuvor so voll gewesen, und er wurde ganz verlegen bei dem Gedanken, daß er zu diesen Menschen reden sollte, die vordem nie hier gewesen waren – und vielleicht nie wiederkämen.

Dann schlug ihm der Duft der Fichten entgegen. Das war weihnachtlicher Duft, und dabei fühlt sich ein Pfarrer stets heimisch. Er faltete die Hände, blickte vor sich hinunter, blickte wieder auf und begann.

Er sprach über die Gnade, über die Gnade von oben, über die Gnadenmittel der Kirche und über unsere Sündhaftigkeit, er sprach von einer festen Obrigkeit, von einem König, der das Ruder des Staates halte, und von einem höheren König, der das Ruder der Welt halte. Und als er nun dieses Ruder mit dem des Schiffes verknüpfen wollte, ging ihm der Faden verloren, und er begann von vorn und kam auf die Gnade zurück.

In der Kirche entstand jene charakteristische leichte Unruhe. Der Pfarrer blickte hinunter, und er blickte zum Schiff hinauf – das drehte sich ganz langsam. Es kam zum Stillstand und drehte zurück. Der Pfarrer hielt inne und gebrauchte sein Taschentuch. Und dann griff er einen anderen Faden auf.

Er sprach davon, was die Baukunst unter dem Schiff einer Kirche verstehe. Über diesen Ausdruck seien sich die Gelehrten nicht einig. Vermutlich habe man das griechische Wort »Naos« mißdeutet – es möglicherweise mit »Naus« verwechselt. Und er ließ sich eingehend darüber aus – und wieder drehte sich das Schiff dort oben an seiner Kette.

Da geriet der Pfarrer ganz aus dem Konzept, und in der Kirche wuchs die Unruhe. Der Pfarrer starrte das Schiff an, das wieder in Ruhestellung gekommen war, und an dem Stander im Großtopp las er: »Seemannsdenkmal«.

Und dann war es plötzlich, als ginge ihm ein Lichtlein auf – vielleicht so recht eigentlich ein Weihnachtslicht. Siehe, da saßen alle diese Leute und schauten mit einem eigentümlichen Fragen in den Augen zu ihm herauf. Sie waren ja gar nicht gekommen, um von den Gnadenmitteln der Kirche oder von ihrer eigenen Sündhaftigkeit oder von griechischen Wörtern und Redensarten zu hören. Es waren bedauernswerte, arme Leute, die sich auf dem Meer und am Strand abrackerten, es waren allesamt große Kinder, junge und alte. Sie waren mit ihrer kindlichen Gabe gekommen; sie hingen an diesem Schiff – es war ja ihr eigenes Leben, ihre Seefahrten bei der Flotte und ihre Fischzüge, meerauf und -ab, in Sturm und Flaute, in windstarken Nächten und an frostharten Tagen. Es war ein treuherziges Geschenk, das sie der Kirche hier darbrachten. Wie konnte nun die Kirche ihren Dank anders ausdrücken, als ihnen die besten Worte der Kirche einprägen: gegenseitige Liebe, brüderliches Zusammenstehen im harten Kampf des Lebens und unter dem unergründlichen Gesetz der Vorsehung?

Und solche Worte formten sich unwillkürlich auf den Lippen des Pfarrers. Die ganze gelehrte Auseinandersetzung, die ganze auswendig gelernte Ansprache war vergessen. Zum erstenmal improvisierte der Pfarrer. Und er gebrauchte Wörter wie »Stromkanterung« und »Ankergrund«, und er endete mit dem Satz: »... wenn der große Kapitän ruft: Alle Mann an Deck!« Dann schloß er mit »Amen«. Und als er vor sich hinunterschaute, gewahrte er in allen Augen ein feuchtes Schimmern; und als er wieder aufblickte, sah er das Schiff so unerschütterlich ruhig dort hängen, als wäre in seiner Kette niemals ein Törn gewesen.

Draußen wartete Sören auf den Pfarrer.

»Danke, Herr Pastor – danke!« sagte der Philosoph.

»Sind Sie zufrieden?« fragte der Pfarrer ganz ruhig.

»Doch, ja – als Sie endlich an den Wind kamen! Am Anfang haperte es ein bißchen, aber bei uns hapert es so oft! Jetzt verstehen wir Sie – unten bei uns!«

Am Weihnachtstag war das ganze Fischerdorf wieder in der Kirche versammelt. Es hieß zwar, man sei nur gekommen, um das Schiff zu sehen; aber die Fischer sind nun einmal ein schelmisches Völkchen.

Am zweiten Weihnachtstag ließ Sören das Spielzeugschiff des Pfarrers zur Ausbesserung abholen.

Johan Ludvig Runeberg

In der Lotsenhütte

Eine zu eifrig betriebene Jagd im Schärengebiet und danach einsetzender Gegenwind, der sich zum Sturm steigerte, hinderten uns zu unserem großen Verdruß daran, unserer Absicht gemäß noch vor dem Weihnachtsabend in die Stadt heimzukehren. Vielmehr mußten wir den ganzen Abend draußen auf hoher See in einer Lage verbringen, die mit einem schlechteren Kutter, als er uns zur Verfügung stand, überaus gefährlich gewesen und geradezu unerträglich geworden wäre, wenn es nicht einer in der Gesellschaft verstanden hätte, unseren Mißmut durch seine Heiterkeit und seine Geschichten einigermaßen zu zerstreuen.

Dieser Mann war Ausländer; er führte ein Boot, das ihm selbst gehörte und mit dem er in unserem Hafen überwinterte. Ihm lag weniger als anderen daran, den Weihnachtsabend auf festem Land zu feiern, denn er hatte keine Verwandten, die ihn bei der Grütze und der Torte vermißt hätten. Außerdem war er, im Unterschied zu uns anderen, gegen alles, was sich Wind, Kälte und Wasser nannte, gänzlich abgehärtet, und wie er da am Ruder seines eigenen Kutters saß, hielt er es anscheinend für ziemlich überflüssig, sich zu ducken, obwohl er bei jeder Woge Gefahr lief, den Mond zu streifen.

Unsere Segelei war und blieb keineswegs angenehm. Wir kreuzten und liefen zwischen den Wendemanövern zwei und drei Viertelmeilen, ohne daß wir nennenswert vorwärtskamen, weil die heftige Dünung den Segeln unablässig entgegenwirkte. Schließlich gaben wir alle Hoffnung auf, noch das feste Land zu erreichen, und beschlossen, für die Nacht am Lotsholmen, einem schroffen, fichtenbewachsenen Felsen draußen im Meer, anzulegen und bei den Lotsen, die dort ihre Hütte hatten, Obdach zu suchen. Aus der Ferne sahen wir Feuerschein durch die Fenster dringen, und der heitere Kapitän ließ den Kutter vor gutem Wind dorthin laufen.

»Ohne zu prahlen, meine Herren, kann man wohl sagen, daß wir jetzt eine anständige Brise haben!« rief er nun und nahm einen tiefen Schluck kalten Schwedenpunsch zu sich. »Und trotzdem ist mir so eine, wenn nicht noch weit flottere Brise einmal beschert worden, als ich erst vier, fünf Jahre alt und dazu mutterseelenallein auf See war. Ich habe noch gar nicht erwähnt, daß es sich bei mir gerade umgekehrt verhält als sonst bei Menschenkindern; ich weiß nämlich besser, wohin es mit mir in der Welt geht, als woher ich komme. Kurzum, als ich ungefähr fünf Jahre alt war – und das muß, wie man mir gesagt hat, vor etwa dreißig Jahren gewesen sein –, da fand ich mich eines Nachts draußen auf dem weiten Meer, so wie jetzt, mit dem Unterschied allerdings, daß ich damals ein Spiel der Winde und Wellen war, während ich jetzt zwei ungereffte Segel gesetzt habe, und daß ich damals vor Kälte steif war, während mir jetzt bis in die kleine Zehe warm ist. Ich kann mich nur wenig an die Umstände jener ersten Expedition erinnern; was ich noch weiß, ist, daß ich auf einem Felsen in der wilden See allein gelassen wurde und daß ich denen, die mich so verlassen hatten, nachfahren wollte. Es war stockdunkel, wie jetzt, und als ich zu rudern versuchte, schlug mir die erste Welle die Riemen aus der Hand. Wie lange ich dann so umhertrieb, weiß ich nicht, aber sicher ist, daß ich schließlich bei guten Menschen landete. Wie die Herren sehen, geht es mir also kaum besser als Adam: auch ich weiß nicht, ob ich Eltern gehabt habe oder nicht. Die Leute, die mich aufnahmen und wieder zum Leben erweckten, waren von Beruf Schmuggler und im übrigen wohlhabende Bauern. Ich wuchs unter ihnen auf und beteiligte mich an ihrem Gewerbe, bis mein Bart zu sprießen anfing. Dann schloß ich mich einem Kauffahrer an und wurde ein ehrlicher Kerl. – So, Bootshaken aus und abstemmen! – Ich glaube, der Böse weist mir den Weg durch die Steine hier!«

Der Kutter lag mit killenden Segeln in einer Bucht, die aus vorspringenden Klippen gebildet wurde. Alle fingen an, die steifen Glieder zu recken, man gähnte und brüllte sich die Kälte aus dem Leib. Der Kapitän und zwei Jungmänner blieben beim Kutter zurück und machten sich noch daran zu schaffen, während wir anderen uns mit schwankenden Schritten in die warme Hütte begaben.

Dort herrschte weihnachtliche Stimmung. Ein gewaltiges Fichtenholzfeuer knisterte auf dem breiten Herd und erhellte den Raum, auf dessen Tisch außerdem ein großes Armlicht samt einigen kleineren Kerzen brannte. Die Wände waren ganz mit Netzen und anderen Fischfanggeräten behängt, und in den Ecken schimmerte es weiß von Ziegen und Zicklein, die sich dort zusammengeschart hatten.

Die Bewohnerschaft der Hütte bestand aus einer sehr alten Frau, die am Tisch saß und aus ihrem Gesangbuch zu psalmodieren schien, einem Mann in den mittleren Jahren sowie dessen Frau und fünf Kindern, von denen vier ein fürchterliches Konzert auf Tonpfeifen vollführten, während das fünfte und älteste die Darbietung mit einer schmetternden Holztrompete begleitete.

Als wir eintraten, stand der Vater auf, stampfte nachdrücklich auf den Boden, um die lärmenden Kinder zur Ordnung zu mahnen, und nickte uns freundlich und ungezwungen zu.

Die Alte legte ihr Buch auf den Tisch, nahm ihre Brille ab und musterte uns scharf.

»Wo kommt ihr her, gute Leute?« fragte sie. »Habt ihr am Weihnachtsabend nicht Haus und Herd, oder liegen Schiff und Ladung im Meer? Signal nach einem Lotsen habt ihr doch aber nicht geschossen, zum Kuckuck nein, das habt ihr nicht!«

Bei diesen Worten spuckte sie sich auf die runzligen Finger, schnuppte die wilde Flamme an einer der Kerzen ab, stand auf und leuchtete uns gründlich ins Gesicht.

»Jaja«, fuhr sie fort, »der Hase muß schon bannig weiß sein, wenn man sich die Mühe macht, ihn bis in den Weihnachtsabend zu jagen! Wollen nun sehen, was sich für euch alle zu essen auftreiben läßt. Hier ist gottlob noch Strömling, und Anna soll versuchen, aus den Ziegen noch etwas herauszuquetschen. Grütze allerdings kann jetzt mitten in der Nacht niemand mehr kochen.«

Die Alte wie auch die beiden anderen um uns Bemühten waren in dieser Hinsicht schnell ihrer Sorgen enthoben. Wir zogen unsere Pelze aus, wärmten uns und machten uns mit einer Tasse Schwedenpunsch willkommen, die wir unseren Gastgebern gern anboten und die sie ihrerseits noch lieber entgegennahmen. Bald waren wir ganz heimisch und fühlten uns in der warmen Hütte überaus wohl. Die Alte wollte schon Vorbereitungen für unser Nachtlager treffen und mahnte beim Melken der Ziegen zur Eile, als ein Zufall ihre Anstalten unterbrach und Folgen zeitigte, die wir nicht hatten voraussehen können.

Der Kapitän, der beim Kutter zurückgeblieben war, hatte dort schließlich alles in Ordnung gebracht, die Segel aufgetucht, das Boot festgemacht, seine Siebensachen in die Hütte hinauftragen lassen und war nun bereit, die Nacht an Land zu verbringen. Ehe er sich jedoch mit seiner Büchse in die Wärme der Hütte begab, fiel ihm ein, was wir vergessen hatten, nämlich den Signalschuß abzufeuern. Und der Knall dieses Schusses war es, der die weiteren Nachtvorbereitungen der Hüttenbewohner durchkreuzte.

Die Alte hörte das Krachen und warf das Eiderdaunenkissen, das sie gerade in der Hand hielt, ohne zu zögern beiseite.

»Habt ihr gehört«, rief sie mit erregter Stimme, »habt ihr nicht einen Schuß gehört? O möge sich Gott der ›Juno‹ erbarmen, die nicht in Norwegen überwintern konnte, sondern in dieser Jahreszeit hier auf die Untiefen zuläuft! Setz das Boot aus, Junge, und halte gut gegen Nordwest, damit du den Wind hast. Wir werden schon nach den Kindern sehen, sorge dich nicht um sie. Beeil dich nur!«

Für jüngere Ohren, als die Alte sie hatte, war es nicht schwierig, sofort ihren Irrtum festzustellen. Der sogenannte Junge, ihr vierzigjähriger Sohn, unterbrach lächelnd ihre Ermahnungen und sagte halb verlegen, halb mitleidig: »Immer geistert es in deinen Ohren, liebe Mutter! Schüsse wirst du noch hören, wenn du einmal zur Ruhe gegangen bist und eine Fliege über dein Grab krabbelt. Aber wenn ich recht vermute, war es ein Hasenschreck, den einer der Herren am Strand hat ballern lassen, und kein Krachen aus der sechspfündigen Drehbasse der ›Juno‹.«

»Jaja«, erwiderte die Alte, »immer wollen die Jungen klüger sein! Aber ich bin nicht närrisch und auch nicht von närrischen Eltern geboren … Gott verzeih' mir, aber der Weihnachtsabend, der andere froh macht, ist mein Trauerabend. Ich kann nun einmal nichts dafür. Und was sollte ich armes Weib auch tun? Aber setzt euch doch ans Feuer, ihr fremden, guten Leute, dann will ich euch erzählen, was eine schwache Frau getan hat und wie sie dafür belohnt worden ist.«

Wir kamen dem Wunsch der Alten nach, während unsere Besatzung und die junge Gastgeberin gemeinsam das Abendbrot für uns bereiteten und das kalte Essen aufwärmten, das wir bei uns hatten.

Indessen begann die Alte:

»Es ist nun schon länger her, als viele von euch, gute Freunde, zurückdenken können, wenn ich eure Gesichter so recht betrachte – da saß ich an einem Weihnachtsabend, so einem wie diesem, allein hier in der Hütte. Ich kann wohl sagen allein, denn meine beiden Sprößlinge, die um mich herumtummelten, brauchten selber mehr Hilfe, als sie mir hätten gewähren können. Die See lag offen wie jetzt, aber wenn es heute nacht in der Dachluke auch zu heulen scheint, so ist dieser Wind doch nur ein Hauch gegen den Sturm damals. Wir erwarteten kein Boot mehr zurück, und mein Mann war mit seinen Kameraden in die Stadt gefahren, um am Weihnachtsmorgen in die Kirche zu gehen und sich vielleicht auch den Abend dort etwas lustiger zu vertreiben, als sie es hier hätten tun können. Ich hatte damals rötere Wangen als heute und dazu ein Herz im Leibe, das einem Weib wohl anstand. So wie vorhin, als ihr hereinkamt, saß ich da und las im Gesangbuch; die Kinder hatten gerade ihr Abendbrot gegessen und spielten mit den kleinen Geschenken, die sie zu Weihnachten bekommen hatten. Der Ältere, der damals zehn Jahre zählte und inzwischen reif und weise geworden ist, fuhr mit einem Schiff aus Baumrinde auf dem Fußboden umher; der Jüngere hatte unser Fischbrett als Boot bekommen und freute sich darüber, ebenso wie über eine Glasperlenkette mit einem goldenen Herzen, die mir mein Mann geschenkt und die ich dem Jungen für diesen Abend um den Hals gehängt hatte. So saßen wir da, als ich plötzlich von draußen auf See einen Schuß hörte. Gott möge mir verzeihen, was ich da Unrechtes tat; aber ich glaubte, recht zu handeln. Ich nahm den Älteren zum Bedienen der Fockschot mit, machte ein Boot los und segelte hinaus. Der Jüngere folgte uns bis an den Strand. Ich schickte ihn ins Haus zurück, aber er blieb stehen und rief weinend hinter mir her, bis der Sturm und das Tosen des Meeres sein Schreien übertönten. Als ich unter die Blindschären kam, sah ich Feuer von dem Schiff, das in der Dunkelheit geradewegs nach Norden in die Brandung steuerte, als hätte es niemals zuvor unseren Hafen angelaufen. Ich erreichte es noch zur rechten Zeit und brachte das Ruder in Lee, so daß das Schiff dicht vor Sandbank und Brandung wie ein Lachs wendete, und so hatte ich, wenn auch nur eine Frau, die Freude, das große Schiff des alten Herrn Adolf unversehrt in den Hafen zu leiten. Und an diesen Abend würde ich mich mit Freuden zurückerinnern, solange ich lebe, wenn zu Hause alles so gewesen wäre, wie es hätte sein sollen. Es war morgens um vier Uhr, als ich wieder die Hütte betrat. Ich dachte nun ausruhen zu können, aber dieses Ausruhen wurde schlimmer als die Arbeit zuvor. Der Kleine war verschwunden. Die ganze Nacht suchte ich ihn mit der Laterne in der Hand hier auf unseren Klippen, ich rief seinen Namen, lauter als der Sturm heulte; aber es war, als geschähe mein Suchen und mein Rufen auf dem Meeresgrund. In der Morgendämmerung entdeckte ich dann dort, wo unser zweites Boot angebunden gelegen hatte, einen nackten Pfahl, und seither habe ich weder das Boot noch den Jungen wiedergesehen. Das Boot war Gold wert, der Junge aber war mir teurer als das Leben.«

Bei diesen Worten verstummte die Alte und brach in Tränen aus. Der Kapitän war während ihres Erzählens hereingekommen, doch schien er kaum auf ihre Schilderung zu achten. Statt dessen musterte er die Wände, die Decke, alles in der Hütte, besonders aber ein altes Fischbrett, das über dem Herd an der Wand hing und in der Mitte schon stark zerschlitzt war, dessen Verzierungen an beiden Enden jedoch noch leidlich gut erhalten waren.

Als die alte Frau geendet hatte, stand er auf, ging auf sie zu, riß sich Rock und Weste auf, zog eine Glasperlenkette hervor und legte sie ihr in den Schoß.

Die Alte betrachtete sie eine Weile, hob dann ihren Blick und sah den Kapitän verwundert an. Dann stand sie auf, schlang die Arme um seinen Hals und schluchzte, ohne ein Wort zu sprechen. Als sie darauf ihr Gesicht erhob, erstrahlte es vor Freude bis tief in die Runzeln.

»Und solche Ähnlichkeit mit deinem Vater, als stünde er leibhaftig vor mir!« sagte sie jetzt. »Nur noch viel stattlicher als er! Gott behüte dich, du Wildfang! Wer hat dich denn damals aufgefordert, allein in die See hinauszustürzen? War das ein Wetter für dich? Daß ich Schaf dich aber auch nicht am Bettpfosten festgebunden hatte – dann hättest du wohl zu Hause bleiben müssen! Gott sei Dank! Nun kann ich in Frieden sterben, und niemand wird an meinem Grabe fragen, wo ich mein Kind gelassen habe.«

Unsere Überraschung kann man sich leicht vorstellen. Dieser Weihnachtsabend aber, der für uns so verdrießlich zu werden drohte, gestaltete sich fröhlicher als mancher andere.

Lars Hansen

Feiertag auf Brötöy

Draußen am offenen Meer, weitab von allem übrigen Land, liegt die Insel Brötöy. Ihre grauen Küstenhänge fallen jäh zur See ab, außer an der Südwestseite, wo sich Steinlawinen mit ohrenbetäubendem Getöse zwischen den hohen, steilen Felswänden ins Meer stürzen. Auf dieser Seite der Insel, oben in einer engen Bergspalte, wohnt Petter Mikal, und man braucht schon ein scharfes Auge, um das Häuschen zu entdecken, denn das alte Treibholz, aus dem es gebaut ist, hat im Laufe der Zeit ganz die Farbe des Felsens angenommen.

Auf Brötöy gibt es nur dieses eine Haus. Niemals sind es mehr gewesen, und niemals werden welche dazukommen, denn dort, wo Petter Mikals Hütte steht, ist der einzige Fleck, der überhaupt Platz bietet – aber eben nur für dieses Häuschen und einen winzigen Schuppen, dessen Wände von drei Steinblöcken gebildet werden; hier bewahrt Petter Mikal sein Boot und seine Gerätschaften auf.

Das Haus, das vor langer, langer Zeit gebaut wurde, hat Petter Mikal von seinen Vätern ererbt.

An Sommertagen scheint die Mittagssonne ins Fenster, die Mitternachtssonne aber kann dort niemals etwas ausrichten – der Brötöy-Gipfel steht im Wege und nimmt das Licht weg.

Es war Winter, das Nördliche Eismeer schickte seine gewaltigen Dünungen gegen die Felswände und schleuderte sie an ihnen hoch, so daß Brecher und Gischt den Schnee in halber Höhe der Felsen wegwuschen, die deshalb selbst an Wintertagen schwarz und nackt dastanden. Bei ruhigem Wetter aber hingen meterlange Eiszapfen und schwere Eisklumpen über sie hinab.

Petter Mikal war Witwer und hatte drei Kinder. Die Tochter Petra war vierzehn Jahre alt und führte ihrem Vater und ihren beiden Brüdern, dem achtjährigen Olaf und dem vierjährigen Håkon, den Haushalt.

In der Brötöy-Schlucht, wo das Häuschen stand, konnten ein paar Schafe recht und schlecht ihr Leben fristen. Sechs Schafe bildeten den größten Viehbestand, der sich auf Brötöy halten ließ. Oft genug aber war er kleiner gewesen, denn so manches Jahr fielen ein oder mehrere Tiere die Felswand hinunter ins Meer.

Zur Zeit der Eltern war es zweimal geschehen, daß sich im Frühjahr auf Brötöy kein einziges Tier fand – alle waren sie im Laufe des Winters abgestürzt. Das aber war nicht mehr vorgekommen, seit Petter Mikal das Haus verlängert hatte, so daß es am Nordende zwei Schafen und zwei Ziegen Platz bot. Und wenn es ganz schwerhielt, etwas zum Beißen zu finden, kamen sie in den Wohnraum herein.

Es war früh am Morgen des Heiligen Abends, zwischen sechs und sieben Uhr. Der Sturm heulte, und Schnee drang durch jede einzelne Ritze herein.

Drinnen brannte eine Zehn-Linien-Petroleumlampe, die mitten in der Wohnstube an einem Seilhaken hing. Der Herd nahm einen wesentlichen Teil des Fußbodens ein, so daß gerade noch für einen Tisch, zwei Stühle und ein paar Schemel Platz blieb. In einem der Schemel klaffte ein rundes Loch, das zum Hochheben diente; jetzt aber steckten darin einige Zweige von einem Reisigbesen, an denen kleine, aus Zeitungspapier geschnittene Figuren aufgehängt waren – das war der einzige Schmuck des Weihnachtsbaums, und um ihn herum wanderten Petra, Olaf und Håkon und sangen:

»Frohe Nacht, heilige Nacht,
nieder schweben Engel sacht …«

Von der Herdplatte stieg ein Geruch von verbranntem Teig auf. Petra ließ ihre Geschwister los, und mit einem Tischmesser schob sie die kleinen Kuchen hin und her. Obwohl sie die Plätzchen aus gewöhnlichem Schwarzbrotteig gebacken hatte, waren sie doch für die Brötöy-Kinder das übliche Weihnachtsgebäck. Sonst gab es während des Jahres nur grobes Schrotbrot.

Olaf und Håkon konnte man schon ansehen, daß Heiliger Abend war, Petras mageres, graubleiches Gesicht aber zeigte keine Weihnachtsfreude.

Auf einmal lag ihr Gesicht plattgedrückt an der Fensterscheibe, während ihre großen blauen Augen durch das kleine Loch in der eisbedeckten Scheibe hinauszuspähen suchten. Dieses Loch in der Eisschicht hatte sie zustande gebracht, indem sie den Mund dicht an das Glas hielt und beharrlich auf dieselbe Stelle hauchte. Doch wenn sie nicht achtgab, fror es in wenigen Minuten wieder zu. Deshalb lief sie ständig zwischen Kuchen, Weihnachtsbaum und Fenster hin und her. Und dabei sagte sie: »Bald wird Vater wohl kommen.«

Dann nahm sie die Lampe und hängte sie an einen Nagel nahe dem Fenster.

»Nun kann Vater das Licht von weitem sehen.«

Ein schwerer Stoß traf die Tür – noch einer – und dann folgte Stoß auf Stoß. Petra lief hin und öffnete die Tür.

Als sie die Haspe abgehoben hatte, riß der mächtige Schneesturm die Tür sperrangelweit auf, und herein stapften zwei Schafe und zwei Ziegen, über und über beschneit und vereist. Petras magere Arme versuchten die Tür gegen den Sturm zu stemmen und sie wieder zu schließen, aber die Tür stand da wie an die Wand genagelt – der Sturm hielt sie fest. Olaf und Håkon kamen zu Hilfe geeilt, und in Nu waren die drei Kinder ganz von dem Schnee überschüttet, der durch die offene Tür hereinfegte.

Aber die sechs Kinderhände hielten krampfhaft fest, und die kleinen Körper preßten ihre Füße mit beachtlicher Stemmkraft gegen die Torfkiste. Plötzlich sprang der Stoßwind um, und die Tür schlug zu – doch nicht ganz, denn Schnee lag dazwischen.

Es war nicht das erste Mal, daß die Kinder in eine solche Lage gerieten. Petra ergriff einen abgebrochenen Bootsriemen und drückte ihn blitzschnell mit dem einen Ende gegen die Tür und mit dem anderen an die gegenüberliegende Wand, während Olaf und Håkon den Schnee aus der Türspalte kratzten. Nach mühsamer Arbeit bekamen sie die Haspe schließlich wieder eingerastet, und dann gaben sie sich erneut der Weihnachtsfreude hin.

Petra nahm eine gedörrte Hammelkeule von der Decke, schnitt einige Stücke ab und steckte sie auf zurechtgeschnitzte Hölzchen.

Olaf und Håkon vergnügten sich damit, die Fleischstücke an den Hölzchen in die Glut des Herdes zu halten, und verspeisten sie dann warm und zum Teil angebrannt.

Danach holte Petra zwei alte Gesangbücher hervor, und

um den Schemel mit den geschmückten dürren Zweigen herum sitzend, sangen die Kinder mit hellen Stimmen:

»Ein Kind erschien zu Bethlehem, zu Bethlehem,
des freuet sich Jerusalem.
Halleluja – halleluja.«

Draußen aber brüllten der Schneesturm und das Meer um die Wette.

Von Brötöy bis nach Mikkelsvik sind es ungefähr drei norwegische Meilen.

Im Laden des Kaufmanns Nilsen stand Petter Mikal. Es war am Morgen des Kleinen Heiligen Abends. Petter Mikal war in Eile – er hatte früher in Mikkelsvik sein wollen, aber der Sturm hatte ihn daran gehindert, von Brötöy wegzukommen.

Nilsen sagte zu den anderen Kunden: »Ihr müßt noch warten, Petter Mikal muß zuerst bedient werden. Ihr wißt ja selbst, daß er den weitesten und beschwerlichsten Weg hat, bis nach Brötöy hinaus, und dort sitzen die Kinder allein zu Hause.«

Alle Kunden wußten das, und mit der Geduld der Schärenbewohner warteten sie, bis sie an die Reihe kamen. Alle hatten sie größere oder kleinere Meeresstrecken zurückzulegen, Brötöy aber – o weh – nein, Petter Mikal mußte schon zuerst drankommen. Brötöy – eine scheußliche Ecke!

Nilsen riet Petter Mikal, doch etwas zu verschnaufen, denn bei diesem Wetter sei es ja im ganzen Skagesund kaum möglich, auch nur den kleinsten Fetzen von Segel zu führen. Petter Mikal aber hißte sein Segel, und los ging es – hinaus, der offenen See zu, bei Schneetreiben, mit zwei Reffen an dem kleinen, leichten Bindalsboot. Einige Minuten später war er den Blicken derer, die in Mikkelsvik zurückgeblieben waren, entschwunden.

Jaja, Petter Mikal bewältigt das tatsächlich schon länger als sein Vater, aber nun könnte man ihn auch beinahe für ein Seegespenst halten!

Das kleine, leichte Nordlandboot durchschnitt die schäumenden Wellen über den Båresund hinaus. Der Wind wehte von Westen her und trug feine, trockene Schneeflocken heran; als Petter Mikal aber nach Adamsöya kam, wo das offene Meer voll zu drücken begann, nahmen Sturm und Seen derart zu, daß er das dritte Reff am Segel, das jetzt wie ein bloßer Lappen war, einlegen mußte.

Dennoch schäumte, sooft eine Quersee kam, der Gischt über Petter mitsamt seinem Boot herein. Während er mit der Rechten die Ruderpinne hielt, handhabte er mit der Linken das Ösfaß. Petter Mikals Augen hingen wie gebannt an der dunklen Wand, die sich im Westen erhob.

Da kam ein Stoßwind, der das Boot um ein Haar zum Kentern gebracht hätte, während es bebend über den Kamm eines Wellenberges hinjagte.

Petter luvte dicht an den Wind und gelangte so bis nach Andammen. Dort übernachtete er im Hause von Bekannten. Auch sie waren mit den Vorbereitungen für das Weihnachtsfest beschäftigt – mit acht Kindern in einer kleinen, torfbedachten Hütte; diese Kinder aber hatten Vater und Mutter. Zwei Gesangbücher lagen schon ganz früh am Morgen auf dem Tisch bereit, der mit einem sauberen Wergsack bedeckt war.

Petter Mikal blickte nach Brötöy hinüber. Ob er wohl nach Hause käme? Zwischen Andammen und Brötöy lag eine offene Meeresstrecke von etwa einer Meile.

Der Sturm nahm zu, Petter Mikal aber hatte keine Ruhe mehr – immerzu wanderte er zwischen der Nehrung und dem Haus in Andammen hin und her. Alle rieten ihm ab. In Andammen wie auch anderswo wußten sie ja, was es hieß, an einem Wintertag bei Unwetter im Kleinboot nach Brötöy zu segeln.

Soviel aber stand fest: sollte es etwas werden, so mußte

es bei Tageslicht geschehen. Und das hielt sich ja nicht viel länger als eine Stunde.

Gegen elf Uhr sickerte das spärliche Tageslicht über die Schären herein. Es zeigte das aufgewühlte Meer Weiß in Weiß, soweit das Auge reichte, wenn sich zwischen den Schneeschauern ein kleiner Durchblick öffnete. Petter Mikal stand unten an seinem Boot. Langsam steckte er erst den einen und dann den anderen Seestiefel in die gefrorene Ölzeughose, zog diese hoch und schob sich ihre Träger über die Schultern. Die Ölzeugjacke schlug er zunächst gegen den Vordersteven des Bootes, um sie vom Schnee zu befreien. Dann schlüpfte er auch in sie hinein und knöpfte sie gut und fest zu. Schließlich schnallte er sich den Gürtel mit dem Scheidemesser um und zog die dicken, selbstgestrickten Fausthandschuhe an.

Die Leute von Andammen standen unten an dem tiefverschneiten Landungsplatz. Der rasende Schneesturm hinderte auch die Kinder nicht daran, Petter Mikal zum Boot hinunterzubegleiten. Barhäuptig und blaugefroren wateten sie durch den Schnee, der ihnen bis an die Knie reichte. Das war Weihnachten am Nördlichen Eismeer. Frohe Nacht – heilige Nacht!

Petter Mikal lag auf den Knien – nicht um zu beten, sondern um seine eng angewinkelten Beine unter die Ducht zu pressen, so daß er beide Hände frei bekam. Er befand sich nun außerhalb der Nehrung. Da fing es an. Er mußte voraus und achteraus sehen – meistens achteraus, denn jede einzelne Welle mußte abgeschätzt werden, ehe sie das Boot erreichte. Wenn sie mit allzu großer Schaumkrone herankam, mußte er etwas Tran ausgießen.

Er warf wieder einen Blick voraus – es galt, den richtigen Kurs zu halten. Verfehlte er Brötöy, so ging es ins offene Meer – ins Eismeer hinaus. Seine scharfen Augen spähten angespannt aus, und alle halbe Minute drehte er den Kopf herum. Blickte er voraus, hörte er von achtern das Brüllen einer turmhohen See – da kam sie –, doch ein

Ösfaß voll Tran dämpfte ihre Wucht und glättete ihren Kamm. Es entstand eine Öffnung in dem brüllenden Ungetüm, ein blanker, ruhiger, schmaler Streifen, so breit wie das kleine Boot.

Und mit dem Transtreifen obenauf brausten die brüllenden Schaumkämme vorüber, so daß das Boot an beiden Seiten mit brodelndem Gischt überschüttet wurde.

Oben von der Spitze der großen Sturzsee, auf der das Boot, von der Hubkraft des Sturmes an dem kleinen Segelfetzen getragen, bebend durch den Gischt glitt, gewahrte er Brötöy. Für einen flüchtigen Augenblick erhaschte er einen Schimmer vom Haus. Sein Kurs war ziemlich genau auf die Felsschlucht gerichtet, aber schon mußte Petter wieder nach achtern sehen – eine furchtbare Woge kam heran, höher als die anderen; sie war noch weit achtern, ihr aber mußte er folgen, sie würde ihn und das Boot bis an die Schuppenwand tragen. Jetzt steckte er mitten im Unwetter, und Trotz leuchtete ihm aus den Augen.

Petra stand am Fenster und sah auf das aufgewühlte Meer hinaus. Plötzlich schrie sie: »Vater kommt!« Und alle drei Kinder stürzten zur Tür. Als die Haspe abgehoben war, schlug die Tür gegen die Wand, während der Sturm Schneemassen hereinpeitschte, die die ganze Öffnung füllten. Die Kinder rannten hinaus; dünn bekleidet, ja halbnackt wateten sie durch den lockeren Schnee, der ihnen bis an die Hüften reichte. Aber sie gelangten nach unten.

Dort kam das Boot mit dem Vater – auf einer riesigen Woge, deren schaumbedeckter Kamm sich gegen den schon dunklen Himmel abzeichnete. Dort kam er, wie ein gejagter Vogel, hoch oben auf der Schaumkrone, so hoch, daß die Kinder den Kiel des Bootes sehen konnten, das ganz von Gischt umbrodelt war.

Als die Welle zwanzig Faden vom Land entfernt war, traf sie auf den Rückschwall, der ihr entgegenkam, und die gewaltige See, die das Boot trug, nahm mehr und mehr die

Form einer sich vornüberneigenden, vorwärts wälzenden Lawine an. Auf ihrem Scheitel stand das Boot.

Da stürzte sie senkrecht nieder. Das Boot und Petter Mikal wurden unter dem ungeheuren Wasserberg begraben.

Die Angstschreie der drei Kinder übertönte das Brüllen des Brechers, der das Boot verschlang.

Alles war verschwunden. Die Kinder standen zitternd draußen im Schneesturm, die angsterfüllten Augen weit aufgerissen, den Blick auf die Stelle geheftet, wo das Boot verschwunden war.

Da kam die nächste schwere Sturzsee mit weißem Kamm, ihr Gischt reichte fast bis zu den Kindern hinauf. Als sie zurückströmte, lag Petter Mikals entstellter Körper zu Petras Füßen.

Unter Aufbietung all ihrer Kräfte gelang es den Kindern, die Leiche des Vaters so weit auf die Schneewehe heraufzuziehen, daß sie keine Welle mehr erreichen konnte.

Eine Stunde später hatte Petra den Weihnachtstisch gedeckt, mit Fladenbrot, Salzhering und Hafersuppe.

Als die Kinder gegessen hatten, sangen sie weinend einen Vers aus dem Gesangbuch:

»Ich bin so froh zur Heil'gen Nacht,
da Jesus kam zur Welt.
Der Engel Sang ward hold gemacht,
der Sterne Licht erhellt …«

Viertes Kapitel

WEIHNACHTEN MIT KOBOLDEN UND TROLLEN

Alfred Smedberg

Die Trolle und der Koboldjunge

In dem Vorratshaus des kleinen Bauernhofes am Waldrand wohnten drei kleine Kobolde, Tjarfa, Torgus und Tjovik. Sie waren kaum mehr als eine Viertelelle lang und gehörten einem alten Koboldgeschlecht an, das schon über neunhundert Jahre auf dem Hof lebte. Das Anwesen hatte viele Male den Besitzer gewechselt. Die alten Menschen waren fortgegangen, und an ihrer Stelle waren neue gekommen. So war es Geschlecht auf Geschlecht Jahrhunderte hindurch gewesen. Aber die Koboldfamilie blieb treu wohnen, und die Würde des Großkobolds oder Hauskobolds auf dem Hof vererbte sich vom Vater auf den Sohn.

Es war Weihnachtsabend und großer Festschmaus dort unten im Vorratshaus. Der alte Koboldvater, Tjarfa Jovikson, wurde in der Weihnachtsnacht fünfhundert Jahre alt, und deshalb wurde gleichzeitig Geburtstags- und Weihnachtsschmaus gehalten. Er war trotz seines hohen Alters munter und rüstig, hatte die Hausherrngewalt aber kürzlich seinem Sohn, Torgus Tjarfason, übergeben, einem Dreihundertjährigen im Vollbesitz seiner Kräfte. Nun lebte der Alte auf dem Altenteil zwischen ein paar Mehlfässern in einer Ecke des Vorratshauses.

Der jüngste kleine Kobold, Tjovik Torgusson, war ein Knirps von nur hundert Sommern. Er hatte noch keinen Bart und reichte dem Vater kaum bis zur Achselhöhle.

Der kleine Hof lag sehr schön zwischen Wiesenstreifen und mit Laubwald bedeckten Hügeln. Zur einen Seite breiteten sich die Äcker aus, aber die andere Seite bedeckte dichter, dunkler Wald.

Ein Stück im Wald lag der steile, felsige Fuchsberg, und dort wohnten die Trolle Jåmpa und Skimpa. Jåmpa war der

Trollkönig und lebte im Berg, und Skimpa war seine Frau. Lange bevor die Menschen in das Land gekommen waren, hatten sie schon dort gewohnt, sie waren viertausend Jahre alt.

Zwischen den Kobolden und den Trollen hatte zu allen Zeiten bittere Feindschaft geherrscht. Die Trolle waren groß, stark, böse und dumm, die Kobolde waren klein wie Puppen, aber freundlich und sehr klug. Die Trolle wollten den Leuten auf dem Hof nur Böses zufügen, und das konnten die Kobolde nicht zulassen. Deshalb gab es ständig Streit zwischen ihnen. Manchmal hatten die Kobolde die Oberhand, manchmal die Trolle. Anders kann es nicht sein, wenn sich Kraft und Verstand bekämpfen. Doch wer den Sieg davontrug, hing meistens von den Menschen ab, die auf dem Hof wohnten.

Jetzt war also großer Festschmaus im Vorratshaus. Alle Kobolde aus der Gegend waren eingeladen, und es ging fröhlich und lebhaft zu. Das Vorratshaus war reichlich versehen mit allerlei Eßwaren. Es gab Äpfel und Würzbrot und Schinken und Wurst auf dem kleinen Tisch, einer umgedrehten Zuckerkiste. Die Leute auf dem Hof wußten sehr gut, wie vorsichtig die Kobolde waren und daß sie niemals auch nur ein Körnchen unnötigerweise verschwendeten.

»Großvater, jetzt mußt du Geschichten von Skimpa und Jåmpa erzählen«, sagte Tjovik.

Und er krabbelte auf den Schoß des Alten und streichelte seinen langen weißen Bart.

»Jaja, mein Kleiner«, sagte der Großvater fröhlich. »Sitz nur still jetzt, dann sollst du von alten Zeiten hören.«

Alle Kobolde setzten sich auf ihren Plätzen zurecht. Einige lagen halb auf dem Fußboden, die Hand unter der Wange, andere saßen auf umgedrehten Anchovisdosen und baumelten mit den Beinen.

»Jaja«, begann der alte Tjarfa, »ihr werdet sehen, vor achthundert Jahren, als mein Großvater Tarja Torgusson in seinen besten Jahren war, da war Leben da oben auf dem Fuchsberg. Das war zu der Zeit, als das Christentum im Land eingeführt werden sollte und die Leute dort in der Ebene eine Kirche bauten. Aber davon wollten die Trolle natürlich nichts wissen, und so rissen sie jede Nacht nieder, was die Leute am vorhergehenden Tag gebaut hatten.«

»Aber die Kirche wurde jedenfalls gebaut«, sagte der kleine Tjovik.

»So ist es, mein Junge, und Tarja, mein alter Großvater, hat den Leuten dabei geholfen. Er nahm eine Tüte mit Asche, wißt ihr, und kletterte auf einen Baum neben dem Felsen. Als dann die Trolle in der Nacht herauskamen, um Steine zu sammeln, die sie anschließend auf die Kirche werfen wollten, blies er ihnen Asche in die Augen.«

»Und da konnten sie die Kirche natürlich nicht sehen«, riefen die Kobolde entzückt.

»Nein, das konnten sie nicht. Das war vielleicht ein Geheul und Geschrei bei den Trollen, als sie ihre Blöcke auf gut Glück werfen mußten und kein einziger traf.«

»Armer Jåmpa«, kicherte der Koboldjunge.

»Nun, da wurde die Kirche also fertig«, fuhr der alte Tjarfa fort. »Der Bischof weihte sie, und danach konnten die Trolle ihr nicht mehr schaden. Aber um so schlimmer hausten sie im Wald unter Mensch und Tier. Damals gab es Wölfe und Bären, die von den Trollen auf das Vieh der Bauern gehetzt wurden. Und Großvater mußte ständig hin und her flitzen, um den armen Leuten zu helfen.«

»Haben die Trolle ihn nie erwischt?« fragte Tjovik.

»Doch, viele Male hatten sie ihn drinnen im Berg, aber er hat es immer verstanden, sie an der Nase herumzuführen und zu entwischen. Manchmal kam er schmutzig und mit zerrissenen Kleidern nach Hause, aber manchmal brachte er soviel Gold mit, wie er tragen konnte.«

»Haben die Trolle Gold im Berg?« fragte der Junge verwundert. Da fingen die anderen Kobolde so herzlich an zu lachen, daß ihre Bärte hüpften.

»Man merkt, daß du noch ein Kind bist, kleiner Tjovik«, sagten sie. »Sonst wüßtest du wohl, daß der Berg voller Ringe und Spangen und anderem Goldschmuck ist.«

»Los!« rief der kleine Kobold entzückt. »Wollen wir nicht versuchen, ein wenig von den Schätzen nach Hause zu schaffen? Die armen Leute hier in der Gegend könnten schon ein bißchen Flitterkram gebrauchen, um sich daran zu erfreuen.«

»Nein, nein, mein Kleiner«, sagte der Vater verdrießlich. »Das Gold, das die Menschen von den Trollen bekommen, wird nie zum Segen. Es weckt nur Hochmut, Faulheit und Verschwendung, Streit, Schlägereien und Feindschaft. Das begriff mein Großvater schnell, und deshalb haben sowohl mein Vater und ich als auch alle anderen Kobolde hier in der Gegend das Berggold in Ruhe gelassen.«

»Ja, es ist wohl auch nicht so leicht, da heranzukommen«, meinte Tjovik.

»Doch, in solch einer Nacht wie dieser geht es ziemlich leicht«, antwortete der alte Großvater. »In der Weihnachtsnacht holen die Trolle ihre Schätze hervor, um sie zu zählen, und dann sind sie so eifrig dabei, daß sie nichts hören und nichts sehen.«

»Aber wie kommt man in den Berg?« fragte der Koboldjunge.

»In der Weihnachtsnacht gehen die Türen des Berges von selbst auf«, antwortete der Alte. »Aber wehe dem Armen, der dort bleibt, bis die Glocken zum Frühgottesdienst läuten. Dann bekommen die Trolle Gesicht und Gehör zurück, und dann wird man erwischt.«

»Und ist dein Vater auch mal mit den Trollen in Streit geraten, Großvater?«

»Jovik Tarjason! Ja, das will ich meinen. Einmal hing sein Leben nur an einem Faden. Das war, als er auf dem Ochsen aus dem Berg ritt.«

»Wie war denn das? Lieber Großvater, erzähl, erzähl.«

»Ja, also Skimpa hatte dem Bauern auf dem Hof hier

einen Ochsen gestohlen. Mein Vater wurde natürlich wütend und schlich sich in den Berg hinein. Das ging wunderbar, denn die Trollalte hatte vergessen, die Tür zu schließen. Da stand Jåmpa mit einer Axt vor dem Ochsen und wollte ihn schlachten. Na, mein Vater, der war nicht bange. Er kletterte am Schwanz auf den Ochsen hinauf und stach ihn mit einer Stecknadel in den Rücken. Heisa! Der Ochse machte einen Sprung und stieß Jåmpa und Skimpa mit den Hörnern, so daß alle beide auf den Rücken fielen. Und dann sauste der Ochse zur Tür hinaus, mit Vater auf dem Rücken.«

Die Kobolde lachten so, daß zwei kleine Kobolde von den Anchovisdosen herunterkullerten.

»Na, und du, Großvater? Bist du einmal im Berg gewesen?« fragte Tjovik.

»Viele Male. Aber ich habe niemals etwas anderes von den Trollen genommen als das, was sie den Leuten geraubt hatten. Einmal kam ich mit knapper Not mit dem Leben davon. Ich verlor die Zipfelmütze und die Holzschuhe und kam schwarz wie ein Schornsteinfeger nach Hause.«

»Wie bist du denn so schwarz geworden, Großvater?«

»Ja, ich mußte doch durch den Schornstein hinaus, weil alle Türen verschlossen waren.«

»Da warst du genauso schlimm dran wie mein Bruder vor ein paar Jahren«, sagte einer der Kobolde.

»Wie war denn das mit ihm, Onkel?« fragte Tjovik.

»Ja, er wollte das geraubte Hütemädchen vom Granhultabauern suchen und war noch im Berg, als der Hahn krähte und alle Türen zuschlugen. Es blieb ihm nichts anderes übrig, als sich in die Bergquelle zu werfen und sich von dem Strom tragen zu lassen, der unter der Erde fließt. Du weißt, daß der Bach, der hier am Hof vorbeiführt, im Berg seine Quelle hat. Der Ärmste hatte keinen trockenen Faden am Leib, als er nach Hause kam.«

Der kleine Kobold hörte dies alles mit größtem Interesse. Er wollte den Trollen zu gern einen Armreifen oder eine Goldkette wegschnappen und sie Anna-Lisa geben, der ältesten Tochter im Haus, die bald getraut werden sollte. Sie war zu allen freundlich, und Tjovik wollte ihr etwas Gutes tun.

Lange saßen die Kobolde und lauschten dem alten Tjarfa. Doch schließlich wurden alle müde. Die Gäste gingen nach Hause. Der Großvater bettete sich auf einem alten Handschuh zur Ruhe, der in einer Ecke herumlag, und Torgus und Tjovik legten sich auf ein Katzenfell zwischen ein paar Zuckerkisten.

Aber der kleine Kobold konnte nicht einschlafen. Er lag nur da und grübelte darüber nach, wie er Anna-Lisa ein Schmuckstück aus dem Berg beschaffen könnte, nur ein einziges. Das konnte ihr doch nicht schaden? Die Menschen wurden wohl nur böse, wenn sie zuviel Gold bekamen.

Schließlich stand er auf, setzte die Zipfelmütze auf und zog die Holzschuhe an, ergriff seinen kleinen Stock und begab sich in den Wald hinaus.

Die Nacht war still und dunkel. Kein Stern blinkte am Himmel, und aus den Häusern des Dorfes fiel kein einziger Lichtschein. Alles schlief den tiefen, ruhigen Mitternachtsschlaf, nur vom Wald her ertönte ein paarmal das langgezogene Heulen eines Fuchses.

Der kleine Kobold trippelte rasch weiter. Er hatte keine Angst vor der Dunkelheit und kümmerte sich nicht um den Fuchs. Mit dreidaumenlangen Beinen ist man nicht besonders schnell, aber der Knirps konnte drei Schritte machen, wenn ein Mensch einen tut, und deshalb kam er auf jeden Fall vorwärts. Nach einer Stunde war er am Fuß des Fuchsberges.

Hu, wie felsig und steil und hoch er aufragte! Kein einziger Lichtstreifen drang aus den Felsspalten, aber von innen war Klingen und Rasseln zu hören, als ob jemand mit Gold- oder Silbergeld klapperte.

Wartet nur, sagte der kleine Kobold und begann den Berg hinaufzuklettern.

Es ging nicht schnell, aber es ging immerhin. Manchmal rutschte er ein Stück zurück, aber er griff von neuem zu und kam immer höher hinauf. Keuchend und verschwitzt gelangte er von Klippe zu Klippe, von Felsblock zu Felsblock, schwang sich von einem Absatz auf den anderen und war bald auf halber Höhe. Aus einem Gehölz in der Nähe ertönte der Schrei einer Eule, aber Tjovik ließ sich nicht schrecken. Er wollte klettern, bis er eine Öffnung fand, durch die er zu den Trollen hineinkommen konnte.

Da sah er schließlich aus einem kleinen Spalt im Felsen einen Lichtschein. Er steckte seinen Stock in den Spalt und drückte ihn zur Seite. Die Türangeln mußten wohl gut geölt worden sein, denn die Tür ging sacht auf, ohne daß ein Laut zu hören war.

Der Knirps kam jetzt in einen großen Saal, Wände und Decke waren aus schwarzem, rauhem Gestein. Hier und da lagen Knochen großer Tiere auf dem Boden, und an den Wänden hingen rostige Waffen.

»Hu, hier ist es unheimlich«, sagte der Kobold-Knirps und ging weiter.

Da kam er an eine neue Tür, die aus Kupfer zu sein schien. Sie ging genauso leicht auf wie die erste, und nun gelangte Tjovik in einen neuen Saal. Hier lagen Haufen von Silbergeld an den Wänden, aber kein einziges lebendes Wesen war zu sehen.

Der Koboldjunge blieb verwundert stehen und schaute auf die Silberhaufen.

»Hier könnte ich mir ja schon Geld für eine Uhr beschaffen, an der mein braver Bauer seine Freude hätte«, sagte er. »Aber halt. Was ist das für ein Klingen hinter dieser Silbertür. Ich möchte doch wissen, was sie da drinnen machen …«

Er ging leise auf die Silbertür zu und öffnete sie. Und

was bekam er zu sehen! Mitten auf dem Fußboden stand eine offene Kiste, und neben ihr saßen zwei schreckliche Trolle und klirrten mit Goldringen, Armbändern, Perlen und Edelsteinen. Sie waren so damit beschäftigt, ihre Schätze in der Kiste zu zählen, daß sie es weder hörten noch sahen, als Tjovik hereinkam.

An der einen Seite des Saals befand sich eine Quelle, aus der das Wasser unter die Wand und in die Erde strömte. Am Rand lag ein geborstener Holzschuh, der mit einer Schnur an der Wand festgebunden war, daß er nicht fortschwimmen konnte.

Diesen unförmigen Holzschuh hat Skimpa in die Quelle gesetzt, damit der Riß dicht wird, sagte Tjovik zu sich selbst. Wer weiß, ob ich nicht in diesem Boot von hier fortsegele, falls die Türen geschlossen werden sollten.

Leise und vorsichtig ging er zu der Kiste. Aber die war so hoch, daß er nicht bis zum Rand reichte. Er reckte und streckte sich, so sehr er konnte, und im gleichen Augenblick, da ..., ja, nun sollt ihr es erfahren.

Jåmpa und Skimpa mußten auf einmal niesen. Du meine Güte, so stark, daß der Berg erdröhnte! Der Luftzug war so kräftig, daß der kleine Kobold wie ein Handschuh durch die Luft flog und kopfüber auf das Gold in die Kiste fiel.

Ach, nun geht doch alles schief, dachte Tjovik und umklammerte den Stock, um sich gegen die Trolle zu verteidigen.

Doch die dummen Wesen hatten ihn nicht gesehen. Sie zählten und zählten nur. Der Knirps sah sich zwischen all dem Gold um. Und er wählte eine Kette aus, die gerade lang genug als Halskette war, und versuchte dann auf den Rand der Kiste zu klettern, um von dort auf die Erde springen zu können.

Da begannen im gleichen Augenblick die Kirchenglocken zum Frühgottesdienst zu läuten. Beide Trolle sprangen auf und stopften sich die Finger in die Ohren. Alle Türen des Berges fielen ins Schloß, und der Kistendeckel schlug über dem Gold und dem kleinen Kobold zu.

Ja, da saß er nun wie eine Maus in der Falle. Aber er gehörte nicht zu denen, die gleich den Mut verlieren.

Wenn ich nur die Trolle dazu bringen kann, die Kiste wieder zu öffnen, dann wird sich schon Rat finden, dachte er.

Und er hielt den Mund an das Schlüsselloch und pfiff wie eine Maus.

»Wir haben eine Maus in der Kiste, Vater«, sagte die Trollalte.

»Die muß da sitzen bis zum nächsten Weihnachtsabend«, sagte der Troll.

»Dann frißt sie Löcher in die Kiste, Väterchen«, sagte die Alte.

»Da kannst du recht haben, Mütterchen«, sagte der Alte.

Und er öffnete die Kiste und sah den Koboldknirps an der Kante sitzen.

»Ja, du bist mir eine lustige Maus«, sagte er und lachte so, daß der Bauch wackelte. »Was bist du für ein Luftikus?«

»Ich bin Tjovik Torgusson, der Koboldjunge vom Hof«, sagte der Knirps keck.

»Ha, ha, ha! Hi, hi, hi! Ho, ho, ho!« lachte der Trollalte, während er den Knirps zwischen Daumen und Zeigefinger nahm. »Du wirst eine nette kleine Nachspeise nach dem Weihnachtsschinken. Hast du die Bratpfanne in Ordnung, Mutter?«

»Ihr könnt mich doch nicht braten, bevor ich mir den Schmutz von den Fingern gewaschen habe«, sagte Tjovik.

»Warte nur«, sagte der Troll. »Du wirst schon gewaschen werden, darauf kannst du dich verlassen.«

Und dann setzte er den Knirps an den Rand der Quelle und schüttete Wasser über ihn.

»So wird das nichts«, rief Tjovik. »Du mußt schon eine Bürste und Seife herholen.«

»Das ist ja ein strenger kleiner Herr«, brummte der Troll und ließ ihn los, um eine Bürste zu holen.

Im gleichen Augenblick sprang der kleine Kobold in den Holzschuh, zog sein Taschenmesser heraus und schnitt die Schnur durch, die ihn festhielt.

Heisa! Der Holzschuh folgte sofort der Strömung unter die Felswand. Jåmpa und Skimpa stießen gleichzeitig so ein Geheul aus, daß das Trommelfell hätte zerspringen können. Aber der kleine Kobold schwenkte seine Zipfelmütze und rief: »Hurra!«

Der Strom führte den Holzschuh mit dem kleinen Passagier durch den unterirdischen Kanal hinaus in den Bach, der am Hof vorbeifloß. Dort sprang der Knirps an Land und ging nach Hause. Aber die Goldkette hatte er verloren, als der Troll Wasser über ihn geplanscht hatte.

Um ein Haar hätte der kleine Kobold vom Vater und auch vom Großvater für sein dummdreistes Verhalten Prügel bezogen. Aber er kam noch einmal so davon, weil er vorher noch nie etwas ausgefressen hatte. Und er mußte versprechen, niemals mehr nach anderen Schätzen zu suchen als solchen, die man durch nützliche Arbeit verdienen kann. Und dies Versprechen hat er als ehrlicher Kobold immer gehalten.

Viktor Rydberg

Die Abenteuer des kleinen Wigg am Weihnachtsabend

Der Harschschnee lag glänzend über der Heide, auf der man, so groß sie auch war, nur eine einzige menschliche Behausung erblickte, und das war eine kleine Hütte, alt und grau.

Die armen Tröpfe, die darin wohnen, mögen ein trübseliges Leben führen! – so dachte wohl mancher Reisende, der dort vorüberfuhr. Und karg sah es aus auf der Heide, selbst im Sommer, das läßt sich nicht leugnen. Heidekraut und Feldsteine, Krüppelkiefern und mancherlei Gestrüpp – das war alles, womit sie das Auge zu erfreuen vermochte. Doch die Hütte an sich war in ihrer Art schon gut genug. Die moosbewachsenen Wandbalken hatten einen gesunden Kern und hielten verläßlich zusammen gegen Wind und Kälte. Der Schornstein erhob sich breit und selbstbewußt über das Torfdach, das während des Sommers grünem Samt glich und sich mit rotgelben Blumen schmückte. In dem Gärtchen am Giebel wuchsen dann Kartoffeln, Mohrrüben und Kohl und an der Einfriedung Mohn, Ringelblumen und Rosen. Dort stand auch ein Apfelbaum und unter ihm eine kleine Bank. Das Fenster hatte eine Gardine, die immer weiß war.

Hütte und Gärtchen gehörten Mutter Gertrud, und sie wohnte dort mit einem Bürschchen, das Wigg hieß.

Es war früh am Morgen gewesen, als Mutter Gertrud fortging, um beim Dorfkrämer in der abgelegenen Ortschaft Einkäufe zu machen. Nun rüstete sich die Sonne zum Untergang, doch Mutter Gertrud war noch nicht heimgekommen. Wigg befand sich allein in der Hütte. Es herrschte Stille ringsumher, soweit die Heide reichte. Während des ganzen Tages war nicht ein Glöckchen zu hören und kein Wegfahrer zu sehen gewesen.

Wigg lag auf den Knien, die Ellbogen gegen den Tisch gestützt, und blickte zum Fenster hinaus. Das hatte vier Scheiben; drei waren mit Eisblumen überzogen, die vierte hatte er angehaucht, so daß das Eis abgetaut war. Er wartete auf Mutter Gertrud, die ein Weizenbrot, einen Pfefferkuchen und ein Zweiglicht mitbringen wollte; denn es war Heiliger Abend. Aber noch immer war nichts von ihr zu sehen. Die Sonne ging unter, und die Wolken am Himmelsrand leuchteten wie die schönsten Rosen. Über die Schneedecke der Heide ergoß sich ein blaßroter Schimmer. Bald verschmolzen alle Farben zu einem frostigen Blaurot, und die Himmelsfeste dunkelte.

Noch dunkler wurde es im Innern der Hütte. Wigg ging an den Herd, wo ein paar verglimmende Glutstücke in der Asche lagen. Es war so still, daß er, wenn die Holzschuhe an seinen Füßen auf den Boden klapperten, glaubte, man könnte es über die ganze Heide hören. Er setzte sich an den Herd und grübelte, ob der Pfefferkuchen, auf den er wartete, wohl einen Kopf, vergoldete Hörner und vier Beine hätte. Er sann auch darüber nach, wie es den

Dompfaffen und den Buchfinken am Heiligen Abend ergehen mochte.

Es läßt sich schwer sagen, wie lange Wigg so gesessen hatte, als er auf einmal Schellengeläut vernahm. Er lief ans Fenster und drückte die Nase gegen die Scheibe, um zu sehen, wer das sei. Mutter Gertrud kam freilich nicht mit Glöckchen daher.

Alle Lichter des Himmels waren angezündet. Sie funkelten und strahlten. Fernab bewegte sich etwas Schwarzes auf dem Schnee. Es kam näher und näher, und immer stärker tönte der fröhliche Klang der Glöckchen.

Wer mag das sein, der dort fährt? Er hält sich ja gar nicht an den Weg, sondern kommt quer über die Heide! Wigg wußte sehr wohl, wo der Weg verlief, er, der im Sommer da draußen Heidel- und Preiselbeeren gepflückt hatte und weit umhergestreift war – mehrere hundert Ellen von der Hütte nach allen Richtungen! Hinter solchen Glöckchen müßte man fahren und selber lenken dürfen! Kaum hatte Wigg diesen Wunsch ausgedacht, als das Gefährt auch schon heran war und vor dem Fenster hielt.

Es war ein Schlitten, bespannt mit vier Pferden, kleiner als die kleinsten Fohlen. Sie waren stehengeblieben, denn der im Schlitten Sitzende zog die Zügel straff; aber sie schienen keineswegs erfreut darüber, verschnaufen zu können, denn sie schnaubten, wieherten, schüttelten ihre Mähnen und scharrten den Schnee auf.

»Sei nicht ungebärdig, Rapp! Ruhig, Schnapp! Hott, nimm dich zusammen! Flott, halt dich im Zaum!« rief der im Schlitten. Dann sprang er heraus und trat ans Fenster heran.

Einen solchen Erdbewohner hatte Wigg noch nie gesehen. Aber er hatte ja auch noch gar nicht sehr viele Leute zu Gesicht bekommen. Es war ein altes Männlein, gerade recht für solche Pferdchen. Sein Gesicht war voller Runzeln, und der lange Bart ähnelte dem Moos auf dem Hüttendach. Seine Kleider waren von Kopf bis Fuß zottig. In dem einen Mundwinkel steckte eine Stummelpfeife, aus dem andern ringelte Rauch.

»Guten Abend, Stupsnas!« sagte er.

Wigg faßte sich an die Nase und erwiderte: »Guten Abend.«

»Ist jemand zu Hause?« fragte der Alte.

»Du siehst doch, daß ich zu Hause bin.«

»Ja, du hast recht. Ich habe etwas dumm gefragt. Aber drinnen bei dir ist es so dunkel, obgleich Heiliger Abend ist.«

»Ich kriege ein Weihnachtsfeuer und ein Weihnachtslicht, wenn Mutter heimkommt. Ein Licht mit drei Zweigen!«

»Ach, Mutter Gertrud ist noch nicht heimgekommen, und da bist du allein und mußt wohl noch ein gutes Weilchen allein bleiben. Fürchtest du dich nicht?«

»Ein schwedischer Junge!« entgegnete Wigg. Das hatte ihn Mutter Gertrud gelehrt.

»Ein schwedischer Junge!« wiederholte der Alte, rieb sich die Fausthandschuhe und nahm die Pfeife aus dem Mund. »Hör mal, Bürschchen, weißt du, wer ich bin?«

»Nein«, erwiderte Wigg, »aber weißt du denn, wer *ich* bin?«

Der Alte nahm seine Pelzmütze ab, verbeugte sich und sagte: »Ich habe die Ehre, mit Wigg zu sprechen, dem unverzagten Recken der Heide, der gerade sein erstes Paar Hosen anbekommen hat, dem Helden, den selbst der längste Bart nicht schreckt. Du bist der Wigg, und ich bin der Weihnachtswichtel. Habe ich die Ehre, bekannt zu sein?«

»Oh, du bist der Weihnachtswichtel? Dann bist du ein lieber Alter. Mutter hat oft von dir erzählt.«

»Vielen Dank für das Lob! Es ist jedoch so eine Sache damit. Aber, Wigg, wie wär's, willst du mit hinausfahren?«

»Das möchte ich schon, aber ich darf wohl nicht. Wenn Mutter heimkommt und ich nicht da bin – was dann?«

»Ich verspreche dir, daß du vor der Mutter wieder zu Hause sein wirst. Ein Mann steht zu seinem Wort – wie eine Frau zu ihrem Beutel. Nun komm!«

Wigg lief hinaus. Aber wie kalt draußen – und wie dünn er angezogen war! Das Lodenhemd spannte sich so eng um den kleinen Leib, und die Holzschuhe hatten wieder die Hacken der Strümpfe durchgescheuert, die Mutter Gertrud schon so oft geflickt hatte. Der Weihnachtswichtel aber schloß die Tür, hob Wigg in den Schlitten, hüllte die Pelzdecke um ihn, paffte ihm eine kleine Rauchwolke in die Nase, so daß er niesen mußte, und – heidi, schon ging es los.

Rapp und Schnapp, Hott und Flott flogen in sausender Fahrt über den Schnee, und die silbernen Schellen klangen über die Heide, als läuteten alle Glocken des Himmels.

»Darf ich lenken?« fragte Wigg.

»Nein, dazu bist du noch zu grün hinter den Ohren«, antwortete der Wichtel.

»Mag sein«, versetzte Wigg.

Bald hatten sie die Heide hinter sich und waren mitten in dem finsteren Wald, von dem Mutter Gertrud immer erzählt hatte, wo die Bäume so hoch standen, als hingen die Sterne an ihren Zweigen. Zwischen den Stämmen schimmerten bisweilen Lichter von einer menschlichen Behausung. Vor einem kleinen Stall brachte der Wichtel sein Gespann zum Stehen.

Zwischen den Steinen am Fuße des Stalls lugte ein Kopf mit zwei funkelnden Augen hervor, die sich auf den Wichtel hefteten. Das war der Kopf der Ringelnatter, der sich alsbald zu einem höflichen Gruß krümmte. Der Wichtel lüftete zur Erwiderung seine Pelzmütze und hob an:

»Snok, Snok, Ringelstert,
sag mir, was das Haus ist wert.«

Die Ringelnatter antwortete:

»Der Fleiß wohnt hier
als steter Gast –
drei Kühe schier,
ein Pferd für Last.«

»Das ist nicht viel«, sagte der Wichtel, »aber es wird sich schon mehren, wenn Mann und Frau so emsig sind. Sie haben mit leeren Händen angefangen und müssen noch ihre Eltern unterstützen. Na, und wie pflegen sie die Kühe und das Pferd?«

Die Ringelnatter antwortete:

»Euter strotzend, Melkeimer füllig,
Pålle wohlgenährt und arbeitswillig.«

»Noch ein Wort, Snok Ringelstert: Was hältst du von den Kindern des Gehöfts?«

Snok Ringelstert antwortete:

»Maid und Bursch ein gefälliges Bild,
des Knaben Wesen etwas wild,
des Mädchens Art recht hold und mild.«

»Sie sollen ihre Weihnachtsgaben haben«, sagte der Wichtel. »Nun gute Nacht, Snok Ringelstert, und guten Weihnachtsschlaf!«

»Gute Nacht, ihr beiden, Rapp und Schnapp!
Gute Nacht, ihr beiden, Hott und Flott!
Gute Nacht, lieber Wichtel, behüt dich Gott!«

versetzte die Ringelnatter und zog den Kopf ein.

Hinter dem Schlittensitz stand eine Kiste. Die öffnete nun der Wichtel und holte allerlei Sachen daraus hervor, eine Fibel und ein Federmesser für den Jungen, einen Fingerhut und ein Gesangbuch für das Mädchen, ein Bund Garn, ein Rietblatt und ein Weberschiffchen für die Mutter, einen Kalender und eine Mora-Uhr für den Vater sowie je eine Brille für den Großvater und die Großmutter. Außerdem füllte er die Hände mit etwas, dem Wigg nicht ansehen konnte, was es war.

»Das sind Glück- und Segenswünsche«, sagte der Wichtel.

Und dann schlich er sich mit Wigg an die Hütte heran. Da drinnen saßen alle um das prasselnde Herdfeuer, und der Vater las vom Jesuskind aus der Bibel vor. Der Wichtel legte leise und unbemerkt seine Gaben an die Tür und kehrte mit Wigg zum Schlitten zurück. Dann ging es wieder fort, weiter durch den finsteren Wald.

»Ich habe das Kind, von dem sie da drinnen in der Hütte lasen, sehr lieb«, sagte der Wichtel, »aber ich will nicht verhehlen, daß ich auch den alten Thor von Thrudheim mag.«

»Wer ist der alte Thor von Thrudheim?« fragte Wigg.

»Oh, ein wahrer Prachtkerl, ein sehr weitläufiger Verwandter von mir«, erwiderte der Wichtel. »Er war hart gegen die Bösen; die schlug er mit seinem Hammer. Die Ehrlichen aber und die Mutigen und die Arbeitsamen hatte er gern. Am liebsten mochte er den Bauern, der seinen Boden ordentlich bestellte und tüchtige Jungen aufzog. Wenn Gefahr das Land bedrohte, rief Thor von Thrudheim den Bauern zu: ›Auf, ihr Männer!‹ Und dann griffen sie zu Schild und Schwert und sammelten sich von Berg und Tal, und der Feind widerstand nimmermehr ihren derben Hieben. – Du sollst auch ein braver Kerl werden, Wigg.«

»Versteht sich«, sagte Wigg.

»Aber jetzt«, fuhr der Wichtel fort, »hat Thor seinen Hammer dem Jesuskind zu Füßen gelegt, denn es ist das beste, so meint er, mit Güte zu verfahren.«

Als der Wichtel das nächste Mal anhielt, befanden sie sich an einer Scheune nahe einem Bauernhof.

Von der Tenne her hörte man ein dumpfes, taktmäßiges Klopfen wie von Dreschflegeln, doch dieses Geräusch wurde fast übertönt von einem Bach, der mit Steinen und Tannenwurzeln sein Spiel trieb. Der Weihnachtswichtel pochte an die Klappe der Scheunenluke, und sie sprang auf. Drinnen standen zwei lustige kleine Burschen mit buschigen Augenbrauen, runden Wangen, roten Zipfelmützen und grauen Jäckchen. Sie droschen beim Schein einer Laterne, daß der Staub nur so aufwirbelte.

Der Weihnachtswichtel nickte und sagte:

»Kobold, Kobold, Butzetrimmer,
drescht ihr auf der Tenn' noch immer?«

Die Kobolde erwiderten, während sie die Dreschflegel auf- und niederfahren ließen:

»Der Flegel dresch' und schnaufe,
klicke-klacke-klober!
Gerütteltvoller Haufe,
dichter, draller Schober.«

»Aber am Heiligen Abend kann man sich doch etwas Ruhe gönnen«, meinte der Wichtel.

Die Gnome versetzten:

»Das Korn recht geil,
das Brot recht rund.
Jegliche Weil',
jegliche Stund'
hat Gold im Mund.«

»Aber ihr erinnert euch doch wohl, wann und wo wir uns treffen wollen?«

Die Gnome nickten und erwiderten:

»In einer Stund' beim Riesen vom Berg.
Nun lebewohl, du guter Zwerg!«

Der Wichtel öffnete die Kiste, nahm die Hände voller Weihnachtsgaben und eilte zu Vater, Mutter und Kindern auf den Hof. Unter den Gaben war eine Soldatenbüchse; denn eine solche muß jeder Mann zum Schutze seines Landes haben.

So ging es von Hütte zu Hütte und von Hof zu Hof. Am behaglichsten, fand Wigg, sah es im Pfarrhause aus, wo er zum Fenster hineinschaute. Dort saß der alte Pastor, den Wigg sehr wohl kannte – war der doch mehrmals in der Heidehütte gewesen, um zu hören, wie sich Wigg im Fibellesen verbessert habe, und hatte dem Jungen so manches Mal aufmunternd seine Hand auf den Kopf gelegt. Die Pastorsfrau und die hübschen Töchter kannte er ebenfalls; sie waren immer so nett zu Mutter Gertrud. Der Weihnachtswichtel schätzte den Pfarrhof auch sehr, denn hier waren die Menschen stets freundlich zueinander, auch zu den Haustieren, und trachteten danach, alle glücklich zu sehen.

Der Pfarrhauskobold kam aus der Scheuer heraus und begrüßte den Weihnachtswichtel.

»Hier ist gewiß alles in gutem Schick«, sagte der Wichtel.

»Ja, hier steht es trefflich«, antwortete der Pfarrhauskobold, »aber dennoch habe ich eine Klage vorzubringen.«

»Dann laß hören!«

»Nun, Grimma, das Kälbchen, war eines Tages im vorigen Sommer sehr traurig, als es keine Milch mehr zu trinken bekam.

Grimma am Gatter
weinte und sprach:
Nun ist meine Mutter

für anderer Butter
gemolken – o weh!
Nun muß selber ich raufen,
den Sommer lang laufen
mit hungrigem Magen
im grasigen Hagen;
mein kleines Maul
ist schon ganz faul
vom Schnappen nach Gras auf der Weide,
in Busch, Gehölz und Heide!
Hätt' Milch gebraucht bis zum Fest noch –
ist Grimma so jung, so jung doch!«

»Wie steht es jetzt mit Grimma?« fragte der Wichtel.

»Oh, sie frißt Gras und Heu mit den andern Kühen um die Wette und ist so fett, daß sie ordentlich glänzt.«

»Dann gibt es ja nichts zu klagen!« sagte der Wichtel.

»Das fand ich zwar auch, aber ich habe ihr doch versprochen, dir die Sache zu erzählen.«

»Und was man verspricht, muß man halten – da hast du recht«, entgegnete der Wichtel. »Gehab dich nun wohl, Pfarrhofkobold! Wir treffen uns bald wieder.«

Wie der Weihnachtswichtel und Wigg so ihre Fahrt fortsetzten, begegnete ihnen im Walde ein Kobold, der die Lippen hängen ließ und verdrießlich dreinschaute.

»Wohin des Weges, Sippengefährte?« fragte der Wichtel.

»Nisse wetzt sich seine Schuh' glatt,
um zu suchen andre Wohnstatt«,

versetzte der Kobold.

»Weshalb denn das?« forschte der Wichtel.

Griesgrämig erwiderte der Kobold:

»Der Vater pflegt zu naschen
aus allerlei Flaschen,
die Mutter hält nichts vom Waschen,

die Kinder sind gemein
und nimmermehr fein.«

»Versuche trotzdem, noch ein Jahr zu bleiben«, bat der Weihnachtswichtel, »sonst geht jeglicher Hausfriede mit dir dahin. Vielleicht bessert es sich, dann kann ich im nächsten Jahr mit Gaben zu euch kommen.«

»Na schön, weil du mich bittest!« sagte der Kobold und kehrte um.

Nach einer Weile hielt der Wichtel vor einem großen Gebäude, wo es aus vielen Fenstern leuchtete.

»Hier gibt es Weihnachtsgeschenke in Hülle und Fülle«, sagte der Wichtel und öffnete seine Kiste.

Wigg staunte über den Zierat, den er erblickte: Armbänder und Halsketten, Broschen, Schnallen und Spangen, Samt und Seide. Es glitzerte von Gold, Silber und Edelsteinen. Er entdeckte künstliche Blumen und roch an ihnen, aber sie hatten keinen Duft. Außerdem sah er falsche Locken und falsche Zöpfe, und über die wunderte er sich am meisten.

»Was ist das?« fragte er.

»Das ist Angelgerät«, entgegnete der Wichtel und blinzelte mit einem Auge. »Mit solchem Zubehör fangen die Fräulein ihre Fische.«

»Aber was ist das?« fragte Wigg weiter und zeigte auf einen goldenen Stern, den der Gutsherr am Rock tragen sollte.

»Das ist ebenfalls Fischgerät«, versetzte der Wichtel.

Das konnte Wigg nicht recht begreifen; er hatte noch nie mehr als ein Fischwerkzeug gesehen, und das war eine Angelrute gewesen.

Der Wichtel steckte Wigg einen Fruchtkern in die Tasche, und das machte ihn den Augen anderer unsichtbar. Dann gingen sie die große Treppe hinauf. Dort standen Knechte und gähnten. Darauf gelangten sie in einen prächtigen Raum, von dessen Decke ein Kronleuchter herabhing. Dort saß die gnädige Frau und gähnte, während die Fräulein ein farbig ausgemaltes Bild betrachteten, das sie über das Allerwichtigste in ihrem Erdenleben unterrichtete: nämlich wie sich die Leute jüngst in Paris kleideten. Der Herr und Gebieter saß halbschlummernd, die Hände über dem Bauch gefaltet, und dachte über seine hohe Bildung nach – hatte er doch in seiner Jugend Latein gelernt, späterhin allerdings, was er gelernt, wieder vergessen. Sein Nachbar, der alte Schöffe, war dagegen ein ungebildeter Mann; der kannte nur seine Bibel und das Gesetzbuch und sonst noch ein bißchen, hatte aber – der arme Tropf – kein Latein gehabt, das er vergessen konnte.

Der Wichtel lieferte seine Gaben ab, die – mit Ausnahme des Sterns – kühl entgegengenommen wurden. Als ihn der Wichtel überreichte und sagte, es sei ein Geschenk des Königs an den Gutsherrn, stand dieser auf, verneigte sich lächelnd und sprach von der hohen Huld des Königs und seiner eigenen Unwürdigkeit. Darauf ging er in das nächstgelegene Zimmer, wo er sich unbeobachtet glaubte, stellte sich vor den Spiegel und heftete sich den Stern an die Brust. Und eins, zwei, drei – tat er einen Sprung, machte, was die Fräulein ein Battement genannt hätten, und sprach zu sich selbst: Nun habe ich mein Lebensziel erreicht! So etwas wird einem zuteil, wenn man ein braves Kind ist …

»Ist er denn ein Kind?« fragte Wigg.

»Gewiß ist er das«, erwiderte der Wichtel.

Dann kamen sie zu einem anderen, noch größeren Gebäude, wo es gleichfalls aus vielen Fenstern leuchtete. Der Wichtel lüftete seine Pelzmütze, schwenkte sie und rief: »Sie leben hoch, hoch, hoch!«

»Warum rufst du das?« fragte Wigg.

»Das erfährst du in etwa zwanzig Jahren, aber nicht jetzt«, versetzte sein Reisegefährte und blickte etwas verschmitzt drein. Er öffnete seine Kiste und holte einige Bücher mit sehr schönen Einbanddecken hervor.

»Sie sind prachtvoll gebunden«, sagte er, »aber was ist ihr Äußeres gegen ihren Inhalt! Sie bewahren viele der edelsten Gedanken, die von Menschen gedacht worden sind. Für den Mann und die Frau hier oben konnte ich keine besseren Weihnachtsgaben finden.«

Wigg mußte im Schlitten sitzen bleiben, während sich der Wichtel in das Haus begab. Von dem Denkwürdigsten, das er dort sah, erwähnte er Wigg gegenüber nichts. Ich aber weiß es und kann darüber berichten. Er sah einen Knaben, ebenso alt wie sein Begleiter, einen netten, frischen Jungen, von dem er vorausgesehen, daß er einst Wiggs getreuer Freund und verwegener Mitstreiter in künftigen Kämpfen für das Rechte, Wahre und Gute würde. Und in einer Wiege erblickte er ein Mädchen, dessen kleiner Mund einer Rosenknospe glich. Von ihr hatte er vorausgesehen, daß sie, nachdem sie einst verheiratet wäre, Wigg ihren lieben, guten Mann nennen würde.

Nun fuhren sie zum königlichen Schloß, das noch viel größer war als das Haus des Gutsherrn.

»Hier habe ich einige Geschenke für den Königssohn abzugeben«, sagte der Wichtel, »und das muß in größter Eile geschehen, denn anschließend müssen wir zu meinem König, dem Bergkönig, fahren, und dann geht es zurück zu Mutter Gertrud auf der Heide.«

Noch einmal wurde die Kiste geöffnet, und was Wigg nun zu sehen bekam, übertraf alles andere. Auf einer großen silbernen Platte standen Tausende von Kriegern zu Fuß und zu Pferde. Wenn man an einer Kurbel drehte, präsentierten sie das Gewehr und schwenkten bald nach rechts, bald nach links, die Pferde bäumten sich, und die Reiter hieben mit den Schwertern. Auf einer anderen Platte, die das Meer darstellte, sah man Schiffe mit Geschützen, und wenn man an der Kurbel drehte, schossen die Geschütze auf eine Festung, und die Festung erwiderte die Salven mit ihren Kanonen. Die dritte der silbernen Platten aber war die merkwürdigste von allen. Da waren Häuschen in großer Menge zu sehen, von Wiesen und Äckern umgeben, und Hunderte von Menschen, drinnen und draußen, alle so klein, daß man sie nur durch ein Vergrößerungsglas ganz deutlich erkennen konnte. Aber was man da auch alles sah! Schnitter, Müller, Schmiede, Weber, Schneider, Schuster, Maurer, Zimmerleute, Tischler und vielerlei Gewerbetreibende mehr, alle bei emsiger Arbeit. Man sah ihre Frauen, wie sie Tische deckten und ihren spielenden Kindern zur Mahlzeit winkten. Aber man sah auch bleiche, hungrige Kinder und klagende Mütter, die ihren Kleinen kaum etwas zu essen geben konnten.

Mit diesen erstaunlichen Spielsachen eilte der Wichtel zu dem Königssohn hinauf.

»Mein Prinz«, sagte er, »richte deinen Blick nicht nur auf die Soldaten und die Kriegsschiffe! Sieh auch auf das arbeitende Volk! Segne es in deinen Gebeten zu Gott! Und wenn du einst König wirst, so setze dir als höchstes Ziel, des Volkes Wohl zu mehren und seine Leiden zu mindern! Der höchste Richter wird dir am Tage der Abrechnung sagen: Was du getan hast einem unter diesen meinen geringsten Brüdern, das hast du mir getan.«

Der Wichtel war bald wieder unten. Rapp und Schnapp, Hott und Flott schnaubten und wieherten. Der Wichtel ergriff die Zügel, setzte sich neben Wigg in den Schlitten und jagte in sausender Fahrt abermals durch den finsteren Wald.

»Wohin fahren wir jetzt?« brummelte Wigg.

»Zum Bergkönig«, lautete die Antwort.

Wigg war ernst geworden und sagte nach einer Weile des Schweigens: »Ist deine Kiste jetzt leer?«

»Beinahe«, antwortete der Wichtel und steckte sich die Stummelpfeife in den Mund.

»Alle andern haben nun Weihnachtsgeschenke bekommen. Hast du denn keins für mich?« fragte Wigg.

»Ich habe auch dich nicht vergessen. Dein Weihnachtsgeschenk liegt noch auf dem Boden der Kiste.«

»Zeige es mir bitte, lieber Wichtel.«

»Du kannst warten, bis du zur Mutter heimkommst.«

»O nein, guter Wichtel, laß es mich jetzt sehen!« entgegnete Wigg ungeduldig.

»Na, dann schau dorthin!« sagte der Wichtel, indem er sich im Schlitten umwandte und aus der Kiste ein Paar dicke Wollstrümpfe hervorzog.

»Nichts anderes?« brummelte Wigg.

»Sollten die Strümpfe nicht willkommen sein? Du hast doch Löcher in den deinen!«

»Die könnte Mutter stopfen. Wo du dem Königssohn und all den andern so schöne und lustige Sachen gebracht hast, hättest du mir auch so etwas geben können.«

Der Wichtel erwiderte nicht ein Wort, sondern legte die Strümpfe in die Kiste zurück. Indes tat er nun tiefere Qualmzüge aus der Pfeife als vorher und sah gleichfalls ernst aus.

So ging die Fahrt unter Schweigen weiter. Wigg ließ keinen Mucks hören, schob nur die Lippen vor; er beneidete den Königssohn um die schönen Weihnachtssachen und war ärgerlich über die Wollstrümpfe. Der Wichtel schwieg und paffte aus beiden Mundwinkeln. Die Tannen aber rauschten, die Waldbäche murmelten, und der Schnee knirschte unter den Hufen der Pferdchen. Am Waldrand lief ein Irrlicht dahin und beleuchtete die Fahrt; aber das war unnützer Aufwand, denn die Sterne und der Harschschnee gaben hinreichend Licht.

Dann kamen sie an einen senkrecht aufstrebenden Berg. Dort stiegen sie aus dem Schlitten. Der Wichtel gab jedem Pferdchen, Rapp und Schnapp, Hott und Flott, seinen Haferkuchen. Darauf klopfte er an die Felswand, und sie öffnete sich. Er nahm Wigg an die Hand und trat mit ihm in die Spalte. Aber sie waren noch nicht viele Schritte gegangen, als den Jungen Furcht überkam.

Dort drinnen war es aber auch schauerlich. Es würde die schwärzeste Nacht geherrscht haben, wenn nicht hier und da durch das Dunkel die glühenden Augen der Kreuzottern und Giftkröten geschimmert hätten, die sich an den feuchten Vorsprüngen der Felsen schlängelten oder dort umherkrochen.

»Ich will heim zu Mutter!« schrie Wigg.

»Ein schwedischer Junge!« sagte der Wichtel.

Da verstummte Wigg.

»Wie gefällt dir die Kröte dort?« fragte der Wichtel, nachdem sie ein Stück gegangen waren, und zeigte auf ein grünes Scheusal, das auf einem Stein hockte und den Jungen mit seinen runden Augen unverwandt anblitzte.

»Sie ist abscheulich!« versetzte Wigg.

»Die hast du dorthin gebracht«, sagte der Wichtel. »Siehst du, wie aufgedunsen und aufgeblasen sie ist? Das kommt von Unbescheidenheit und Neid.«

»*Ich* habe sie dorthin gebracht, sagst du?«

»Ja, sicher! Du hast den Königssohn um seine Geschenke beneidet und die Gabe verschmäht, die ich dir freundlichen Herzens bescheren wollte. Für jeden bösen Gedanken, der bei einem in dieser Gegend wohnenden Menschen genährt wird, kommt eine Kröte oder eine Kreuzotter hier durch die Spalte herein.«

»Oh, wie eklig!« entfuhr es Wigg, und nun schämte er sich.

Sie gingen in vielen Windungen weiter und gelangten immer tiefer in den Berg hinein. Allmählich wurde es heller, und als sie um eine Ecke bogen, erblickte Wigg voller Staunen einen großen, glänzenden Saal.

Die Wände waren aus Bergkristall, und an drei Seiten standen grinsende Zwerge; sie hielten Fackeln, deren Schein sich in den Regenbogenfarben an den Kristallen brach. An der vierten Wand saß der Bergkönig auf seinem goldenen Thron. Er war in einen mit Edelsteinen übersäten Mantel von Asbest gekleidet, sah jedoch traurig aus.

Auf einem Thron zu seiner Seite saß seine Tochter, in silbernen Tüll gehüllt, und sie war noch trübsinniger, ja sie schien dem Sterben nahe. Sehr bleich und ungemein schön war sie.

Mitten im Saal hing eine riesige Waage, und um sie herum standen kleine Bergtrolle, die bald etwas in die eine, bald etwas in die andere Waagschale legten.

Vor dem Thron des Königs aber stand ein unübersehbarer Schwarm von Wichtelmännchen aus allen Hütten und Gehöften im Umkreis mehrerer Meilen, und sie berichteten über alles, was die Menschen, in deren Häusern sie sich aufhielten, im Laufe des Jahres gedacht, gesagt und getan hatten. Und für jeden guten Gedanken und jede gute Tat, die sie erwähnten, legten die Bergtrolle goldene Gewichte in die eine Waagschale, während sie für jeden bösen Gedanken oder jede böse Tat, die genannt wurden, eine Kreuzotter oder Kröte in die andere legten.

»Weißt du, Wigg«, flüsterte der Weihnachtswichtel, »die Sache ist die, daß die Prinzessin krank ist. Sie muß sterben, wenn sie nicht bald aus dem Berg hinauskommt; sie sehnt sich danach, die Luft des Himmels zu atmen und das Gold der Sonne und der Sterne zu sehen. Denn sie hat die Verheißung, daß sie, wenn sie den Himmel erblickt, auch der Engel ansichtig werden und ewige Glückseligkeit erlangen kann. Nun schmachtet sie und sehnt sich, aber aus dem Berg hinaus kommt sie doch erst an dem Weihnachtsabend, an dem die Waagschale des Guten bis auf den Boden gesunken und die des Bösen bis an die Decke gestiegen sein wird. Jetzt siehst du jedoch, daß die beiden Schalen ziemlich gleich stehen.«

Kaum hatte der Weihnachtswichtel dies gesagt, als auch er vorgerufen wurde, um Bericht zu erstatten. Er hatte nicht wenig zu vermelden, und es war fast durchweg Gutes, denn die Beobachtungen, die er gemacht hatte, erstreckten sich nur auf die Weihnachtstage, und an dem Tag, da die Erinnerung an die Geburt des armen Kindes gefeiert wird, das durch seine Unschuld und Güte zum König aller Zeiten geworden ist, pflegen ja die Menschen freundlicher zueinander zu sein als sonst.

Und die Trolle legten immer mehr goldene Gewichte auf die Waage, je weiter der Weihnachtswichtel in seinem Bericht fortschritt, so daß die Waagschale des Guten zusehends schwerer wurde.

Wigg stand indessen wie auf Nadeln, denn er fürchtete, daß sein Name fiele, und er zuckte zusammen, errötete und erbleichte, als der Wichtel schließlich seinen Namen nannte. Was das zottige Männlein da über Wigg und die Wollstrümpfe sagte, will ich dem Jungen zuliebe nicht wiederholen; aber ich kann auch nicht verschweigen, daß einer der Trolle in die Waagschale des Bösen jene große grüne Kröte legte, die Wigg vorher in der Bergspalte gesehen hatte, und sie wog ziemlich schwer. Aller Augen – außer denen des guten Wichtels, die anderswohin blickten – richteten sich auf Wigg, die des Königs, die der Königstochter, die der Wichtelmänner, die der Zwerge, die der Kobolde, und all diese Augen waren entweder so streng oder so traurig, die der Königstochter insbesondere aber so sanft und kummervoll, daß Wigg beide Hände vor das Gesicht schlug und nicht aufblicken mochte.

Der Weihnachtswichtel erzählte nun jedoch, wie die arme Mutter Gertrud auf der Heide den verwaisten kleinen Wigg aufgenommen habe, wie sie Teppiche flechte und Besen binde und sie bei dem Krämer im Dorf verkaufe, um Brot für den Jungen zu schaffen, wie sie für ihn nähe und seine Kleider flicke, wie sie mit Lust und Liebe arbeite und um seinetwillen Entbehrungen leide, wie sie sich über sein frisches Wesen, sein mutiges Herz, seine blühenden Wangen und seine treuherzigen Augen freue und wie gern sie ihm seine Jungenstreiche verzeihe – ja, jeden Abend, ehe sie einschlafe, bete sie für ihn zu Gott, und am heutigen Morgen sei sie bei dem bitterkalten Winterwetter den weiten Weg zum Dorf gegangen, nur um ihn am Abend mit Zweiglicht und anderen kleinen Gaben erfreuen zu können.

Und während der Wichtel so sprach, legten die Trolle schwere goldene Gewichte in die Waagschale des Guten. Die häßliche grüne Kröte hüpfte zur Erde und verschwand in der Spalte, die Augen der anmutigen Königstochter wurden feucht, und Wigg schluchzte laut …

Ja, er schluchzte sogar im Schlaf, als der Saal des Bergkönigs mit allem, was sich darin fand, verschwunden war. Wigg lag in seinem Bett in der Heidehütte, wo ihm der Weihnachtswichtel nach beendeter Reise gute Nacht gesagt hatte – obgleich Wigg da so schläfrig gewesen war, daß er es nicht gehört hatte. Im Herd prasselte, als er erwachte, das hellste Weihnachtsfeuer, und über ihn beugte sich Mutter Gertrud und sagte:

»Armer kleiner Wigg, mußtest du so lange hier im Dunkeln allein bleiben! Ich konnte nicht früher kommen, der Weg ist so weit. Aber nun habe ich ein Zweiglicht und ein Weizenbrot und Pfeffergebäck mitgebracht und auch einen Kuchen, den du morgen den kleinen Vögeln geben kannst. – Und sieh hier«, fügte Mutter Gertrud hinzu, »hier hast du ein Paar Wollstrümpfe, die ich als Weihnachtsgabe für dich gestrickt habe, denn die brauchst du kleiner Reißteufel jetzt am dringendsten. Und hier hast du ein Paar Lederschuhe, die ich gekauft habe, damit du während des Weihnachtsfestes nicht in Holzschuhen herumzutapsen brauchst.«

Wigg hatte sich schon lange ein Paar Lederschuhe gewünscht, und nun musterte er sie mit frohen Augen von allen Seiten. Noch länger jedoch betrachtete er die Wollstrümpfe, so daß Mutter Gertrud glaubte, er suche nach einer fehlerhaften Masche in ihnen. Der wahre Grund aber war, daß Wigg fand, sie glichen aufs Haar denen, die er in der Kiste des Wichtels gesehen hatte. Darauf schlang er seine Arme um Mutter Gertruds Hals und sagte: »Dank,

Mutter, für die Strümpfe und für die Schuhe – und nochmals Dank für die Strümpfe!«

Dann wurde der Topf auf den Herd gesetzt, eine weiße Decke über den Tisch gebreitet und das Zweiglicht angezündet. Wigg lief in den neuen Schuhen und Strümpfen umher. Bisweilen blieb er am Fenster stehen, blickte versonnen auf die Heide hinaus und rätselte darüber, wie seine Heimfahrt wohl vor sich gegangen sein mochte. Der Weihnachtswichtel war jedenfalls ein lieber Mann und Mutter Gertrud eine liebe Frau, das war ihm klar geworden, – und der Weihnachtsabend ein wunderbarer Abend, das wußte er nun.

Draußen strahlten tausend Sterne auf die stille Heide herab. Und in der einzigen Hütte der Heide herrschten Herdwärme, Herzenswärme und Freude.

Peter Christen Asbjörnsen und Jörgen Moe

Die Katze auf dem Dovreberg

Es war einmal ein Mann droben in der Finnmark, der hatte einen großen weißen Bären gefangen. Den wollte er dem König von Dänemark bringen. Nun fügte es sich, daß er am Weihnachtsabend zum Dovreberg kam. Als er aus einer Hütte Licht dringen sah, klopfte er dort an und bat den Bewohner um Unterkunft für sich und seinen Bären. Der Mann in der Hütte hieß Halvor.

»O bewahre!« sagte der. »Heute können wir keinem Unterkunft geben! Am Weihnachtsabend kommen immer so viele Trolle hierher, daß wir selber in den Wald hinaus müssen und für die Nacht kein Dach überm Kopf haben.«

»Ach, du kannst mich dennoch hier übernachten lassen«, sagte der Finnmärker. »Mein Bär kann hinterm Ofen liegen – und ich selber im Verschlag.«

Er redete so lange, bis es ihm gestattet wurde. Darauf gingen Halvor und die Seinen in den Wald, nachdem sie zuvor den Trollen zum Festschmaus aufgetischt hatten. Auf den Tischen standen Weihnachtsgrütze, saure Sahne, mit Lauch gewürzter Stockfisch und leckere Wurst.

Zu vorgerückter Stunde kamen die Trolle. Manche waren groß, andere klein, manche hatten einen langen Schwanz, andere gar keinen, und einige hatten furchtbar lange Nasen. Sie alle aber langten kräftig zu und ließen sich die guten Dinge schmecken.

Plötzlich entdeckte eines der Trollkinder den Bären hinter dem Ofen. Es nahm ein Stück Wurst, steckte es auf einen Spieß und briet es über dem Feuer. Dann trat es dreist an den Bären heran und hielt ihm die Wurst so dicht unter die Nase, daß diese angesengt wurde. Dabei sagte das Trollkind: »Na, Katze, magst du Wurst?«

Da schnellte der Bär mit zornigem Brummen hoch und jagte alle Trolle, kleine wie große, hinaus.

Im Jahr darauf war Halvor am Nachmittag vor dem Weihnachtsabend im Wald, um Holz zum Fest heranzuschaffen, denn er erwartete wieder die Trolle. Als er gerade dabei war, Bäume zu fällen, hörte er es aus der Tiefe des Waldes rufen: »Halvor! Halvor!«

»Ja, was ist?« fragte er.

»Hast du deine große Katze noch?« rief es wieder aus dem Wald.

»Aber ja! Sie liegt hinterm Ofen«, antwortete Halvor. »Sie hat geworfen und sieben Junge bekommen. Die sind noch viel größer und wilder als sie selbst.«

»Dann kommen wir nie mehr zu dir!« tönte es aus dem Wald.

Und seitdem verzichten die Trolle auf die Weihnachtsgrütze bei Halvor am Dovreberg.

Peter Christen Asbjörnsen und Jörgen Moe

Ein Weihnachtsabend nach alter Art

In den alten Ahorn- und Lindenbäumen vor meinen Fenstern heulte der Wind, durch die Straße stob der Schnee, und der Himmel war so dunkel, wie ein Dezemberhimmel in Kristiania nur sein kann. Ebenso dunkel war meine Stimmung. Es war Heiliger Abend – der erste, den ich fern vom heimischen Herd verbringen sollte. Vor kurzem war ich Offizier geworden, und ich hatte mir vorgenommen, meine alten Eltern zum Fest mit meiner Anwesenheit zu erfreuen, hatte auch gehofft, mich den Damen meiner Heimatgegend in Glanz und Gloria zeigen zu können. Aber ein Nervenfieber hatte mich ins Krankenhaus verschlagen. Von dort war ich erst vor einer Woche zurückgekommen, und nun befand ich mich im vielgepriesenen Rekonvaleszentenstand.

Ich hatte nach Hause geschrieben und gebeten, mir Borken und Vaters Lappenpelz zu schicken, doch der Brief konnte kaum vor dem zweiten Weihnachtstag im Tal anlangen, und das Eintreffen des Pferdes hier konnte ich erst zu Neujahr erwarten. Meine Kameraden waren aus der Stadt abgereist, ich aber hatte keine Familie, bei der ich es mir gemütlich machen konnte. Die beiden alten Jungfern, bei denen ich wohnte, waren zwar nette und gütige Menschen, und sie hatten sich, als ich erkrankte, mit großer Fürsorge meiner angenommen, doch ihre ganze Art war allzusehr von der alten Welt geprägt, als daß sie dem Geschmack junger Leute so recht hätte entsprechen können. Ihre Gedanken weilten am liebsten in der Vergangenheit, und wenn sie mir, was oft vorkam, Geschichten von der Stadt und den dortigen Verhältnissen erzählten, erinnerten sie, sowohl dem Inhalt als auch der naiven Auffassung nach, ganz an eine entschwundene Zeit. Mit diesem altmodischen Wesen der beiden Damen stimmte auch das Haus, in dem sie wohnten, gut überein. Es war eines jener alten Hof-Gebäude in der Tollbodgaten, mit tief zurückgezogenen Fenstern, langen, finsteren Gängen und Treppen, dunklen Räumen und Böden, bei denen man unwillkürlich an Kobolde und Spukerscheinungen denken mußte. Zudem war der Kreis, mit dem meine Wirtinnen Umgang pflegten, sehr begrenzt; außer einer verheirateten Schwester kamen lediglich einige langweilige Matronen zu Besuch. Das einzig Erheiternde waren eine hübsche Nichte, Tochter ihrer Schwester, und die lebhaften Kinder ihres Bruders, denen ich immer Märchen und Koboldgeschichten erzählen mußte.

Ich versuchte, mich in meinem Alleinsein und meiner Mißstimmung zu zerstreuen, indem ich die vielen Menschen betrachtete, die sich, mit rotblauen Nasen und halbgeschlossenen Augen, in Schneegestöber und Wind die Straße auf und ab bewegten. Allmählich vergnügte es mich, das Leben und Treiben zu beobachten, das an der Apotheke gegenüber herrschte. Die Tür stand nicht einen Augenblick still, Dienstboten und Bauern strömten hinein und heraus und begannen, wenn sie wieder auf die Straße kamen, die Aufschriften zu studieren. Einige schienen sie entziffern zu können, andere aber standen lange grübelnd da und schüttelten nachdenklich den Kopf; die Aufgabe war für sie wohl zu schwierig.

Es dämmerte. Ich konnte die Gesichter nicht mehr unterscheiden, blickte aber unverwandt zu dem alten Gebäude hinüber. Die Apotheke stand, so wie sie da war, mit ihren dunklen, rotbraunen Wänden, spitzen Giebeln, Türmchen nebst Wetterfahnen und bleieingefaßten Fenstern, wie ein Baudenkmal der Zeit Kristians des Vierten. Selbst der Schwan mit seinem goldenen Ring um den Hals, seinen Reitstiefeln an den Füßen und seinen zur Flucht gespreizten Flügeln hatte an seinem Standort verharrt. Ich wollte mich gerade in Betrachtungen über gefesselte Vögel vertiefen, als ich von Lärm und Kinderlachen aus dem Nebenzimmer und einem jüngferlich-zaghaften Klopfen an der Tür unterbrochen wurde.

Auf mein »Herein!« erschien die ältere meiner Wirtinnen, Jungfer Mette, mit einem altmodischen Knicks, fragte, wie es mir gehe, und bat mich unter vielen Umschweifen, den Abend bei ihnen zu verbringen und mit ihrer Gesellschaft vorliebzunehmen. »Es ist nicht schön für Sie, lieber Herr Leutnant, so allein hier im Dunkeln zu sitzen«, fügte sie hinzu. »Möchten Sie nicht gleich zu uns hereinkommen? Die alte Mutter Skau und die kleinen Mädchen meines Bruders sind gekommen. Vielleicht wird es Sie ein wenig zerstreuen. Sie mögen doch die fröhlichen Kinder so sehr.«

Ich folgte der freundlichen Einladung und trat in ein Zimmer, wo in einem großen viereckigen Kachelofen ein Feuer loderte, das durch die weit offene Ofentür einen unsteten roten Lichtschein warf. Das Zimmer hatte eine beträchtliche Tiefe und war im alten Stil möbliert, mit hochlehnigen Juchtenledersesseln und einem jener Kanapees, die für Fischbeinröcke und Storchschnabelhaltung berechnet sind. Die Wände waren mit Ölgemälden geschmückt, Porträts von Damen in steifer Attitüde und gepuderten Frisuren, von Oldenburgern und anderen ruhmvollen Persönlichkeiten in Panzer und Eisenblech oder roten Fräcken.

»Sie müssen wirklich entschuldigen, Herr Leutnant, daß wir noch keine Kerzen angezündet haben«, sagte Jungfer Cecilie, die jüngere Schwester, die im täglichen Umgang allgemein »Sillemor« genannt wurde. Sie empfing mich mit einem Knicks, gleich dem der Schwester. »Die Kinder tummeln sich in der Dämmerung so gern am Feuer, und Mutter Skau läßt es sich auch bei einem Schwätzchen in der Ofenecke wohl sein.«

»Schwätzchen hin, Schwätzchen her! Du schätzt doch selber einen Plausch in der Schummerstunde, Sillemor, und somit sind wir quitt«, erwiderte die engbrüstige alte Dame, die »Mutter Skau« tituliert wurde. »Nein, sieh da! Guten Abend, Herr Leutnant!« sagte sie zu mir. »Treten Sie näher, setzen Sie sich hierher und erzählen Sie mir, wie es Ihnen geht. Sie sind fürwahr tüchtig abgemagert!« Dabei erhob sie sich etwas über ihre eigene schwammige Beleibtheit.

Ich mußte von meiner Kindheit berichten und dafür eine lange, weitschweifige Erzählung von ihrer Gicht und ihren asthmatischen Qualen ertragen. Zum Glück wurde die Schilderung dadurch unterbrochen, daß die Kinder lärmend aus der Küche hereingestürmt kamen, wo sie einen Besuch bei Stine, dem alten Hausinventar, abgestattet hatten.

»Tante, weißt du, was Stine sagt?« rief ein munteres, braunäugiges kleines Ding. »Sie sagt, daß ich heute abend mit auf den Heuboden gehen und dem Kobold Weihnachtsgrütze geben soll. Aber ich will nicht, ich hab Angst vor dem Kobold.«

»Ach, du Dummchen, das sagt Stine nur, um euch loszuwerden«, meinte Jungfer Mette. »Sie traut sich im Dunkeln selber nicht auf den Heuboden, denn sie weiß wohl noch, wie sie einmal von dem Kobold erschreckt worden ist. – Aber, Kinder, wollt ihr denn nicht den Herrn Leutnant begrüßen?«

»Oh, bist du das, Leutnant! Ich hab dich gar nicht erkannt! Wie blaß du bist! Es ist so lange her, seit ich dich zuletzt gesehen hab!« riefen die Kinder durcheinander und scharten sich um mich. »Jetzt mußt du uns was Lustiges erzählen! Es ist schon so lange her, daß du uns was erzählt hast! Lieber Leutnant, erzähl von Schmerbock und Goldzahn!«

Ich mußte also von Schmerbock und dem Hund Goldzahn erzählen und außerdem einige Koboldgeschichten zum besten geben, von Vaker-Nisse und Bure-Nisse, die sich gegenseitig Heu wegnahmen, sich dann, jeder mit seiner Heulast auf der Schulter, wieder begegneten und derart prügelten, daß sie beide in einer Heuwolke verschwanden. Und ich mußte auch vom Kobold auf Hesselberg erzählen, der den Hofhund ärgerte, bis ihn der Bauer über die Scheunenbrücke warf. Die Kinder klatschten in die Hände und lachten. »Das geschah ihm recht, dem garstigen Kobold!« riefen sie und verlangten nach weiteren Geschichten.

»Nein, Kinder, nun quält ihr den Herrn Leutnant zu sehr!« sagte Jungfer Cecilie. »Jetzt erzählt vielleicht Tante Mette eine Geschichte.«

»Ja, bitte, erzähl, Tante Mette!« riefen sie alle miteinander.

»Ich weiß wirklich nicht, was ich erzählen soll«, antwortete Tante Mette. »Aber weil wir gerade vom Kobold reden, will ich auch etwas von ihm erzählen. Nun, Kinder, ihr erinnert euch wohl an die alte Kari Gausdal, die hier war und Fladenbrot buk und die immer so viele Märchen zu erzählen wußte?«

»O ja!« riefen die Kinder.

»Nun, die alte Kari erzählte, daß sie vor vielen Jahren im Waisenhaus gedient habe. Damals war es in *der* Gegend der Stadt noch einsamer und trübseliger als jetzt. Und das Waisenhaus war ein düsteres, unheimliches Gebäude. Als Kari dort hinkam, sollte sie als Köchin arbeiten; sie war ein sehr tüchtiges und flinkes Mädchen. Eines Nachts mußte sie aufstehen, um zu brauen. Da sagten die anderen Dienstmädchen zu ihr: ›Du mußt dich hüten, zu früh aufzustehen. Vor zwei Uhr darfst du die Siebsteine nicht reinlegen.‹ – ›Warum denn das?‹ fragte sie. – ›Du weißt doch, daß hier ein Kobold haust‹, sagten sie, ›und du kannst dir wohl denken, daß er so früh nicht gestört werden will. Vor zwei Uhr darfst du auf keinen Fall die Steine reinlegen!‹ – ›Pah, wenn's nichts Schlimmeres ist!‹ sagte Kari. Sie ließ sich, wie die Leute sagen, nicht den Schneid abkaufen. ›Ich hab mit dem Kobold nichts zu schaffen, und kommt er mir in die Quere, dann werd ich ihn – ein gewisser Jemand mag mich holen – einfach rausjagen!‹ – Die andern sagten, sie solle sich hüten; aber sie beharrte auf ihrem Vorsatz. Kurz nach ein Uhr stand sie auf, heizte unter dem Braukessel und legte die Siebsteine hinein. Alle Augenblicke aber erlosch das Feuer unter dem Kessel; es war, als würfe jemand die brennenden Holzstücke durch die Esse hinaus. Wer das war, konnte sie jedoch nicht sehen. Sie sammelte ein ums andere Mal neue Scheite, legte sie unter den Kessel und zündete sie an, doch es wollte nicht recht gelingen, auch die Siebsteine rührten sich nicht. Schließlich wurde sie des Ganzen überdrüssig, ergriff ein brennendes Scheit, lief damit umher, schwang es auf und nieder und rief: ›Pack dich und scher dich dorthin, wo du hergekommen bist! Wenn du glaubst, du kannst mich erschrecken, irrst du dich!‹ – ›Wehe dir!‹ antwortete es aus einem der finstersten Winkel. ›Ich habe hier sieben Seelen gekriegt und meinte, ich hätte nun noch die achte erwischt.‹ – Seitdem habe niemand mehr etwas von dem Kobold im Waisenhaus gesehen oder gehört, sagte Kari Gausdal.«

»Mir wird bange«, sagte eine der Kleinen. »Nein, jetzt sollst *du* erzählen, Leutnant! Wenn *du* erzählst, wird mir niemals bange, denn du erzählst so lustig.« Eines der anderen Kinder schlug vor, ich solle von dem Kobold erzählen, der mit dem Mädchen Hallingtaler tanzte. Das war etwas, worauf ich mich höchst ungern einließ, weil dazu Gesang gehörte. Die Kinder aber wollten mich durchaus nicht davonkommen lassen, und ich fing schon an, mich zu räuspern, um meine überaus unharmonische Stimme auf das unentbehrliche Singen des Hallingtaler Tanzes vorzubereiten, als – zur Freude der Kinder und zu meiner Rettung – die hübsche Nichte eintrat.

»Ja, Kinder«, sagte ich, als sie Platz nahm, »jetzt werde ich erzählen, wenn ihr Cousine Lise dazu bringt, den Hallingtaler für euch zu singen. Und ihr selber werdet tanzen, nicht wahr?« – Die Cousine wurde von den Kleinen bedrängt und versprach, die Tanzmusik zu übernehmen.

Und ich erzählte: »Es war einmal – ich glaube fast, es war im Hallingtal – ein Mädchen, das sollte dem Kobold Sahnegrütze bringen. Ob es an einem Donnerstagabend oder an einem Weihnachtsabend war, daran kann ich mich nicht mehr erinnern; aber ich glaube bestimmt, es war an einem Weihnachtsabend. Nun fand das Mädchen, es sei schade, das gute Essen dem Kobold zu geben. So verspeiste sie die Grütze selber und trank die Sahne noch dazu. Dann ging sie mit einem kleinen Schweinetrog voll Hafergrütze und saurer Milch in die Scheune. ›Da hast du deine Grütze, du häßlicher Wicht!‹ sagte sie. Kaum aber hatte sie das gesagt, da kam der Kobold angesaust, packte sie und begann mit ihr einen wilden Tanz. Er hielt erst inne, als sie am Boden lag und nach Luft schnappte. Und als am Morgen Leute in die Scheune kamen und sie fanden, war sie mehr tot als lebendig. Während des ganzen Tanzes aber hatte der Kobold gesungen.« Hier übernahm Fräulein Lise den Part des Kobolds und sang im Hallingtaler-Takt:

»Oh, du hast die Grütze des Kobolds aufgegessen, du,
oh, nun sollst du auch mit ihm tanzen, du!
Oh, hast du die Grütze des Kobolds aufgegessen, du,
dann sollst du auch mit ihm tanzen, du!«

Ich half dabei, indem ich mit beiden Füßen den Takt stampfte, während die Kinder lärmend und jubelnd auf dem Fußboden durcheinander tollten.

»Ich glaube, ihr stellt gleich das ganze Zimmer auf den Kopf, Kinder!« sagte Mutter Skau. »Ihr tobt ja herum, daß mir der Kopf weh tut! Seid nun ein bißchen ruhig, dann werde ich euch ein paar Geschichten erzählen.«

Es wurde still in der Stube, und die alte Dame ergriff das Wort.

»Die Leute erzählen jetzt soviel von Kobolden, Huldren und dergleichen, aber ich glaube nicht groß daran. Ich habe noch keinen von denen gesehen – ich bin allerdings in meinem Leben auch nicht weit herumgekommen. Jedenfalls glaube ich, das ist alles Geschwätz. Aber die alte Stine, die hat einen Kobold gesehen, sagt sie. Als ich zum Konfirmandenunterricht ging, diente sie bei meinen Eltern, und vordem war sie bei einem alten Schiffer gewesen, der seine Fahrenszeit beendet hatte. Dort war es ganz ruhig und still. Niemals kam jemand zu ihnen. Und der Schiffer ging nie weiter als bis zum Kai hinunter. Ich erinnere mich genau: Er ging dorthin in Pantoffeln, weißer Nachtmütze und einem weiten, perlgrauen Mantel mit Stahlknöpfen, und er hatte eine lange Pfeife im Mund. Sie gingen immer früh zu Bett, und es war ein Kobold im Haus, sagten sie. ›Eines Abends‹, erzählte Stine, ›saßen die Köchin und ich beim Nähen in der Mägdekammer. Es war fast Schlafenszeit, der Nachtwächter hatte schon die zehnte Stunde ausgerufen. Mit der Näherei und der Stopferei wollte es nicht recht klappen, denn alle Augenblicke kam Jon Blund, der Sandmann; einmal nickte *ich* ein und einmal *sie*, denn wir waren am Morgen früh aufgestanden und hatten gewaschen. Aber wie wir so dasaßen, hörten wir plötzlich aus der Küche ein fürchterliches Getöse; es war, als zertrümmerte jemand alle Teller auf dem Fußboden. Wir fuhren auf‹, sagte sie, ›und ich schrie: Gott steh' uns bei, das ist der Kobold! Ich hatte solche Angst, daß ich nicht wagte, einen Fuß in die Küche zu setzen. Die Köchin war zwar auch erschrocken, aber sie faßte sich ein Herz und ging in die Küche. Da sah sie alle Teller auf dem Boden liegen, aber nicht ein einziger war entzwei. Der Kobold, mit einer roten Mütze auf dem Kopf, stand an der Tür und lachte herzhaft. Die Köchin hatte irgendwann gehört, daß sich der Kobold manchmal mit List dazu bringen ließe wegzuziehen, wenn man ihn darum bat und sagte, es sei für ihn woanders ruhiger. Sie hatte lange überlegt, wie sie ihm einen Streich spielen könnte. Nun sagte sie zu ihm mit etwas zitternder Stimme, er solle doch zum Kupferschmied schräg über die Straße ziehen; dort sei es ruhiger und stiller, denn dort gingen sie jeden Abend um neun Uhr zu Bett. Das entsprach auch der Wahrheit.

Aber du weißt ja‹, sagte sie zu mir, ›daß der Meister schon morgens ab drei Uhr mit allen Gesellen und Knechten bei der Arbeit war und daß sie den ganzen Tag hämmerten und Lärm machten. Seit diesem Tag haben wir beim Schiffer von dem Kobold nichts mehr gesehen.‹ Beim Kupferschmied aber hat er sich anscheinend ganz wohl gefühlt, obgleich sie dort den ganzen Tag hämmerten und klopften. Wie die Leute sagten, stellte die Frau jeden Donnerstagabend Grütze für ihn auf den Dachboden, und da kann es einen nicht verwundern, daß der Kupferschmied und die Seinen reich wurden, denn der Kobold soll für sie geschafft haben, so sagte Stine. Jedenfalls ging es mit ihnen aufwärts, und sie wurden wirklich reiche Leute. Ob ihnen der Kobold dabei geholfen hat, kann ich nicht sagen«, fügte Mutter Skau hinzu. Sie räusperte sich und fing an zu husten. Es war für sie eine lange Erzählung.

Nachdem sie eine Prise Tabak genommen hatte, wurde sie wieder munter und begann mit einer neuen Geschichte: »Meine Mutter war eine wahrheitsliebende Frau; sie erzählte eine Geschichte, die sich hier in der Stadt ereignet hat, und zwar in einer Weihnachtsnacht. Ich weiß, daß sie wahr ist, denn niemals ist ein unwahres Wort über ihre Lippen gekommen.«

»Lassen Sie sie uns hören, Madam Skau«, sagte ich. »Erzähle, erzähle, Mutter Skau!« riefen die Kinder.

Die alte Dame hustete etwas und nahm eine neue Prise.

»Als meine Mutter noch ein Mädchen war, besuchte sie mitunter eine Witwe, die sie gut kannte ... Ja, wie hieß sie doch? Madam ..., nein, ich komme nicht darauf; aber das ist ja auch egal. Sie wohnte oben in der Möllergaten, und sie hatte ihre besten Jahre etwas überschritten. Es war also an einem Heiligen Abend wie heute. Da dachte sie bei sich, sie sollte am Weihnachtsmorgen zum Frühgottesdienst gehen, denn sie war eine fleißige Kirchgängerin, und so stellte sie Kaffee bereit, um morgens etwas Warmes in den Magen zu kriegen und nicht fasten zu müssen. Als

sie erwachte, schien der Mond auf ihren Fußboden, doch als sie aufstand und nach der Uhr sehen wollte, war diese stehengeblieben; die Zeiger standen auf halb zwölf. Sie wußte nicht, welche Nachtstunde es war. Da ging sie ans Fenster und sah zur Kirche hinüber. Aus allen Kirchenfenstern leuchtete es. Sie weckte das Dienstmädchen und ließ es Kaffee kochen, während sie sich ankleidete. Dann nahm sie das Gesangbuch und ging zur Kirche. Auf der Straße war es ganz still, und sie sah unterwegs keinen Menschen. In der Kirche angekommen, setzte sie sich auf ihren gewöhnlichen Platz. Doch als sie sich umblickte, fand sie, daß die Leute ganz bleich und seltsam aussahen, so als seien sie allesamt tot. Es war niemand dabei, den sie kannte, aber es kam ihr vor, als habe sie viele von ihnen zuvor schon gesehen. Wo sie sie gesehen hatte – daran konnte sie sich jedoch nicht erinnern. Als der Pfarrer die Kanzel betrat, stellte sie fest, daß es keiner der Geistlichen aus der Stadt war. Dennoch kam ihr auch dieser große, bleiche Mann irgendwie bekannt vor. Er predigte sehr schön, und man hörte keinerlei Husten, Raunen oder Räuspern, wie sonst beim weihnachtlichen Frühgottesdienst üblich. Es war so still, daß man hätte eine Nadel zu Boden fallen hören können. Ja, es war so still, daß die Witwe geradezu von Schrecken ergriffen wurde. Als die Kirchenbesucher zu singen begannen, beugte sich eine Frau, die neben ihr saß, zu ihr herüber und flüsterte ihr ins Ohr: ›Wirf dir den Mantel locker um die Schultern und geh! Denn wenn du wartest, bis es vorbei ist, machen sie dir den Garaus! Es sind die Toten, die hier Gottesdienst halten.‹«

»Uh, mir wird bange, mir wird bange, Mutter Skau!« wimmerte eine der Kleinen und kroch auf einen Sessel.

»Pst, pst, Kind, sie kommt ja gut davon«, sagte Mutter Skau. »Nun höre nur weiter: Der Witwe wurde auch bange, denn als sie die Stimme hörte und die Frau ansah, erkannte sie sie. Es war ihre Nachbarin, die vor vielen Jahren gestorben war, und als sie sich nun in der Kirche genauer umsah, entsann sie sich gut, sowohl den Pfarrer als auch viele der hier Versammelten vorher gesehen zu haben – und daß sie vor langer Zeit gestorben waren. Vor Entsetzen erstarrte ihr das Blut in den Adern. Sie warf sich den Mantel locker um die Schultern, wie die Frau gesagt hatte, und ging davon. Plötzlich aber war ihr, als drehten sich alle um und griffen nach ihr. Die Beine zitterten ihr so, daß sie beinahe zu Boden gefallen wäre. Als sie auf die Treppe hinauskam, spürte sie, wie die Kirchenbesucher sie am Mantel packten. Sie gab ihn frei, überließ ihn ihnen und lief heimwärts, so schnell sie konnte. Als sie an ihrer Tür anlangte, schlug es eins, und halbtot vor Angst stürzte sie hinein. Am Morgen, als die Leute zum Gottesdienst kamen, lag der Mantel, in tausend Stücke zerrissen, auf den Stufen der Kirche. Meine Mutter hatte ihn vordem oft gesehen, und ich glaube, sie hat auch eines der Stoffstücke zu Gesicht gekriegt. Es war ein kurzer Mantel aus hellrotem Stoff, mit Hasenfellfutter und -säumen, wie noch während meiner Kindheit gebräuchlich. Heutzutage wirkt so ein Mantel komisch, aber es gibt hier in der Stadt und im Gamleby-Stift einige alte Frauen, die ich Weihnachten in der Kirche noch mit solchen Mänteln sehe.«

Die Kinder, die beim ersten Teil der Erzählung deutlich Angst gezeigt hatten, erklärten, daß sie solche scheußlichen Geschichten nicht mehr hören wollten. Sie waren auf das Kanapee und auf die Sessel gekrochen und behaupteten, unter dem Tisch sitze jemand, der nach ihnen gegriffen habe. In diesem Augenblick wurden brennende Kerzen in alten zweiarmigen Leuchtern hereingetragen, und wir entdeckten lachend, daß die Kinder mit den Beinen auf dem Tisch dasaßen. Die Lichte und der Christstollen, Eingemachtes, Backwerk und Weihnachtsmet verjagten bald Gespenster und Ängste, erheiterten die Sinne und leiteten das Gespräch zu den Lebenden und den Themen der Gegenwart über. Zum Abschluß kamen der Reisbrei und der Rippenbraten dazu und gaben den Gedanken eine solide Richtung. Und wir trennten uns früh mit dem Wunsch für fröhliche Weihnachten.

Ich hatte jedoch eine sehr unruhige Nacht. Ob die Ursache dafür in den Geschichten, den Speisen, meiner Schwäche oder alledem zusammen lag, weiß ich nicht. Ich warf mich im Bett hin und her und bewegte mich die ganze Nacht zwischen Kobold-, Huldre- und Gespenstergeschichten.

Zuletzt fuhr ich mit Schlittengeläut durch die Luft zur Kirche. Die war erleuchtet, und als ich eintrat, war es die Kirche daheim im Tal. Dort sah man nur Talbewohner mit roten Mützen, Soldaten in Galauniformen und rotwangige Bauernmädchen mit Kopftüchern. Der Pfarrer stand auf der Kanzel. Es war mein Großvater, der das Zeitliche gesegnet hatte, als ich ein kleiner Junge war. Doch mitten in seiner Predigt machte er einen Rundsprung hinunter zwischen die Kirchenbänke – er war als gelenkiger Kerl bekannt gewesen –, so daß sein Priesterrock nach der einen Seite und sein Kragen nach der andern flog. »Dort liegt der Pfarrer, und hier steh' ich!« rief er mit einer seiner Redensarten. »Laßt uns jetzt einen Springtanz machen!« Und augenblicklich tummelte sich die ganze Gemeinde in wildestem Tanz. Ein hochaufgeschossener Talbewohner kam zu mir heran, packte mich an der Schulter und sagte: »Du mußt mitmachen, Kerl!«

Ich wußte nicht, was ich glauben sollte, als ich, gerade erwacht, einen Griff an der Schulter spürte und denselben Mann erblickte, den ich im Traum gesehen hatte. Er hatte seine Tälermütze über die Ohren gezogen und hielt einen Lappenpelz im Arm, beugte sich über mein Bett und bohrte ein großes Augenpaar in mein Gesicht.

»Du träumst bestimmt, Kerl«, sagte er. »Der Schweiß steht dir auf der Stirn, und du grunzt ja tiefer als ein Bär im Winterschlaf! Gottes Frieden und fröhliche Weihnachten soll ich dir von deinem Vater und allen daheim im Tal wünschen. Hier sind Briefe vom Schreiber und ein Lappenpelz für dich. Und im Hof steht Borken.«

»Aber um Himmels willen, bist du es, Tor?« Es war der Großknecht meines Vaters, ein prächtiger Tälersproß. »Wie in aller Welt bist du jetzt hierhergekommen?« rief ich froh.

»Das will ich dir gern sagen«, antwortete Tor. »Ich bin mit Borken gekommen. Im übrigen war ich mit dem Schreiber draußen auf Nes, und da sagte er: ›Tor‹, sagte er, ›von hier ist es nicht weit zur Stadt. Du kannst Borken nehmen und nach dem Leutnant sehen, und wenn er munter und reisefähig ist, dann solltest du ihn mitbringen‹, sagte er.«

Als wir aus der Stadt hinausfuhren, war der Himmel wieder klar, und wir hatten die feinste Schneebahn. Borken schritt mit seinen flinken alten Beinen weit aus, und ein Weihnachtsfest, wie ich es damals feierte, habe ich weder vorher noch nachher wieder erlebt.

Fünftes Kapitel

BEWIRTUNG UND BESCHERUNG

Sophus Schandorph

Ein »behaglicher« Weihnachtsabend

Der alte Maurergeselle saß rittlings auf dem niedrigen Vorhallendach der Kirche und ersetzte die schadhaften Ziegel. Unten stand sein Handlanger. Wenn der Alte oben winkte, stieg der Handlanger die Leiter hinauf und reichte ihm einen Stein. So arbeiteten sie beide im Gleichmaß vom Morgen des Heiligen Tages bis zum Abendläuten.

Das Tauwetter hatte die Wege des Friedhofs aufgeweicht, Wasser rieselte an den fettig glänzenden Baumstämmen herab, während Zweige und Wipfel still und grau gegen den bleiernen Himmel standen.

Der Maurer war ein langer, knochiger alter Geselle, mit heller Lederkappe auf dem weißen Haar. Er hatte ein eingefallenes Gesicht, ganz beherrscht von einer Nase, die von der breiten Wurzel in eine scharfe Spitze auslief. Obwohl er in dem Marktflecken geboren war, der eine Viertelmeile vom Dorf entfernt lag, und dänisch sprach, trug er den Namen Kosciuzko. Über seine Herkunft wußte er nichts. Er war zudem stocktaub.

Der Handlanger hingegen war ein kleiner, krummer, magerer Kerl, mit dünnen Beinen und rötlichem Haar. Sein Gesicht war runzelig wie ein überständiger Apfel; der breite, zahnlose Mund sah aus, als lache er immerzu. Deshalb wurde er Grins-Jens genannt.

Nun war der Ziegelvorrat aufgebraucht. Der Handlanger wollte es dem Maurer verständlich machen und schüttelte, als der winkte, den Kopf. Der Maurer aber winkte weiter, denn er blickte geradeaus und nicht zu Grins-Jens hinunter.

Als Kosciuzko zum drittenmal gewinkt hatte, schrie Jens so laut, daß seine Stimme überschnappte: »Ich hab keine Steine mehr!«

Nach dem vierten Winken sagte der Maurer ganz gemächlich: »Gib mir einen Stein, Jens!«

»Hab keinen mehr!«

»Gib mir einen Stein, Jens!«

Der Handlanger schrie aus Leibeskräften: »Hab keinen mehr! – Aber verdammt, es hat ja keinen Sinn, mit dir zu reden, Koswidsk! Du bist ja taub.«

Endlich richtete der alte Maurergeselle seine Nasenspitze abwärts.

»Ach so!« sagte er, packte sein Werkzeug zusammen und tappte mit einiger Mühe die Leiter hinunter.

Im Vorraum der Kirche zog er sich einen langschößigen blauen Frack an, steckte Schurzfell und Lederkappe in die Schoßtaschen, vertauschte die Holzpantoffeln gegen große Schmierlederstiefel, setzte sich eine gewaltige alte »Angströhre« auf den Kopf und schritt zum Friedhofstor. Die Frackschöße schlackerten um seine weißen Lederhosen.

Als Jens seine Sachen geordnet hatte, holte er Kosciuzko auf der graugelben Landstraße ein, wo in den Wagenradfurchen das Wasser stand und in der Dämmerung glitzerte.

»Wo willst du denn deinen Weihnachtsschmaus halten, Koswidsk?« schrie er dem anderen ins Ohr.

»Keine Ahnung«, brummelte der Maurer. »Und du, Jens?«

»Weiß ich auch nicht.«

»Ja, so ist das Leben, Jens!«

»Ja, Koswidsk, ein verdammt wahres Wort!«

»Hast du was zur Feier des Heiligen Abends, Jens?«

»Nein, aber ich werd zum Krämer gehen und ihn fragen, wie spät es ist. Dann gibt er mir vielleicht ein süßes Schnäpschen und dazu ein paar Backpflaumen und Rosinen.«

Grins-Jens lachte über seinen Scherz, so daß sich seine Mundwinkel bis an die roten Ohrläppchen verzogen.

»Was?« fragte Kosciuzko, denn Jens' Worte waren zuviel

für seine tauben Ohren gewesen. »Aber da kommt ja die Äppel-Sidse!«

Der Maurer und der Handlanger begrüßten eine kleine, dicke alte Frau, die einen großen Korb am Arm trug, aus dem sie Weißbrot und Obst zu verkaufen pflegte: »Tag, Sidse!«

»Tag«, erwiderte sie. »So ein Mistwetter! Kommt ihr von der Arbeit an der Kirche?«

»Jawohl«, sagte Jens. »Aber es hat keinen Sinn, daß du mit Koswidsk redest; er ist ja stocktaub.«

»Ja, es ist traurig bestellt um so einen alten Junggesellen. Wo soll denn so einer hin an solchem hohen Feiertagsabend?«

»Du, es ist gefährlich, mit Junggesellen Mitleid zu haben! Weißt du, Sidse, ich bin auch nicht verheiratet – vielleicht tun wir beide uns zusammen.«

»Schwatz kein so dummes Zeug! Du siehst schon zu, wo du bleibst. Aber so ein tauber alter Kerl, eine so gute alte Haut, die unser lieber Herr so hart gestraft hat, ohne daß sie es verdient hätte! Der alte Koswidsk ist doch bei weitem nicht so auf Branntwein versessen wie du, Jens …«

»Du hast aber auch nicht gerade Bange vor Branntwein, wenn du auch ein Frauenzimmer bist!«

»Hast du mich jemals voll gesehen? Es ist ein Unterschied, ob du ’ne Schnapsdrossel bist, oder ob du dir ab und zu mal ein Gläschen genehmigst.«

»Mach’s gut, Sidse, und frohes Fest!«

»Danke, gleichfalls! – Frohes Fest, Koswidsk!«

Der Maurer griff an die Krempe seines Zylinderhutes. Ihre Wege gingen nun in drei Richtungen auseinander.

Plötzlich aber rief Sidse: »Halt, wartet mal!«

Der Maurer ging weiter.

Sidse holte ihn ein, packte ihn an der Schulter und schrie so laut, daß er es hören mußte: »Wenn ihr Branntwein gebt, spendier’ ich Brot und was dazu. Es kann doch wohl keiner dummes Zeug tratschen, wenn ihr euern

Weihnachtsschmaus in meiner Stube haltet! Wir sind ja alle drei alt genug. Habt ihr noch einen Schluck in eurer Pulle?«

Grins-Jens holte seine Flasche aus der Seitentasche und drehte sie auf den Kopf, um zu zeigen, daß sich darin kein Tropfen mehr bewegte.

»Na, dann mußt du Bier und Branntwein beim Krämer holen. Und ich werd's Essen anrichten.«

Äppel-Sidse hatte sich angestrengt. Ein lieblicher Duft von Gebratenem und Gesottenem empfing den Maurer und den Handlanger. Ein Geschirrtuch lag als Tafeltuch auf dem kleinen Tisch, der zwischen den beiden Fenstern stand. Außerdem fanden sich da nur noch vier Stühle und ein Bett. Drei geröstete Heringe, drei Scheiben gebratenes Schweinefleisch und eine gehörige Portion Buchweizengrütze in einer roten Tonschüssel stimmten Augen und Nase festlich. Zwei Talglichte beleuchteten das Ganze. Sidse hatte sie mit buntem Tapetenpapier geschmückt.

»Ist das hier aber fein, Koswidsk!« sagte Grins-Jens.

»Es ist festlicher Heiliger Abend«, stellte Kosciuzko fest, der nicht ahnte, was Jens gesagt hatte, und faltete die Hände.

Sidse bat die beiden Männer, Platz zu nehmen.

Sie aßen in tiefem Schweigen. Jens zog eine Branntweinflasche und der Maurer eine Bierflasche aus der Tasche. Beide boten sie Sidse an.

Die Gastgeberin aber sagte: »Nein, an einem so hohen, heiligen Abend soll es ordentlich zugehen.«

Aus dem Hängeschrank holte sie ein Schnaps- und ein Bierglas – die einzigen, die sie besaß.

Nun gingen die Gläser in der Runde von Hand zu Hand. Drei runzelige alte Gesichter, um die sacht flackernden Kerzen versammelt, eifrig mit den halb zahnlosen Kiefern arbeitend, nickten einander zu – Jens ständig grinsend, Kosciuzko die ganze Zeit tiefernst, Sidse schmalmundig und still, mit einem sanften Schimmer von Frieden über dem schlohweißen Haar, das unter ihrer Haube hervorlugte.

»Tipptopp, wie du arbeiten kannst, Koswidsk«, sagte sie.

»Vergebliche Mühe, mit ihm zu reden«, meinte Grins-Jens, »er kann ja doch nichts hören.«

Darauf war es wieder still. Als Speise und Trank verzehrt waren, wurden die drei abgearbeiteten Alten müde und schläfrig. Ungeniert gähnten sie um die Wette. Zuerst schnarchte der Maurer, dann der Handlanger. Sidse betrachtete die beiden eine Zeitlang, fiel dann auch in Schlaf, wachte wieder auf, überlegte ein wenig, begann sich auszuziehen, löschte eines der Lichte und ging zu Bett. Bald schnarchte sie wie die beiden anderen.

Auf einmal erwachte Kosciuzko und blickte sich um.

»Jens! Wo ist Sidse?« rief er.

Grins-Jens fuhr hoch und sah sich ebenfalls um.

»Verdammt – hast recht: Wo zum Kuckuck ist Sidse? – Ach, da im Bett liegt sie, die gute alte Haut!« Er zeigte auf das Bett und sagte: »Es wär schade, sie zu wecken.«

Jens machte ein Zeichen, aufzubrechen. Er löschte das noch brennende Licht, und die Gäste schlichen behutsam hinaus in den Matsch der Winternacht.

»Das war ein selten behaglicher Abend, Jens«, sagte Kosciuzko.

»Ja, es ist lange her, daß ich einen so gemütlichen Heiligen Abend hatte«, erwiderte Jens. »Gute Nacht und frohes Fest, Koswidsk!«

Die beiden Alten verschwanden in der Dunkelheit, jeder in seine Richtung, der Maurer zu seinem Marktflecken, der Handlanger in sein Dorf.

Herman Bang

Weihnachtsgaben

Sigvald Hansen war im Begriff zu schließen. Er stellte bedächtig die Läden vor die beiden Schaufenster, und als das getan war, blieb er noch einen Augenblick in der Tür stehen: Es mochte ja ein verspäteter Kunde kommen. Doch niemand erschien. Ein leichter Sprühregen fiel auf die leere Straße, an der die beiden Öllaternen verdrießlich vor sich hin brannten und die Bäume wie große, träge Schatten hervorwuchsen. Dann ging er hinein.

Im Laden löschte er vorsichtig eine der zwei Lampen und setzte sich hinter dem Ladentisch vor seine Kasse. Nachdenklich, mit den seltsam angespannten und zugleich traurigen Augen eines Schwerhörigen, zählte er den Inhalt der Kasse und schichtete die Geldstücke, Stapel für Stapel, vor sich auf.

Während er bedächtig weiterzählte, wurde die Tür aufgerissen. Es war der junge Maler, der hereinkam.

»Guten Abend!« rief er.

»Sind Sie es?« fragte Sigvald Hansen nur und fuhr mit dem Geldzählen fort.

Schweigend saßen sie dann beide, jeder auf einer Seite des Ladentisches, unter der schläfrigen Lampe, und auch der Maler blickte teilnahmslos auf die wachsenden Stapel.

Als Sigvald Hansen fertig war, legte er das Geld in ein rotes Kästchen und schloß es ab. Der Maler betrachtete ihn: Sigvald Hansen umfaßte Schlüssel und Kästchen – so wie die meisten Dinge dieser Welt – auf eine sonderbar behutsame Art.

Sigvald erhob sich mit dem Kästchen in der Hand.

»Ja, dann lesen wir«, sagte er.

»Das werden Sie wohl tun, ja«, erwiderte der Maler.

Sigvald blieb stehen. »Ich glaube jedenfalls«, sagte er –

seine Worte kamen immer etwas zögernd, als suche er Bestätigung bei demjenigen, mit dem er sprach –, »daß es ein schönes Weihnachtsgeschenk ist, wenn man bedenkt, wie die Dinge liegen …«

Der Maler nickte nur, genauso wie er fast jeden Abend zu etwa den gleichen Worten nickte.

»Und im Januar«, fuhr Sigvald fort, »ist es ja mit ihr so weit fortgeschritten … Wer weiß, ob sie es übersteht – das weiß ja niemand … Und so hat sie immerhin diese Freude gehabt …«

Sigvald Hansen blieb noch einen Augenblick stehen und sah nach oben: »Und ›Alad*din*‹« – Sigvald Hansen legte die Betonung auf die letzte Silbe – »ist ein wunderbares Stück.«

»Das ist es«, sagte der Maler.

»Ein wunderbares Schauspiel …«

»Nun« – der Maler erhob sich –, »und ich geh in die Kneipe.«

»Schon wieder?« versetzte Sigvald.

»Ja, man soll – verdammt – sein Leben leben«, sagte der Maler. »Dann gute Nacht!«

Während er nord-seeländischen Regen malte, lebte er zugleich sein Leben, mit einer drallen Kopenhagenerin, deren Arme mit einer Gänsehaut überzogen waren, der jedoch der schmale Teil der Waden zu fehlen schien – und deren Heimatort das ländliche Utterslev war.

Sigvald ging durch den Flur in die Stube, wo seine Frau im Lehnstuhl am Kachelofen saß.

»Wie ist es gegangen?« fragte sie mit jener etwas schläfrigen Stimme, wie schwangere Frauen sie haben.

»Den Leuten fehlt es an Geld«, sagte Sigvald, über sie gebeugt, mit lauter Stimme, als wäre sie es, die schwerhörig war.

»Ja, so ist es«, sagte die Frau und blieb, die schlaffen Arme auf dem Schoß, sitzen.

»Soll gelesen werden?« fragte die Schwiegermutter, die

sich – knochig, mit straff gebundener Haube – von ihrem Platz auf dem Sofa erhob, während sie den Schwiegersohn musterte. Sie hatte den Blick eines Menschen, der gewöhnt ist, ein Unternehmen zu leiten.

»Wenn Ellen will«, antwortete Sigvald, der das Kästchen mit dem Geld in die Schublade eines alten Schreibtisches stellte.

»Ich will so, wie du willst, Sigvald«, hörte man vom Lehnstuhl her. Und die Schwiegermutter traf Anstalten zum Lesen, langsam und mit einem Gesichtsausdruck, als rüste sie zu einer Andacht, während Sigvald den »Aladdin« von dem über dem Schreibtisch angebrachten Bücherbrett nahm, wo er neben der Bibel, einer kurzgefaßten Handelskunde und zwei Gesangbüchern stand.

Ellen mühte sich aus dem Lehnstuhl hoch, der dann an den Tisch gerückt wurde. Die Schwiegermutter holte indessen das Gold- und Silberpapier hervor, aus dem Ellen für den Weihnachtsverkauf im Laden Körbe flocht.

»Nun muß das Weihnachtsgeschäft wohl bald beginnen, nicht wahr, Sigvald?« sagte Ellen, deren Augen stets so seltsam aufgesperrt unter den Lidern hervorlugten, als wären es zwei große Glaskugeln.

»Falls jemand kommt«, erwiderte Sigvald.

»Ja, das ist es eben«, sagte Ellen geduldig.

»Soll Mortensen geholt werden?« fragte die Schwiegermutter. In die Frage des Weihnachtsgeschäfts mischte sie sich nicht ein. Sie glaubte nicht ans Weihnachtsgeschäft oder an Geschäft überhaupt, hier in der Gemeinde, seit dem Tag, »als sie uns die Eisenbahn hergelegt haben«.

»Ja, das wäre wohl das beste.«

»Machst du seinen Grog zurecht?« fragte Ellen, und die Schwiegermutter ging, um den Polizeisergeanten Mortensen zu holen, während die Eheleute schweigend, jeder zu einer Seite der Lampe, sitzenblieben.

»Wie schön doch«, sagte Sigvald nur, indem er mit der Hand über den Goldschnitt der »Aladdin«-Ausgabe fuhr.

»Ja, es ist ein schönes Buch«, sagte die Frau.

Mortensen kam hereingeschlendert, den Säbel an seinem linken Reiterbein.

»Guten Abend«, sagte er. Mortensen sprach immer so, als schlüge er dabei die Hacken zusammen. Er setzte sich in die Ecke am Kachelofen, wo die Schwiegermutter seinen Grog hingestellt hatte.

»Guten Abend.«

Mortensen, der gewissenhaft die öffentliche Ordnung aufrechterhielt und zugleich seinen Teil der Arbeit für das weitere Gedeihen der Gemeinde beitrug, betrachtete »Aladdin« nahezu als eine Ruhepause.

»Es ist, als ob man dasitzt und Kräfte sammelt«, sagte er einmal zum Verwalter des Pfarrers. »Und außerdem ist es ja auch ganz hübsch, was das Mädchen sagt.« Mit dem »Mädchen« meinte Sergeant Mortensen Gulnare.

Die Schwiegermutter hatte sich ebenfalls hingesetzt. Sie saß auf einem harten Stuhl, um nicht einzunicken, und strickte an rosa Söckchen.

»Wir waren ja bis zu der Stelle gekommen, wo sie das Schloß gebaut hatten«, sagte Sigvald, der das Buch aufgeschlagen hatte.

»Ja, Sigvald.«

Er fing ganz unvermittelt an zu lesen, gleichsam mit einem Ruck:

»Des Sultans Harem. Gulnare allein in ihrer Kammer.
Sie nähert sich, die schlimme Stund'.
O Himmel, habe Mitleid doch, und sieh …«

Er las unablässig weiter, mit völlig fremder, tiefer Stimme und eintönig, so als stieße er die Worte durch ein schadhaftes Horn hervor:

»… Wohlwollend zu dem jungen Hind,
das zitternd Schutz gesucht im Busch
– bald schon des Tigers Raub …«

Er las weiter, immerfort gleich eintönig, blutrot im Gesicht, die Stirnadern durch Stimmaufwand und Anstrengung geschwollen. Die Hände schwitzten ihm, wenn er im Buch umblätterte, das vom Pfarrer geliehen war.

»O du, genannt mein Liebling, Engel!
War nicht das Bild ein bloßer Fiebertraum,
so tritt herein, tritt auf mit festem Fuß!
So stark wie nur der Elefant, geschmeidig wie der Tiger,
an Stolz dem Löwen gleich, so mild wie Hyazinth,
warm wie die Sonn', voll Liebe wie der Mond!«

Mortensen, der gern eine bequeme Stellung einnahm, streckte während all dieses Morgenländischen seine blaubekleideten Beine aus, soweit seine Hacken reichten, und die kleine Frau saß da, die Finger reglos auf dem Schoß gespreizt, die Glaskugelaugen unverwandt auf den Mann gerichtet, während sie ganz sacht den Kopf wiegte.

Die Schwiegermutter saß auf ihrem Stuhl so kerzengerade wie eine Wachfrau vor Mitternacht. Zuhören tat sie nicht; wenn sie an den rosa Söckchen strickte, wurden ihre Gedanken nur von ein und demselben in Anspruch genommen: Junge oder Mädchen.

Sigvald las. Er las eine Stunde lang – bis Aladdin aufs Schafott sollte. Die Augenlider der jungen Frau wurden allmählich schwer. Sie bewegten sich auf und nieder – während der Henker mit seinem Knecht sprach.

»Das ist einfach großartig«, sagte Sigvald plötzlich mit seiner eigenen Stimme.

»Aber furchtbar«, sagte die kleine Frau.

Und Mortensen, der etwas eingenickt, beim Klang der normalen Stimme Hansens aber aufgewacht war, sagte: »Es ist – hol mich der Kuckuck – prächtig ... im großen und ganzen ...«

Sigvald wollte weiterlesen, doch Ellen sagte: »Bist du denn dazu imstande, Sigvald? Dir steht ja schon der Schweiß auf der Stirn!«

Ihr Mann antwortete: »Ja, dann warten wir wohl.« Und damit schloß er das Buch.

»Dann kann Mutter den Kaffee hereinholen«, sagte Ellen.

»Und Zwieback«, fügte Sigvald hinzu, der in ständiger Furcht lebte, seine Frau könne nicht ausreichend zu essen bekommen.

Als die Mutter hinausgegangen war, sagte Ellen mit etwas veränderter Stimme und eine Spur verhaltener: »Wie diese Dichter das zustande bringen!« Sie weilte noch bei Gulnare und Aladdin; es war immer, als säße sie in einer Wolke all jener fremden Worte, die sie nur halb verstand, wenn Sigvald las.

»Ja, die können sich ausdrücken«, erwiderte er, in die Lampe blickend.

Ellen riß sich von ihrem Träumen los und fragte Mortensen, ob es etwas Neues gebe. Doch das war nicht der Fall.

»Hier passiert ja nicht viel«, sagte Mortensen.

Und Sigvald, der nach wie vor in die Lampe blickte, sagte im selben Ton wie vorher: »Nein, hier ist es meistens ruhig.«

»Ja, so ist es«, sagte Ellen.

Alle drei saßen sie dann schweigend, bis der Kaffee kam und Ellen das Gold- und Silberpapier aus der Hand legte, mit dem sie sich gar nicht hatte beschäftigen können.

Sie wurden alle ganz lebhaft und hellwach, als der dampfende Kaffee hereingebracht wurde, und sie sprachen wieder von der Stadtreise – davon, wie das Ganze vonstatten gehen würde, malten sich »den Tag, an dem wir hinfahren werden«, bis ins kleinste Detail aus.

»Ich denke jedenfalls«, sagte Sigvald, »wir sollten uns an Lauritsen halten. Bei Lauritsen ist es angenehm.«

»Ja«, pflichtete Mortensen, der an den Kaffeetisch gerückt war, bei. »Da ist es wirklich nett.«

»Und nachts ist es ruhig«, sagte Sigvald. »Unter diesen Umständen …«

»Ja«, bekräftigte Mortensen, »kein Gerumpel. Und Lauritsen ist reell.«

»Das ist er«, sagte Sigvald. »Und so kann man sich gegenseitig unterstützen«, fügte er hinzu.

Gastwirt Lauritsen an der Vestergade, bei dem sie sich einzuquartieren gedachten, hatte beim Schwiegervater in all den Jahren, die er den Hof hatte, Butter und Fleisch gekauft.

»Das ist wahr«, sagte Ellen und nickte. Sie war ganz gerührt: Sigvald war immer so »gerecht«.

Sie setzten das Gespräch fort. Sigvald wollte am Morgen in die Stadt fahren und Theaterkarten kaufen ...

»Wir müssen ziemlich nahe sitzen«, sagte Sigvald. Sie wollten Plätze im Parkett nehmen. »Und ganz in der Mitte«, fügte er hinzu, »unter diesen Umständen.«

Aber er wollte sich auch um die Zimmer kümmern und die Kachelöfen heizen.

»Es sind richtig gute Kachelöfen, bei Lauritsen, es wird schon ordentlich warm werden«, sagte Sigvald und nickte seiner Frau zu.

»Du bist so nett, Sigvald«, sagte Ellen, und ihre Augen strahlten.

Wärmflaschen hat er allerdings nicht, setzte Sigvald seinen Gedankengang fort. Er dachte an Wärmflaschen und die Nacht. Die Schwiegermutter sagte nichts, sondern führte nur schweigend die Kaffeetasse an ihren gestrafften Mund und wieder zurück auf den Tisch. Jeden Abend, wenn die Reise zur Sprache kam, dachte sie an nichts anderes als an die Betten und alle möglichen Krankheiten, die man sich in solch fremdem Bettzeug zuziehen konnte. Laken würde sie auf jeden Fall mitnehmen, denn auf Lauritsens Laken wollte sie nicht liegen.

»Aber das kannst du doch gern tun, Mutter«, sagte Ellen, wenn sie über die Sache sprachen.

Und Mortensen stimmte der Schwiegermutter bei. »Obwohl es bei Lauritsen pieksauber ist«, sagte er.

In einem fort erklärten sie: Sie müßten aber rechtzeitig ins Theater kommen. »Auch deinetwegen«, sagte Sigvald, »unter diesen Umständen …« Und sie müßten alles sehen und sich mit allem vertraut machen. »Es ist großartig, auch von außen.«

Und er erzählte von dem Theater, wo er fünfmal gewesen sei – während des halben Jahres, als er nach dem Willen des Vaters Buchhaltung gelernt habe. – Ja, fünfmal sei er dort gewesen.

Er sprach von dem Plafond und dem Vorhang und den Theaterstücken, die er gesehen hatte, und von den Schauspielern, ihren Rollen.

»Wie tief das dort runtergeht!« sagte er und nickte zur Lampe hin.

So endete er stets, wenn er vom Königlichen Theater sprach: Er hatte ja immer auf der Galerie gesessen.

Ellen sprach weiter, während sie noch einen Zwieback nahm: Ja, den Wein sollten sie mitnehmen – es würde sonst zu teuer …

»Der Meinung bin ich auch«, sagte Mortensen.

»Wir nehmen zwei Flaschen mit«, sagte Sigvald. »Die werden wir trinken, nachdem wir dort gewesen sind.«

»Ich werde einen Schwips kriegen!« sagte Ellen und lächelte.

»Na ja, ausnahmsweise mal!« meinte Mortensen und schlug die Reiterbeine zusammen.

Die Schwiegermutter erhob sich und stellte die Tassen aufs Tablett. Sie fand, es sei nun wohl Zeit, schlafen zu gehen. Auch Ellen stand auf. Sie blieb neben ihrem Mann stehen und starrte mit einem Lächeln in die Lampe.

»Ja«, sagte sie langsam, »das ist ein wunderbares Weihnachtsgeschenk, Sigvald.«

»Jetzt, wo wir ja ›Alad*din*‹ kennen«, sagte er langsam wie sie.

Sie blieben einen Augenblick schweigend stehen.

»Ich lese ihn ja zweimal«, sagte er und nickte.

Sie machten Anstalten aufzubrechen. Ellen ging ins Schlafzimmer, Sigvald griff zur Laterne, um Mortensen hinauszulassen und nachzusehen, ob alle Türen verschlossen seien.

»Gute Nacht«, sagte Ellen, als er ins Schlafzimmer kam, und sie schlief ein, ehe er sich ausgezogen hatte.

Sigvald lag lange wach. Er sann darüber nach, wie er »Die Reise« an den Weihnachtsbaum hängen könnte. Es war so lustig. Auf eine seiner gedruckten Anweisungen wollte er schreiben: »Sigvald E. Hansen zahlt auf Anforderung 40 Kronen an Frau Ellen Hansen.«

Nun war auch er am Einschlafen, doch erst richtete er sich noch einmal im Bett auf und sah nach, ob Ellen ordentlich zugedeckt sei …

Zwischen drei und vier Uhr tönte Gepolter durchs Haus. Es war der Maler, der wieder einmal sein »Leben gelebt« hatte und nun die Stiefel geräuschvoll vor seine Tür stellte.

Dann schliefen sie alle, bis Sigvald um sechs Uhr aufstand und den Kachelofen im Schlafzimmer heizte. Das hatte er in den drei Jahren, die sie verheiratet waren, immer getan.

Die Tage vergingen, ein Tag nach dem andern, und die Abende vergingen, bis sie zu guter Letzt mit »Aladdin« fertig waren.

Am letzten Abend, an dem sie lasen, weinte die junge Frau. Das tat sie immer, wenn etwas glücklich zu Ende ging.

Sigvald schlug das Buch zu und starrte lange in die niedrig hängende Lampe.

»Ja, nun ist es zu Ende«, sagte er.

»Nein, Sigvald«, erwiderte Ellen, »sie werden ja das Stück spielen.«

Sigvald antwortete nicht, doch dann nickte er plötzlich zweimal.

»Holst du den Kaffee, Mutter?« sagte Ellen.

Als die Mutter hinausgegangen war, erhob sich Ellen,

und während sie dicht an Sigvalds Schulter stand, schlug sie das Buch wieder auf und las auf der letzten Seite:

»Und laß uns nun, indes das Volk
die Krönung festlich für uns vorbereitet,
durch diese Pforte gehen, für Augenblick'
uns setzen, nachhängen den Gedanken,
auf Morgianes Grab am Holderbusch.«

Ellens Augen wurden wieder feucht, während sie langsam das Buch schloß.

»Ja, schön ist es«, sagte Mortensen. In seinem Ton lag etwas, das gleichsam den Schlußpunkt setzte.

Es war Heiligabend, und im ganzen Haus duftete es nach frischgebackenen Pfannkuchen. Die Schwiegermutter buk jedes Jahr so viele, als bewirtschaftete sie noch immer den Hof. Die Pfannkuchen wurden im Backtrog aufbewahrt.

Es begann schon dunkel zu werden. Ellen saß im Lehnstuhl am Kachelofen. Es war so gemütlich warm, und beim Schein des Torffeuers dachte sie an mancherlei. Nun war es Weihnachten, und da wartete »Aladdin«, und zum nächsten Weihnachtsfest … Ellen lächelte.

Die Tür ging auf. Es war Sigvald.

»Bist du da?« fragte er in die Dunkelheit hinein.

»Ich sitze hier.«

Er trat zu ihr heran, fand ihre Hand und tätschelte sie – Sigvald war, was Liebkosungen anging, so unbeholfen.

»Wie geht es dir?« fragte er.

»Ich bin so froh«, flüsterte sie. »Über alles.«

»Ich auch.« Er drückte plötzlich ihre Hand. Dann ging er leise in seinen Laden zurück.

Während dort Leute eintraten und wieder gingen, blieb Ellen still in ihrem Lehnstuhl sitzen: Wie gut, daß Sigvald diese Filzschuhe hatte, wenn er morgens immer auf dem kalten Fußboden hin und her lief.

Die Tür zur Küche öffnete sich. Es war die Mutter.

»Ich geh dann nach oben«, sagte sie.

»Bist du fertig?« fragte Ellen.

»Ja. Es sind viele Karten gekommen.« Die Tür schloß sich. Die Mutter ging durch die Küche und den kleinen Flur in ihre Stube hinauf. Sie kleidete sich an und nahm das Gesangbuch zur Hand. Sie wollte in die Kirche.

Die Glocken begannen zu läuten, dröhnend und mahnend.

Die Schwiegermutter schlug das Gesangbuch auf. Es lagen Merkzeichen bei den Liedern, die sie bei der Beerdigung ihres Mannes gesungen hatten.

Sie setzte sich an die Kerze und las einige Verse. Dann schlug sie das Buch zu ... Ja, sie wollte den echten Schal nehmen. Es war immerhin das höchste Fest des Jahres.

Mit dem feinen Schal angetan, ging sie hinunter und öffnete die Tür zum Wohnzimmer.

»Wo willst du hin, Mutter?« fragte Ellen ganz erstaunt.

»Ich geh in die Kirche«, sagte die Mutter und schritt durch die große Tür hinaus.

Die Glocken läuteten noch. Sigvald war drinnen mit dem Weihnachtsbaum beschäftigt; der Laden war nun geschlossen.

Die Tür öffnete sich.

»Ellen, bist du es?«

»Ja, Sigvald.«

»Es wirkt doch ein bißchen ärmlich«, sagte er.

Der Anweisungszettel nahm nicht viel Platz am Baum ein. Das Ganze nahm sich ziemlich leer aus.

Ellen lehnte die Schulter an seine Hüfte.

»Aber wir bekommen ja unsere Freude, Sigvald«, sagte sie und lächelte. »Nachträglich ...«

Die Glocken tönten noch immer. Ihr Klang erreichte Sigvald wie aus weiter Ferne.

»Wie schön es klingt«, sagte er.

Er saß Ellen gerade gegenüber auf dem Roßhaarstuhl, mit Tränen in den Augen.

Der Maler war nach Hause gekommen. Er hatte jedoch schlechte Laune. Das Mädchen dort unten in der Kneipe lief mit roten Augen umher, und er war im ganzen mißvergnügt, verdammt mißvergnügt – hatte Zahnschmerzen und alles Üble, was es, zum Teufel, sonst noch gab … Nun, auch das war ein »Präsent« …

Aber es war ja Weihnachten, und der Maler zog sich um.

Um fünf Uhr war Sigvald auf. Es wollte ihm nicht gelingen, die Holzstücke im Kachelofen zum Brennen zu bringen, so aufgeregt war er. Um sieben Uhr zweiundzwanzig würde er fahren.

Der Koffer war gepackt; die beiden Wolldecken sollten mit, und der Korb mit Wein stand ebenfalls bereit. Sigvald hatte Mönsters Wein gewählt, denn er war der beste. Auch einen Bettaufhelfer für die Schwiegermutter wollte er mitnehmen; einen solchen hatten sie bei Lauritsens vielleicht nicht, und sie würde sich gewiß etwas mehr zu Hause fühlen, wenn sie ihn hätte.

»Sigvald, wie spät ist es?« fragte Ellen vom Bett her. Sie konnte nicht schlafen.

»Schlaf doch, schlaf doch«, sagte Sigvald, der selber mit jeder Minute unruhiger wurde. »Es ist erst sechs.«

Er ging durch alle Zimmer, und ohne sich dessen bewußt zu werden, zündete er alle Lampen an, so daß alsbald die ganze Wohnung erleuchtet war.

Berta würde halbtags den Laden versehen. »Aber es kommen bestimmt nicht viele«, hatte er immer wieder zu Mortensen gesagt, »denn alle wissen ja, daß wir verreisen wollen.«

Das wußten alle.

Die Schwiegermutter kam herunter. Sie blickte drein wie jemand, dem Unrecht geschehen ist.

»Es ist herrliches Wetter«, sagte Sigvald.

»Es gibt sicher Schnee«, sagte die Schwiegermutter, als

wüßte es niemand besser als sie, und sie ging hinaus, um von der Küchentür aus den Himmel zu betrachten.

Um halb sieben fand sich Mortensen ein.

»Als Begleitung zu Diensten«, sagte er.

Sigvald lief bald aus dem Zimmer, bald wieder hinein.

»Ja, Mortensen, nehmen Sie einen Schluck Kaffee!« Er selbst aber hatte schon die Überkleidung an. »Ja, da kommt ihr rechtzeitig zum Zug«, sagte er. Den Korb und den Koffer hatte er – und die Wärmflaschen.

»Ja, Sigvald.«

»Mortensen begleitet euch.«

»Ja, Sigvald.«

»Dann adieu.«

»Adieu.«

An der Tür küßte er sie.

»Aber, Sigvald, hast du deine Fausthandschuhe?« Er hatte ja ständig verfrorene Finger. »Hast du sie?«

»Ja.«

Dann war Sigvald fort. Mortensen stand auf dem Bahnsteig und blickte dem davonrollenden Zug nach.

»Soo – da fährt er hin«, sagte er, und es war, als ächze er.

An diesem Tag hatte er sein Standquartier bei Hansens. Es war auf alle Fälle das beste, ein Auge auf die Frauen zu haben, bis man sie auf den Weg brächte.

Ellen lief in locker sitzendem Kleid umher und sagte alle Viertelstunde: »Wenn Sigvald nur zurechtkommt … Er ist so gut …, aber er läßt sich so leicht entmutigen.«

Die Schwiegermutter war in ihrem Zimmer. Sie legte mehrere Wollschichten unter den schwarzen Damast, der sonst nur einmal im Jahr zum Vorschein kam – wenn sie zum Abendmahl ging.

Sigvald ging durch Lauritsens Tor, wo der Wirt breitbeinig, die Hände in den Hosentaschen, dastand.

»Ja, hier sind wir«, sagte Sigvald, der Koffer, Korb und Wärmflaschen trug.

»Ja, das ist gut«, sagte Lauritsen, der breit war wie eine Flügeltür und kurz wie ein Spundzapfen. »Guten Morgen, Hansen. Dann gehen wir wohl rein in die gute Stube. Willkommen!«

»Danke, danke«, sagte Sigvald, der – so wie er es die ganze Zeit über getan hatte – mit dem Gepäck hantierte. »Es ist ja nicht so leicht, mit dem Zug zu fahren.« Er blickte Lauritsen ins Gesicht. »Für einen, der es nicht gewohnt ist.«

»Nein, das ist eben der moderne Verkehr«, sagte Lauritsen.

»Ja«, erwiderte Sigvald, der nun eine Tasse Kaffee vor sich hatte. Und er begann zu reden, über alles – wie es gemacht werden sollte und wie es sein sollte. »Man ist es ja nicht gewohnt«, sagte er und blickte Lauritsen weiterhin ins Gesicht.

»Das regelt sich schon«, sagte Lauritsen. Für ihn regelte

sich alles, während er selbst mit einem Glas dicht neben seinem Tresen saß.

»Wenn wir nur nahe genug sitzen können«, sagte Sigvald zum drittenmal. Seine Gedanken weilten im Parkett.

»Die Frau hat's gesehen«, sagte Lauritsen, der inzwischen damit beschäftigt war, Bierflaschen zu zählen.

»Man kann ja nicht ganz weit ab sitzen«, sagte Sigvald, der nach wie vor seinen Gedanken nachhing. »Unter diesen Umständen ...«

Er fuhr fort, das Ganze weitschweifig abzuhandeln. Lauritsen, der dessen allmählich überdrüssig wurde, sagte – er hatte eine Art abschließender Redewendung, die den Rest des alten Staunens bei dem Nordjütländer von einst, der als Bauernknecht hierhergekommen war, gleichsam verbarg –: »Ja, hier in der Hauptstadt herrscht Schwung in den Windmühlen.«

Sigvald war aufgestanden.

»Wenn sie doch diese Freude erleben darf!« sagte er und bat, sich die Zimmer ansehen zu dürfen.

»Ja, ja, ja«, erwiderte Lauritsen und blieb sitzen. »Sie kennen ja die Räumlichkeiten, Hansen.«

Sigvald ging allein die Treppe hinauf und besah die beiden Gästezimmer, die nebeneinander lagen.

»Wie schön die Sonne scheint«, sagte er.

Unentschlossen saß er dann auf einem Stuhl mitten in dem größeren Zimmer, bevor er sich daran machte, die Wolldecken, die Laken und die Wärmflaschen zurechtzulegen.

»Wie schön die Sonne scheint«, sagte er aufs neue. Er meinte, noch niemals so glücklich gewesen zu sein.

Und sauber war es bei Lauritsen, allenthalben sauber.

Sigvald pusselte im Sonnenschein. Er hatte Feuer gemacht, hängte die Bettlaken über alle vorhandenen Stühle und band den Aufhelfer am Bett der Schwiegermutter fest.

»Ja, sie sollen es wie zu Hause haben«, sagte er.

Plötzlich wurde ihm bange, daß er zu spät kommen könnte. Er zog sich die Überkleider an und eilte durch die Stadt zu Kongens Nytorv, zum Theater.

Ja, dort stand: »Aladdin«. Trotz seiner Eile blieb er stehen und starrte auf das Theaterplakat. Dann wendete er den Kopf. Ja, dort saß er! Und mit den merkwürdigen Augen eines Tauben blickte er zu Oehlenschläger hinauf.

»Ja, es ist schon seltsam«, sagte er, und dann ging er hinein.

Er kam früh genug. Es standen nur ein Polizist an der Tür und zwei strickende Frauen vor der Theaterkasse. Es sah aus, als seien sie gewohnt zu warten. Selbst der Mund schien ihnen stehengeblieben, nur die Stricknadeln bewegten sich.

Sigvald sprach mit dem Polizisten, der ein höflicher Mann war: Ob er glaube, daß es möglich sei, ganz nahe zu sitzen … Und er begann zu erzählen – alles, von der Reise, von seiner Frau und von den Mittelplätzen.

»Das wird schon möglich sein, wenn sich der Herr hier anstellt«, sagte der Polizist.

Sigvald stellte sich hinter die Frauen. Es verging eine Viertelstunde, und es verging eine halbe Stunde. Zwei wohlbeleibte Herren kamen und reihten sich anstelle der strickenden Frauen ein. Und es standen noch viele dahinter.

Dann aber hatte er die Karten, und es waren Mittelplätze.

Er stand im Foyer und betrachtete den Billettstreifen: Ja, nebeneinander und in der Mitte … in der Mitte – da würden sie alles sehen können, alles und die Decke, denn die Decke war wirklich schön.

Er ging wieder über den Platz, doch an dem um das Pferd gezogenen Gitter blieb er stehen. Lange stand er dort und blickte wie gebannt auf das Theater, auf die Loggia, jedes Detail, und auf den Apollon.

»Ja, es ist ein prächtiges Gebäude«, sagte er und betrachtete weiterhin das große Haus, mit einem Blick, wie man etwas ansieht, das man liebt: Dort drinnen würde es sein …

Dann ging er heim. Seine Gedanken beschäftigten sich mit ihrem Eintreffen. Bis dahin waren es noch fast fünf Stunden. Aber er wollte den Tisch decken. Der konnte getrost schon gedeckt sein. Er ging von dem einen Zimmer ins andere, und er legte die Laken auf die Betten. Nirgendwo hatte er Ruhe.

Schließlich begann es dunkel zu werden, und er ging hinaus in die Stadt.

Er ging von Schaufenster zu Schaufenster. Hinter den Scheiben wurde nach und nach Licht angezündet. Wie hübsch es war, wenn es plötzlich überall aufleuchtete und all die vielen, vielen Dinge beschien …

Er verspürte Lust, zu kaufen, etwas für Ellen und auch für die Schwiegermutter zu kaufen, richtig einzukaufen, als wenn man Geld hätte.

Er erinnerte sich an das einzige Mal, da er mit Ellen – während ihrer Verlobungszeit – in der Hauptstadt gewesen war. Damals waren sie auch umhergewandert, hatten sich alles angesehen und dabei gedacht: wenn sie doch etwas kaufen könnten. Und sie waren so froh gewesen – auch damals.

Er war bis an Kongens Nytorv gekommen. Dort lag das Theater – *dort* lag es. Er ging wieder hinüber, er *mußte* einfach. Auf dem Plakat las er: »Alad*din*«. Dann entdeckte er einen kleinen roten Zettel und las: »Aus Krankheitsgründen kommen ›Henrik und Pernille‹ sowie ›Pontemolle‹ zur Aufführung.«

Er las noch einmal: »Henrik und Pernille« sowie »Pontemolle«.

Was war das? Was war das? Sie spielten nicht »Aladdin«!

Es war ihm kaum bewußt, daß er ins Foyer ging und an die Theaterkasse klopfte und daß eine Stimme antwortete:

»Ja, sehen Sie den roten Anschlag dort.« Er dachte nur: Sie spielen nicht »Alad*din*«!

Er sah weder die Laternen noch die Menschen und auch nicht die Häuser. Er dachte nur: Nun kämen sie, und er müßte ihnen sagen: Sie spielen nicht »Aladdin«. Jetzt, wo Ellen so froh war.

Er lief umher, durch Straßen, die er nicht kannte, umher zwischen fremden Häusern. Aber nun mußte er in jene Richtung, denn nun würden sie kommen. Er rannte den ganzen Weg und stand dann auf dem Bahnsteig. Dort war der Zug, ja, und dort waren sie ... Oh, wie frohgestimmt Ellen war ...

»Hier sind wir!« rief sie.

Ja, sie hatte sich schon vorgestellt, daß Sigvald verstört wäre ... Das war er immer, denn ihm war das alles so ungewohnt.

»Hier sind wir!« rief sie wieder; sie hatte ihn längst entdeckt.

Sie stiegen aus: erst ein Bündel und dann noch ein Bündel; das letztere war die Schwiegermutter.

»Guten Tag«, sagte Sigvald. Und ganz leise fügte er hinzu – denn es mußte ja gesagt werden –: »Ellen, sie spielen nicht ›Alad*din*‹.«

Ein kleiner Ruck durchfuhr Ellen.

»Dann werden wir also nicht hingehen?« fragte sie und blickte auf, in sein Gesicht.

»Doch, aber sie spielen nicht ›Alad*din*‹.«

Ellens Augen füllten sich mit Tränen. Nun behält Mutter doch recht gegen Sigvald, dachte sie inmitten der Bestürzung, während Sigvald berichtete, was gespielt würde, und sie hob das Gesicht wieder, das sie gesenkt hatte.

»Aber das ist vielleicht auch gut«, sagte sie. Sie wußte nicht, was ›Pontemolle‹ war, doch sie wollte gern lächeln.

Sigvalds Gesicht erhellte sich: Immerhin war sie nicht so traurig.

»Aber ich möchte es Mutter sagen«, fügte sie hinzu.

Dann gingen sie alle drei, Sigvald voran. Als sie ein kurzes Stück gegangen waren, sagte Ellen: »Es ist so schade. Sigvald sagt, sie spielen nicht ›Aladdin‹.«

Die Mutter wartete eine Weile. Dann antwortete sie: »Das hab ich ja gesagt.« Was man von ihrem Gesicht sehen konnte, war straff gespannt. »Was sollen wir dann da?« fragte sie.

»Wir haben doch bezahlt«, sagte Ellen ganz leise.

»Ach so, hat er das!« entgegnete die Mutter.

Sie langten am Gasthof an. Sigvald half Ellen die Treppe hinauf, bis sie die Zimmer erreicht hatten, wo es warm war und nach Räucherwerk roch.

»Oh, hier haben wir Räucherwerk«, sagte Ellen und lächelte. »Oh, wie schön das ist ...«

Sie blickte auf den Tisch mit den zwei Weinflaschen, der Butter, die sie selber mitgebracht hatten, und ihrer Sandtorte, auf der, mit Zucker geschrieben, »Aladdin« stand.

»Ich habe schon gedeckt«, sagte Sigvald. Es kam ganz leise heraus.

Die Schwiegermutter hatte sich eingeschlossen. Sie musterte Lauritsens Bettausstattung, ehe sie langsam ihre eigenen Laken über die Lauritsenschen Betten breitete.

In dem anderen Zimmer saß Ellen im Lehnstuhl. Die ganze Zeit über bewegte sie ihre Hände auf dem Schoß hin und her. Sie wollte so gern etwas zu Sigvald sagen, doch ihr fiel nichts ein.

»Dann müssen wir uns wohl ankleiden«, sagte sie schließlich und versuchte zu lachen.

Sie wollte ihr Brautkleid anziehen, das Sigvald schon auf dem Bett ausgebreitet hatte. Wie hübsch es war ... »Nichts ist gut genug für ›Alad*din*‹«, hatte Sigvald daheim gesagt.

»Ja«, erwiderte er, und dann saßen sie wieder schweigend vor der Sandtorte und dem Kleid, bis Sigvald, ohne seine Frau anzusehen, sagte: »Ich kann ja nichts dafür.«

»Aber, Sigvald …«, sagte Ellen und setzte sich zu ihm aufs Sofa.

Sigvald saß da und blickte vor sich hin.

»Es ist doch seltsam, wie es gehen kann, wenn sich ein Mensch auf etwas freut«, sagte er.

»Ja, das ist wahr«, sagte Ellen, und sie blieben nebeneinander sitzen.

Sie waren wieder in ihr Quartier gekommen. Die Schwiegermutter hatte auf dem Heimweg nicht ein Wort gesprochen.

Nun aßen sie. Sie sagten nicht viel. Von »Henrik und Pernille« sprachen sie nicht. Ellen hatte während der Vorstellung wie mit einem Klumpen im Hals dagesessen. Sigvald hatte nur gerade vor sich hin geblickt.

»Wie schön sie getanzt haben«, sagte Ellen.

»Ja«, sagte Sigvald.

»Aber es waren nicht sehr viele Leute da«, fuhr Ellen fort. Sie hatten fast allein im Parkett gesessen.

»Das kann man wohl verstehen«, sagte die Schwiegermutter. Das war das erste, was sie sagte.

»Es ist ja auch ein altes Stück«, fügte Ellen hinzu.

»Ja«, sagte Sigvald, und wieder schwiegen sie, während die zwei Kerzen zu seiten der Sandtorte flackerten.

»Nun wollen wir die Torte essen«, sagte Ellen. Sie geriet ein wenig ins Stottern, als sie »Torte« sagte, und dann begann sie in »Aladdin« hineinzuschneiden.

Jeder bekam sein Stück. In Sigvalds Mund schwoll jede einzelne Krume.

»Iß, Schwiegermutter«, sagte er.

»Ich habe genug«, antwortete sie.

»Aber wir wollen doch anstoßen«, sagte Sigvald, und schweigend, ohne einander anzusehen, stießen sie über der zerschnittenen Sandtorte an. Die zweite Flasche öffneten sie nicht.

»Gute Nacht denn«, sagte die Schwiegermutter.

Keiner von ihnen schlief besonders gut in Lauritsens Betten.

Am nächsten Vormittag waren sie wieder zu Hause.

Der Maler saß auf dem Holzstuhl vor Sigvalds Ladentisch.

»Nein«, sagte Sigvald, der von jener Sache nicht loskam, »es war eigentlich kein besonderes Stück … unter diesen Umständen.«

Der Maler antwortete nicht. Seine Laune war in den letzten Tagen immer verdrießlicher geworden. Nun hegte man in der Kneipe keinen Zweifel mehr.

Sigvald bemerkte sein Schweigen nicht. Er stand nur da und blickte starr vor sich hin.

»Nein«, sagte er dann und schüttelte den Kopf, »es war kein Vergnügen.«

Bei dem Wort »Vergnügen« erwachte der Maler. »Nein«, sagte er und spuckte aus, »mit dem Vergnügen ist es – hol mich der Kuckuck – aus.«

Sigvald hörte es nicht. Aber mit einem Blick, der viel weiter zu reichen schien als zu »Pontemolle«, sagte er: »Es ist – im ganzen – nicht erfreulich, Maler.«

Und beide schwiegen sie.

Peter Christen Asbjörnsen und Jörgen Moe

Die Stadtmaus und die Feldmaus

Es waren einmal eine Stadtmaus und eine Feldmaus, die begegneten einander am Waldrand. Die Feldmaus saß in einem Haselstrauch und pflückte Nüsse.

»Gott segne deine Arbeit!« sagte die Stadtmaus. »Treffe ich hier, so weit draußen, Verwandte?«

»So ist es«, antwortete die Feldmaus.

»Du sammelst hier wohl Wintervorrat?« fragte die Stadtmaus.

»Das muß ich wohl, wenn wir im Winter etwas zum Leben haben wollen.«

»Dein Vorrat ist ja recht groß«, sagte die Stadtmaus, »und die Nüsse scheinen gut geraten; die werden deinem leeren Magen wohltun.«

»So ist es«, erwiderte die Feldmaus. Und dann pries sie ihre Verhältnisse, sagte, wie gut es ihr gehe und wie reichlich sie zum Leben habe.

Die andere aber meinte, ihr gehe es doch noch besser. Die Feldmaus hielt indes an ihrer Meinung fest: Es lasse sich nirgends so gut leben wie im Wald und auf dem Feld; ihr gehe es doch am besten.

Die Stadtmaus behauptete jedoch, *ihr* gehe es am besten.

Die beiden konnten sich durchaus nicht darüber einigen, welcher von ihnen es nun wirklich am besten gehe. Schließlich kamen sie überein, sich zu Weihnachten gegenseitig zu besuchen, damit jede selber sehen und beurteilen könne, wie es sich in Wahrheit verhalte.

Die Stadtmaus sollte sich als erste zum Weihnachtsschmaus bei der anderen einfinden.

Als es soweit war, lief sie durch große Wälder und tiefe Täler, denn da die Feldmaus ihr Winterquartier bezogen hatte, war es ein weiter und beschwerlicher Weg. Es ging durch tiefen, weichen Schnee, und als die Stadtmaus endlich bei der Feldmaus ankam, war sie müde und hungrig.

Jetzt wird mir eine ordentliche Mahlzeit guttun, dachte sie, als sie am Ziel angelangt war. Die Feldmaus hatte auch gehörig aufgetischt: Nußkerne, verschiedenartige süße Wurzeln und viele andere gute Dinge, die in Feld und Wald wuchsen. Sie bewahrte alles in einem tief unter der Erde befindlichen Loch auf, wo es nicht gefror, und gleich daneben rann eine Quelle, die den ganzen Winter über offen blieb. Da konnte man Wasser trinken, soviel man wollte.

Es war reichlich von allen Speisen vorhanden, und die beiden schmausten nach Herzenslust. Die Stadtmaus fand allerdings, das Ganze reiche doch gerade nur zum Stillen des Hungers.

»Dies alles genügt zwar zum Leben«, sagte sie, »jedoch schmeckt es nicht besonders gut. Nun mußt du aber auch zu mir kommen; dann sollst du sehen, wie es bei uns zugeht.«

Das wollte die Feldmaus gern tun, und schon nach wenigen Tagen kam sie dahergetrippelt. Die Stadtmaus hatte zur Weihnachtszeit, in der es im Hause mit Essen und Trinken hoch herging, viele schmackhafte Reste gesammelt: Käserinden, Butter- und Speckstückchen, Brot- und Kuchenkrümel und viele andere Köstlichkeiten waren bei ihr gespeichert. Im Napf unter dem Faßhahn gab es genug zu trinken, und ihre ganze Weihnachtsstube war voll von guten, leckeren Dingen.

Die beiden Mäuse schmausten ausgiebig, und die Feldmaus konnte kaum genug bekommen. So köstlich hatte sie noch nie gespeist. Allmählich wurde sie durstig. Das Essen sei fett und liege schwer im Magen, sagte sie, und gern würde sie nun auch etwas trinken.

»Ja, komm und laß uns trinken, das Weihnachtsbier ist nicht weit!« rief die Stadtmaus, hüpfte auf den Rand des Napfes und löschte ihren Durst. Doch trank sie keinen Tropfen mehr, als zum Löschen des Durstes nötig, denn sie kannte das Weihnachtsbier und wußte, wie stark es war. Die Feldmaus, die noch nie etwas anderes als Wasser getrunken hatte, lobte das köstliche Getränk sehr. Sie nahm einen Schluck nach dem anderen, konnte das starke Gebräu jedoch nicht vertragen und war schon ein wenig berauscht, bevor sie von dem Napf wieder heruntersprang. Es dauerte nicht lange, da wurde ihr in Kopf und Beinen ganz seltsam. Sie begann zu hüpfen und zu tanzen, sprang von einem Bierfaß aufs andere, tollte und polterte auf dem Wandbrett zwischen Tassen und Krügen umher,

pfiff und sang, als wäre sie närrisch und völlig betrunken – und betrunken war sie ja auch.

»Führe dich nicht so auf!« rief die Stadtmaus. »Man könnte ja glauben, du wärst von Sinnen! Mach nicht solchen Heidenlärm! Wir haben hier einen gestrengen Vogt!«

Die Feldmaus entgegnete, sie schere sich den Teufel um einen Vogt oder sonst einen Strolch.

An der Kellerluke aber saß der Kater; er hörte den Spektakel und das Geschwätz. Nun kam gerade auch die Frau des Hauses und ging in den Keller, um einen Krug Weihnachtsbier zu holen, und als sie die Tür öffnete, schlüpfte der Kater mit in den Keller. Sofort hieb er seine Krallen in die Feldmaus, und dann gab es einen anderen Tanz als zuvor!

Die Stadtmaus huschte flink in ihr Loch, wo sie in Sicherheit saß. Von dort aus beobachtete sie, wie die Feldmaus sogleich wieder nüchtern wurde. Sie kannte die Krallen des Katers!

»Ach, lieber Vogt, lieber Vogt, sei gnädig und schone mein Leben!« bat die Feldmaus. »Ich will dir dafür auch ein schönes Märchen erzählen.«

»Heraus denn damit!« entgegnete der Kater.

»Es waren einmal zwei Mäuschen«, begann die Feldmaus mit kläglicher Stimme – und ganz langsam, denn sie wollte ihr Märchen so lang wie nur möglich hinausziehen.

»Dann waren sie ja nicht allein«, sagte der Kater kurz und scharf.

»Wir hatten ein Stückchen Fleisch, das wollten wir braten …«, fuhr die Feldmaus fort.

»Dann brauchtet ihr ja nicht zu hungern«, sagte der Kater.

»Den Braten stellten wir zum Abkühlen aufs Dach hinaus«, erzählte die Feldmaus weiter.

»Dann hast du dich ja nicht verbrannt«, sagte der Kater.

»Da kamen der Rabe und die Krähe und fraßen den Braten auf«, fuhr die Feldmaus fort.

»Und jetzt fresse ich dich auf!« sagte der Kater.

In diesem Augenblick aber warf die Frau die Kellerluke zu, der Kater erschrak und ließ seine Beute los. Und ehe man sich's versah, war die Feldmaus ins Loch der Stadtmaus geschlüpft. Von dort führte ein Gang hinaus in den Schnee, und die Feldmaus machte sich eilends auf den Heimweg.

»Das nennst du, es sich gut gehen lassen, und du meinst, du habest von uns beiden das bessere Leben?« sagte sie zum Abschied zu der Stadtmaus. »Da danke ich meinem Schöpfer, daß ich keinen so großen Hof, aber auch keinen solchen Unhold als Vogt über mir habe. Nur knapp bin ich ja mit dem Leben davongekommen!«

Karl August Tavaststjerna

Eine Weihnachtsmette im Finnland des Rindenbrots

Antti Metsäntausta liegt auf dem Ofen seiner rauchgeschwärzten Siedlerhütte und denkt die schweifenden Gedanken des Wildmarkbewohners über das Gegenwärtige und das Zukünftige – ohne sich dabei von den Kindern stören zu lassen, die auf dem schwarzen Fußboden mit einem Spiel beschäftigt sind, das sich »Essen« nennt: sie vergnügen sich mit Holzstückchen statt Brot und einem leeren Bierkrug.

Antti Metsäntausta liegt schon seit dem frühen Morgen auf dem Ofen, seit seine Frau zum Nachbardörfchen aufgebrochen ist, zu dem von ihrem Anwesen aus ein Richtweg eine halbe Meile quer durch den Wald führt. Jetzt müßte sie eigentlich längst zurück sein, und um sich die Wartezeit zu verkürzen, steigt Antti vom Ofen herunter, geht zum Herdfeuer und zündet, nachdem er ein neues Holzscheit auf die Glut gelegt und ihr wieder Leben eingeblasen hat, den ausgebrannten Rückstand in seiner Stummelpfeife noch einmal an. Das geräuschvolle Spiel der Kinder flaut für einen Augenblick ab; als aber die knochige Gestalt in den schmutziggrauen, groben Leinenkleidern wieder im Dunkel auf dem Ofen verschwunden ist, kommt es von neuem in Schwung. Sie sehen einen glühenden Punkt droben aus dem Dunkel glimmen und hören die widerwillig brennenden Tabaksreste in der Pfeife knistern. Gleich darauf ertönen tiefe, regelmäßige Atemzüge, hin und wieder begleitet von einem leichten Schnarchen.

Die Stube wird teils von einem schwachen weißen Wintertageslicht erhellt, dem es glückt, durch das Eis und die Schindelrippen der Fensterscheibe einzudringen, teils von den zwei verglimmenden Holzkloben in der Feuerstelle, die von Zeit zu Zeit ein Stückchen weiter in die glühende Asche niederrutschen. Die Beleuchtung reicht von dem schwarzen Fußboden aus etwa drei Ellen hoch, dann beginnt der Ruß, der hier und da einen glänzenden Reflex wirft, wo Wände und Sparren von vorbeistreifenden Kleidern und Händen poliert worden sind. Rings an den Wänden blankgescheuerte, massive Bänke; darüber ein Wandschrank, einige Kleidungsstücke, ein neuer, weißer Schafpelz, eine Fellmütze, ein Steinschloßgewehr. Ein Drittel der Stube füllt der große Ofen aus, an der Vorderseite geschmückt mit einem Kalkbewurf, dessen weiße Farbe jedoch längst im Ruß versunken ist. Das zweite Drittel nimmt der leere Eßtisch unter dem Fenster ein. Sein Weiß bildet das einzige Lichte in der alten Hütte und trägt mit seiner großen, kahlen Föhrenholzplatte, die vom Sand des Putzlappens glattgewetzt ist, seinerseits zur Erhellung des Raumes bei. Das restliche Drittel haben die vier Kinder für ihr Spiel eingerichtet; das Kleinste sitzt noch in der Wiege, nimmt jedoch von dort aus lebhaft daran Anteil.

Die Stube kündet von bescheidenem Wohlstand; der Ruß ist schwarz, ohne zu schmutzen, wie eine absichtsvoll verwendete natürliche Ölfarbe; der Hausrat ist sauber, und die Kinder laufen nicht übermäßig zerlumpt herum. Dieser anheimelnde Eindruck verstärkt sich noch durch ein entferntes Kuhbrüllen, das gedämpft von dem kleinen Wirtschaftsgebäude herübertönt. Zehn Meilen weit von dem Kätneranwesen liegt Kuusamo – die uralte Heimat des Rindenbrots, und dort gibt es andere Finnenhütten, die weder Herd noch Schornstein, noch Nebengebäude besitzen, wo die Bewohner ihre Stube mit der Kuh, den Schafen und den Hühnern teilen. Ein Pferd ist für die meisten noch ein fernes Wunschziel, ein kühner Traum, der irgendwann einmal, in der nächsten Generation, in einem Jahrhundert oder gar noch später, verwirklicht werden mag.

In diesem bescheidenen Wohlstand fehlt es nur an einem – und das ist Brot. Deshalb spielen die Kinder das Eßspiel mit Holzstückchen und einem leeren Krug, und deshalb auch liegt der Hausherr dösend auf dem Ofen. Auf einmal halten die Kinder in ihrem Spiel inne und lauschen. In der Kälte draußen knirschen Schritte, geschmeidige Füße schaben an den vereisten Stufen der Treppe den Schnee ab, eine Hand greift nach der Tür, die sich knarrend öffnet, und mitten in einer beißenden Wolke kalter Winterluft betritt eine Frau, bis über die Ohren in bereifte Kleidungsstücke gehüllt, gleich einer Offenbarung die Stube. Sie schlägt rasch die Tür hinter sich zu, die Wolke löst sich auf, die Kinder umdrängen sie, und das Jüngste, das noch nicht laufen kann, tapst aus der Wiege und purzelt, aus vollem Halse schreiend, auf den Fußboden. Die Frau hebt es mit gewohnter Bewegung hoch und drückt es begütigend an ihre reifbedeckte Brust, unbekümmert um das nur noch gellender auftönende Schreien, das das Kleine von sich gibt. Dann geht sie eilends auf den Ofen zu, blickt suchend zu ihrem Mann hinauf, gewahrt im Dunkel sein weißgraues Leinenzeug und sagt barsch: »So, Antti, jetzt gibt es für dich nichts anderes zu tun, als aufzustehen und dich auf den Weg zum Kirchdorf zu machen!«

»Na, na!« kommt die Antwort. »Es brennt doch wohl nicht etwa in den Hausecken! Was gibt's denn so Eiliges? Ich kann mich doch nicht zur Nacht auf den Kirchgang machen!«

»So Eiliges! Als ob zwischen Hunger und Feuer ein so großer Unterschied wäre! Ob dir das eine oder das andere auf den Leib rückt, ist wohl einerlei. Aber ich komme mit guten Nachrichten aus Pusula! Allesamt sind sie zum Kirchdorf gegangen, denn da teilt die hohe Krone selber zu Weihnachten Mehl an die Bedürftigen aus. Und nun wirst du, Antti, auch hingehen wie alle anderen. So kriegen wir wenigstens zum Fest frisches Brot!«

Antti dreht sich oben auf dem Ofen herum und reckt

ein unwilliges, kantiges Gesicht aus dem Dunkel. Er sieht aus, als horche er auf eine andere Stimme, schüttelt den Kopf und fährt sich mit den sehnigen Fingern durch den Haarschopf.

»Ach so, ach so – es läßt sich also nicht billiger abmachen, als daß ich betteln gehe!«

»Was hilft's? Müssen wir nicht schon den vierten Tag von dem Tropfen Milch leben, den uns das arme Ding von Kuh gibt? Und schreien nicht die Kinder nach Essen? Und hungerst du nicht selber, hungere ich nicht? Wie lange werden wir das noch aushalten?«

»Na, na, na, na – es ist ja schon so, wie du sagst ... Wenn du's doch bloß nicht so satanseilig hättest!«

»Herr, du mein Schöpfer – fluchst du auch noch dazu? Was hast du denn getan, um uns vor dem Hungern zu bewahren? Da auf dem Ofen hast du den ganzen Vorwinter über müßig herumgelegen und darauf gewartet, daß die Waldeigner kommen und uns Essen vorsetzen würden. Aber die sind nicht gekommen und kommen wohl in diesem Jahr auch gar nicht. Es liegt zu wenig Schnee in den Wäldern, man kann kein Holz abschleppen, und deshalb müssen wir verhungern. Das weißt du selber. Und wenn ich in den letzten Wochen nicht zu den Nachbarn gegangen wäre und das Notwendigste von ihnen geliehen hätte, wären wir schon am Ende gewesen. Du rührst dich nicht vom Fleck, du, sondern willst lieber, daß wir das Kuhgeschöpf schlachten, obwohl noch genug Heu für das Tier da ist und wir es ihm zu verdanken haben, daß der Lebensfaden noch in uns steckt ... Aber jetzt, siehst du, jetzt ist Schluß mit der Hilfe von den Nachbarn! Sie haben selber zum Kirchdorf gehen und die Spende der Krone annehmen müssen – als ob es denn auch Bettelei wäre, wenn es der Kaiser selber anbietet! Sogar der Großhofbauer hat nichts mehr zu vergeben, wie er mir heute sagte. Nur einen Mundvoll Brot für mich habe ich bekommen – und das hier für die Kinder!«

Sie legt ein hartes Stück schwarzes Rindenbrot auf den Stubentisch, und alsbald scharen sich die Kinder gierig um den Leckerbissen.

»Bist du nun fertig?« wirft Antti, die Gelegenheit abpassend, dazwischen, während seine Frau Atem schöpft und sich die Überkleider auszuziehen beginnt. Sie hört nicht auf ihn, sondern geht voller Ungeduld zur Wiege, in der das Kleinste wartet, und macht sich bereit, ihm die Brust zu geben.

Da krabbelt Antti vom Ofen herunter, streckt sich wie erwachend, geht ein paar Schritte auf seine Frau zu, um ihr etwas zu sagen, behält es jedoch für sich und schlurft statt dessen mit krummem Rücken hinaus. Ein Schwall von Kälte schlägt längs dem Fußboden weit in die Stube hinein, denn Antti zeigt keine Eile, die Tür hinter sich zu schließen.

Die Frau ruft ihm nach: »Willst du uns auch noch erfrieren lassen?«

Im selben Augenblick fällt die Tür ins Schloß. Anna wendet sich den Kindern zu, sättigt das Kleinste, nimmt dann aus dem Schrank eine zur Hälfte mit Milch gefüllte Schale, legt das schwarze Rindenbrotstück zum Aufweichen hinein und bereitet den wolfshungrigen Kindern, die seit vierundzwanzig Stunden kein bißchen zu essen bekommen haben und sie nun umringen, ein wahres Festmahl.

Während der Schmaus vonstatten geht, kommt Antti wieder herein; mit sich schleppt er seine Skier. Er kann nicht umhin, die Speisung mit einem verstohlenen und begehrlichen Blick zu streifen, fährt sich mit dem Handrücken um den Mund und schluckt, als ihm darin das Wasser zusammenläuft. Sodann zündet er einen Kienspan an und setzt sich in der hereinbrechenden Winterdämmerung an den Herd, um die Skier auszubessern. Die Frau beobachtet stumm sein Tun, ein milderer Zug gleitet in ihr Gesicht, und halb von ihrem Mann abgewandt, sagt sie:

»Könntest du nicht von Pusula aus mit dem Pferd weiter? Dort findet sich doch immer irgendeiner, der Weihnachtsbesorgungen im Kirchdorf zu machen hat.«

»Ich kümmere mich nicht um anderer Leute Pferde, wenn ich selber laufen kann.«

»Aber es sind sechs Meilen bis zur Kirche, und du hast seit einer Woche nichts Ordentliches in den Magen gekriegt ...«

»Soviel Kraft, wie man braucht, um auf guten Brettern ein paar Meilen abzurutschen, hab ich schon noch.«

»Aber es gibt da Steigungen, und dann mußt du auf dem Heimweg noch den Mehlsack tragen ...«

Es kommt keine Antwort, nicht einmal ein Murren. Anna glaubt ihren Mann genügend gewarnt und mit Rat bedacht zu haben; sie legt die Kinder zum Schlafen nieder, holt ihr Spinnrad hervor und beginnt den ewigen Faden auszuziehen, der den ganzen Herbst über kein Ende hat nehmen wollen. Das Spinnrad surrt, hin und wieder knistern die Kienspäne, brennen nieder und werden durch neue ersetzt. Es fällt nicht ein Wort. Im stillen macht Anna sich Vorwürfe, daß sie zu heftig auf ihren Mann eingeredet habe, denn schließlich ist er ja auch nicht für ihre Notlage verantwortlich zu machen. Sie versucht ein paar versöhnende Worte hervorzupressen, aber sie bleiben ihr in der Kehle stecken.

Endlich ist Antti mit seinen Skiern fertig, er trägt sie in den Hausflur hinaus, kommt wieder herein und bittet seine Frau kurzsilbig, den größten und weißesten Mehlsack in Ordnung zu bringen. Dann klettert er auf den Ofen und legt sich nieder.

»Wann willst du aufbrechen?«

»Darüber mach dir keine Sorgen! Du brauchst dich nur darum zu kümmern, daß ich das Mehl ordentlich nach Hause schaffe.«

Wenig später versucht Anna ihren Mann zu besänftigen, indem sie ihm ihre Hand, wie um Verzeihung bittend, auf den Arm legt, dort oben, wo er sich ausgestreckt hat und vorgibt, zu schlafen. Aber sein Arm bleibt unverrückt liegen.

Am nächsten Morgen, so früh, daß der Morgenstern noch gar nicht aufgegangen ist, fährt Antti in der bitterkalten, stillen, sternenfunkelnden Nacht lautlos wie ein Schatten den Waldpfad hinab, der ins Teertal und weiter zum Nachbardörfchen führt. Er war heimlich aufgestanden und hatte sich für die Fahrt gerüstet, ohne den Schlaf der Familie zu stören. Nur sein Magen knurrte gegen seinen Willen so laut, daß er fürchtete, seine Frau würde davon aufgeweckt. Dann aber zog er seinen neuen, kurzen weißen Schafpelz an, schnallte sich den Gürtel stramm um den Leib, schnitt den letzten Rest seines Blättertabaks als Wegzehrung zurecht, zündete sich die Pfeife an und brach auf. Er wählte seinen größten – den eisenbeschlagenen – Skistock aus, denn in diesem Jahr strichen die Wölfe schon vor Weihnachten in Rudeln umher.

Als sich gegen Abend desselben Tages die Winterdämmerung herabsenkt, gleitet eine gekrümmte, reifbedeckte Gestalt mit einem leeren Sack auf dem Rücken und einer Stummelpfeife im Mund die Dorfstraße von Kuusamo entlang. Sechs Meilen in zwölf Stunden, ohne Unterbrechung, quer durch die Wälder – das hat Antti hinter sich, und nun ist er am Ziel. Kein Sportsmann nimmt beifällig seinen Rekord zur Kenntnis. Ein wenig verschämt blickt er um sich und bleibt vor dem Dorfkaufladen stehen, wo Pferde und wartende Menschen sich drängen.

»Ist es hier, wo der Kaiser zu Weihnachten Mehl austeilt?«

»Hier bekommt man schon Mehl, aber es soll nicht der Kaiser sein, der es gibt.«

Einerlei! Antti zwängt sich in den Laden und muß eine ganze Weile warten, bis er an den Verkaufstisch vorgedrungen ist, und als er endlich an die Reihe kommt, nimmt er seinen Sack vom Rücken und reicht ihn, ohne ein Wort zu sagen, dem Kaufmann hin. Dieser ist mitsamt seinem Gehilfen dabei, unter der Aufsicht einer vornehmen Dame Mehl aus Packmatten in die Säcke der Bedürftigen zu schaufeln. Alle sind sie bis zu den Augenbrauen hinauf weiß von Mehlstaub.

Dann beginnt das Verhör: »Wie heißt du?«

»Antti Metsäntausta.«

»Woher bist du?«

»Von der Kätnerei Metsäntaka hinter dem Dorf Pusula.«

»Und du willst Mehl haben?«

»Ja, es hieß, man könnte hier Mehl umsonst kriegen.«

»Benötigst du denn das Mehl wirklich?«

»Ich werde doch wohl nicht zum Spaß betteln, und zum Spaß bin ich auch nicht seit heute früh sechs Meilen auf den Brettern hergelaufen.«

»Leidest du denn Hunger?«

»Seit einer Woche habe ich keinen Bissen ordentliches Brot gegessen.«

»Und trotzdem hast du einen neuen Pelz an und bist imstande gewesen, seit heute früh sechs Meilen mit den Skiern zu laufen?«

»Ja … hm … was sollte ich anders tun?«

Der Kaufmann durchforscht ihn mit einem argwöhnischen Blick, wendet sich der Dame zu und sagt: »Dieser Mann ist zu rüstig und zu fein gekleidet. Er zählt nicht zu Ihren Kunden, glauben Sie mir!«

Dann beginnt das Verhör von neuem: »Kannst du beweisen, daß du das Mehl nötig hast?«

Antti blickt sich ratlos im Laden um; es findet sich dort kein bekanntes Gesicht. Er erbleicht vor Scham, in die sich Verdruß mischt, und stammelt unsicher: »Ja, sieh mal, es ist so, daß ich aus der tiefen Wildmark komme, noch hinter dem Dorf Pusula, und daß ich so wenige Bekannte habe. Wir haben nicht oft Gelegenheit, hierher zur Kirche zu fahren und Bekanntschaften zu schließen …«

»Gibt es denn niemanden aus dem Dorf Pusula, der bezeugen könnte, daß du in Not bist?«

Es gibt niemanden.

Eine Stimme bemerkt, daß die Bewohner von Pusula schon an den vorhergehenden Tagen ihr Mehl geholt hätten, um es rechtzeitig zu Weihnachten den weiten Weg heimschaffen zu können.

»Weshalb kommst du denn so spät und ganz allein?« fragt der Kaufmann schroff.

Antti gerät völlig aus der Fassung; er hat so viel zu sagen, verhaspelt sich aber bei jedem Wort.

Als es mit der Erklärung nichts werden will, unterbricht ihn die Dame wohlwollend: »Sehen Sie, wir müssen wissen, daß wir die Hilfe des Landes nur Leuten zuteil werden lassen, die sie wirklich nötig haben. Sie müßten sich doch leicht vom Pfarrer oder vom Küster eine Bescheinigung beschaffen können, daß Sie bedürftig sind. Kommen Sie morgen wieder, wenn Sie eine solche in Händen haben. Wir müssen gewissenhaft sein.«

Antti richtet sich auf, wirft einen seltsamen Blick auf den Kaufmann und auf die mehlgehäuften Packmatten, drückt sich die Mütze in die Stirn und geht wortlos davon.

Am folgenden Tag, am Morgen des Heiligen Abends, findet sich Antti schon zeitig im Kaufladen ein, diesmal in Begleitung eines Knechts von einem nahe gelegenen Hof. In seiner Not hat sich Antti des Gefährten aus der Zeit des Konfirmandenunterrichts erinnert, hat am Abend zuvor mehrere Stunden nach ihm gesucht und ihn schließlich gefunden. Der Knecht hat ihn wiedererkannt, hat ihm geglaubt, hat ihm ein gutes Essen sowie ein Bett zum Schlafen verschafft und ist nun mit ihm gekommen, um seine Notlage zu bezeugen. Antti erhält jetzt ohne Schwierigkeiten seinen Sack bis zum Rand gefüllt, doch als er erwähnt, daß er ihn heute noch sechs Meilen auf dem Rücken tragen müsse, schickt sich der Kaufmann an, einen Teil wieder herauszunehmen.

»Nein, nein!« sagt Antti. »Lassen Sie ihn nur so voll, ich werde es schon schaffen!«

»Aber der wiegt seine vier Liespfund, und das ist mehr, als ein Mann tragen kann.«

»Ja, aber ich hab Frau und vier Kinder, die seit zwei Wochen am Hungertuch nagen; wir brauchen schon alles, was wir kriegen können, denn die Waldeigner werden mir wohl nicht so bald Arbeit bringen.«

»Weshalb haben Sie denn gestern nicht gesagt, daß Sie eine Frau und vier Kinder haben, die Hunger leiden?« fragt die Dame.

»Das konnte ich schlecht, so vor allen Leuten ... Wissen Sie, ich schäme mich so schrecklich leicht ...«

Ob man will oder nicht, man muß lächeln. Antti erhält seinen vollen Sack, verbeugt sich zu einem allgemeinen Dank an das Notstandskomitee dort unten in Helsingfors und reicht der Dame als besondere Gunstbezeigung seine grobe Faust. Im Hinausgehen dreht er sich in der Tür noch einmal um und wendet sich an den Kaufmann: »Könnte mir der Herr Kaufmann nicht ein Bund Blättertabak bis zum Frühjahr auf Kredit geben? Sehen Sie, es ist so: wenn ich nur etwas zu rauchen habe, dann spüre ich die Leibschmerzen nicht so schlimm. Der Tabak war's, der mir gestern hergeholfen hat, aber nun hab ich keinen mehr für den Heimweg!«

Der Kaufmann lacht und zeigt sich in Gegenwart der anderen freigebig. Er legt zwei große Bunde Blättertabak vor Antti auf den Ladentisch, mit der Bemerkung, das sei dafür, daß er ihm gestern unrecht getan habe.

»Aber du kriegst es im Frühjahr bestimmt bezahlt«, versichert Antti; in seiner Freude duzt er ihn und reicht auch ihm zum Abschied die Hand.

Während er zur Tür hinausgeht, wendet er noch einmal vergnügt den Kopf und sagt: »Ja, es ist so – ich bin nicht immer arm gewesen und werde es wohl auch nicht ewig bleiben.«

Darauf verabschiedet er sich von seinem Freund, dem Knecht, stopft seine Pfeife, steigt auf die Skier und verschwindet mit einem Qualmwölkchen um den Mund in der Wegkrümmung, kaum gebeugt unter seiner Last von vier Liespfund.

Noch ist der Vormittag nicht weit fortgeschritten, und unter der Einwirkung des Tabaks und seiner geglückten Mission saust Antti übermütig dahin; in seiner hoffnungsfrohen Verfassung rechnet er damit, noch vor Mitternacht zu Hause zu sein. Die Bretter laufen gut, und es liegt nicht viel lockerer Schnee in den Wäldern. Eine kleine Steife, die ihm nach der Anstrengung vom Vortage noch in den Beinen sitzt, würde wohl auch vergehen, wenn er nur erst richtig in Schwung käme.

Heute ist es milder als an den vergangenen Tagen, die Sonne glänzt tief über dem Wald im Süden, und es beginnt dem Heimwärtsstrebenden unter seinem Schafpelz warm zu werden. Er zieht ihn deshalb aus, rollt ihn zusammen, legt ihn auf den Sack und setzt dann seinen Weg in Hemdsärmeln fort.

Ein Flößerlied kommt ihm in den Sinn, er singt es im Takt zu seinen langen Schritten, und als es zu Ende ist, stimmt er einen Psalm an.

Als die Sonne untergegangen ist und die Sterne in der Dämmerung ihr Licht entzünden, öffnet sich vor ihm der Wald zu einem großen, eisbedeckten See, und da weiß Antti, daß er mehr als ein Drittel des Weges zurückgelegt hat. Er ist jedoch nicht recht mit sich zufrieden, es mangelt ihm an ordentlichem Schwung, und er spürt, wie ihm die Müdigkeit schon in alle Glieder schleicht, so daß er sich am liebsten in eine Schneewehe würfe und von aller Mühsal hinwegschliefe. Um sich aufzufrischen, saust er in voller Fahrt den Uferhang hinunter auf das Eis. Da kommt ihm ein kalter Windzug entgegen und bläst durch ihn hindurch. Mit der einbrechenden Dämmerung hat sich die Kälte verschärft, sein verschwitzter Hemdkragen ist steifgefroren und scheuert ihm im Nacken. Der Mehlsack drückt unerträglich, und die Stricke schneiden ihm schmerzhaft tief in die Schultern.

Weitab auf der anderen Seite des Sees sieht er von einem einsamen Hof ein Licht herüberblinken. Einen Augenblick hält er inne, wie gebannt von dem Gedanken, sich in der Wärme ausstrecken und ein Weilchen ausruhen zu können, bevor er weiter in die Nacht hinauszöge; aber sogleich bezwingt er sich, macht seine Bürde vom Rücken los und zieht sich den kalten Pelz an – der Frost verstärkt sich zu sehr, als daß man es die ganze Weihnachtsnacht hindurch in bloßen Hemdsärmeln aushielte. Antti scharrt unter seinen Füßen den Schnee weg und stößt mit seinem eisenbeschlagenen Skistock ein Loch ins Eis, so daß das Wasser emporquillt. Dann nimmt er vorsichtig ein paar Händevoll Mehl aus dem Sack, mengt es mit Wasser zu einem Brei und schlürft sein einsames Weihnachtsabendbrot in sich hinein. Darauf schwingt er sich erneut den Sack auf den Rücken, steckt seine Pfeife in Brand, setzt sich wieder in Bewegung und zieht eine gerade Linie schräg. über den düsterweißen See, während die Weihnachtssterne in der Kälte funkeln und der im ersten Viertel befindliche Mond ein kleines Stück über den dunklen Horizont emporsteigt, um gleich darauf wieder hinter ihm zu verschwinden. Antti denkt nicht mehr an die vier Meilen, die er noch durch das öde Heidegebiet zurückzulegen hat, ehe er zu Hause angelangt sein wird; er verfällt wieder ins Träumen, in die schweifenden Träume des Wildmarkbewohners, ganz so, als läge er daheim auf dem Ofen.

Auf dem Ödlandhof Metsäntaka wartet Anna schon bei Einbruch der Dämmerung auf ihren Mann, in der Annahme, daß er vom Kirchdorf ebenso früh am Morgen aufgebrochen sei wie am Vortag von daheim. Sie hat die

Milch unter die Kinder verteilt, ohne sich selbst einen Tropfen zu gönnen, und den ganzen Tag über hoffnungsvoll den Kopf oben behalten. Zu ihrer Freude gibt die Kuh, die zur Feier der Weihnacht eine Extrazuteilung an Futter bekommen hat, ungewöhnlich viel Milch. Den vollen Melkkübel trägt Anna in stillem Triumph in die Stube und stellt ihn in den Schrank, wo sie die birkenrindenen Bütten bereithält, um darin das lockere Frischbrot zu backen, sobald Antti mit dem Mehl zu Hause wäre. In Gedanken genießt sie bereits das prächtige Weihnachtsfest, und sie streicht den Kindern zärtlicher als sonst über das Haar.

Schon vor Einbruch der Dämmerung hat sie die Badestube geheizt, um Antti gleich ein warmes Bad bieten zu können, sobald er von seiner anstrengenden Fahrt zurückkäme. An Brennholz mangelt es gottlob nicht, und als die Badestube geheizt ist, macht sie unter dem großen Backofen der Stube Feuer, um außer für das Weihnachtsbrot auch für die richtige Weihnachtswärme zum Abend zu sorgen. Dann badet sie sich und die Kinder feiertagssauber, wobei sie jeden Augenblick darauf wartet, zu hören, wie Antti auf dem Hof den Schnee von den Skiern stampft.

Der Abend kommt und mit ihm die Finsternis – doch Antti bleibt aus. Es ist schon Schlafenszeit, die Kinder aber, die voller Erwartung sind und spüren, daß etwas Ungewöhnliches bevorsteht, wollen nicht gutwillig zu Bett gehen. Sie wollen Weihnachten haben, sagen sie, da doch die Mutter versprochen habe, daß es heute abend kommen werde.

»Es kommt erst mit Vater«, erwidert sie.

»Wann kommt er denn?« fragen drei neugierige Münder.

Die Mutter beschwichtigt sie, sich selbst aber kann sie nicht beruhigen. Nachdem sie die Kinder dazu gebracht hat, ins Bett zu gehen, greift sie in ihrer Unruhe zum

Spinnrad, beginnt den unendlichen Faden auszuziehen und stimmt einen Psalm an, um Gott darüber zu besänftigen, daß sie an einem so feierlichen Abend arbeitet. Ohne Beschäftigung kann sie jedoch das Warten nicht ertragen. Aber ihre Gedanken kreisen dennoch unablässig voller Bitternis und Angst um Antti und ihren halb zwieträchtigen Abschied. Sie ringt die Hände in stummer Reue und gibt sich selbst die Schuld daran, daß ihr Mann womöglich im Wald erfriere. Als es auf Mitternacht zugeht, begibt sie sich hinaus, geht ein Stück von der Hütte fort, um die Kinder nicht aufzuwecken, und ruft ins Dunkel hinaus, langgezogen, mit gellender, angsterfüllter Stimme, sich vor sich selber schämend: »Ant-ti, Ant-ti! Kommst du noch nicht?«

»… kommt noch nicht!« antwortet höhnisch das Echo vom Kieferngehölz her.

Sie bleibt draußen stehen, bis sie zu frieren anfängt, geht dann mit gesenktem Kopf wieder hinein und bricht in Weinen aus. Ihr Gewissen beginnt zu verbluten, und die Tränen verschaffen ihr keine Erleichterung. Seufzer drohen sie zu ersticken, und sie jammert halblaut: »Herr, du mein mächtiger Gott, der du gut und weise bist, warum hast du mich meinen Mann in die Winternacht hinausjagen lassen – warum, warum? Wieviel besser wäre es doch gewesen, wenn er zu Hause geblieben wäre … So hätten wir zusammen sterben können …!«

Von ihrem Klagen erwacht das älteste Mädchen und schleicht sich verwundert zur Mutter. Als es sie weinen sieht, beginnen auch ihm die Tränen zu rinnen. Aber die Mutter drückt ihre Siebenjährige fest an sich, benetzt Haar und Wangen des Kindes mit den Tränen ihres großen Kummers und wiegt es heftig hin und her, während sie ununterbrochen klagt: »Nun haben wir nichts anderes mehr zu erwarten als den Tod … Möge er bald kommen!«

»Der Tod? Was meinst du damit?« fragt das Mädchen.

Statt zu antworten, trägt die Mutter ihr großes Kind

zum Bett, beugt ihr Haupt und ihr Herz vor dem Allmächtigen und betet lange und inbrünstig für ihren Mann, für ihre Kinder, für sich selbst – für die ganze sündige Welt.

Ein sehr scharfes Ohr könnte in den frühen Morgenstunden der lautlosen Heiligen Nacht ein leises schnurrendes Geräusch vernehmen, das sich in langsamem, müdem Takt dem Einödhof Metsäntaka nähert. Und plötzlich feuert die Kälte einen Freudenschuß an die Hüttenwand. Drinnen in der Stube erwacht Anna, eine frohe Ahnung durchfährt sie, im bloßen Hemd läuft sie zur Tür, stößt sie auf und sieht im vagen Schneelicht eine über und über weiße Gestalt in den Hof gleiten.

»Großer Gott! – Antti! – Endlich!«

Antti vermag sich nicht einmal zu einer kargen Antwort zu räuspern. Er murmelt irgend etwas Undeutliches vor sich hin, steigt mit Mühe von den Skiern, die an Ort und Stelle liegenbleiben, und wankt auf die Tür zu. Ihn haben der Reif, der Schnee und der Mehlstaub gemeinsam weißgetüncht zu einem leuchtenden Weihnachtsengel. Anna zieht ihn in die Stube, wortlos sinkt er auf die Bank nieder, und er seufzt tief und dankbar. Mit dem lichtspendenden Kienspan in der Hand befreit sie ihren Mann von Mehlsack und Pelz und mustert ihn unruhig, um festzustellen, ob er sich auch nichts erfroren habe; aber sie beruhigt sich, als sie merkt, daß er in Schweiß gebadet ist. Es ist die Folge der letzten Anstrengung, zu der er sich aufgerafft hat, um den heimischen Hof zu erreichen.

»Und nun sollst du auch gleich in die Badestube, Antti! Die Wärme hat sich da gut gehalten, und ich kann leicht nachheizen!«

Antti läßt willenlos mit sich geschehen, was seiner Frau gutdünkt. Sie führt ihn in die Badestube, heizt von neuem, obgleich es noch warm genug darin ist, stellt heißes Wasser bereit und legt Birkenbüschel zurecht und bemerkt vor lauter Geschäftigkeit gar nicht, daß Antti kein Hemd auf dem Leibe trägt. Erst als er sich auf die Schwitzbank hinaufgestrampelt hat und ausgestreckt dort liegt, als sich seine Haut zu röten beginnt und seine Glieder unter der wohltuenden Einwirkung des Wasserdampfes allmählich erweichen, erst da läßt sie ihn allein.

Sie eilt in die Stube zurück und entfacht im Backofen ein loderndes Feuer. Die Kinder wachen auf und erfahren, daß Weihnachten gekommen sei – mit dem Vater aus dem Kirchdorf. Die Mutter zieht ihnen die besten Kleider an und verkündet, daß sie sich nun bald satt essen dürften.

Jubel ringsumher!

Nach einer Stunde erst holt Anna ihren Mann aus dem Dampfbad; er ist so erschöpft, daß er kaum ungestützt zu laufen vermag, dennoch hebt er im Vorübergehen seine Skier auf und stellt sie gegen die Hüttenwand. In der Stube ist alles wie verwandelt. Im Herd brennt ein prächtiges Feuer, über den Föhrenholztisch ist ein weißes Tuch gebreitet, in den Wandritzen und an Klammern knistern flammende Kienspäne – und mitten auf dem Tisch stehen vier stattliche birkenrindene Bütten, dampfend, mit frischem, aus Mehl und Milch gebackenem Brot. Die Kinder sitzen dem Alter nach um den Tisch herum, ohne jedoch die Köstlichkeit zu berühren, und Anna nimmt das Jüngste aus der Wiege an ihre Brust.

»Nun komm, guter Antti, und laß uns das Weihnachtsbrot segnen!«

Als das Tischgebet beendet ist, spricht Antti, während er zulangt, die ersten Worte seit seiner Rückkehr: »Die Hälfte des Mehls mußte ich in einer Sandgrube eine Meile von hier vergraben, sonst hätte ich es nicht weiter geschafft. Aber ich finde schon an einem andern Tag wieder hin, um es zu holen.«

»Aber dann ist es ja mit Sand vermischt«, meint Anna.

»O nein, ich hab es in mein Hemd gewickelt …!«

Als der ärgste Hunger gestillt ist, erinnert sich Anna, daß

man anderswo um diese Zeit zur Frühmette geht, und sie sucht ihr Gesangbuch hervor.

»Wir wollen einen Psalm singen, den wir auswendig können«, sagt Antti.

Und der Psalm, den die hungernden Wildmarkbewohner auswendig können, lautet:

»Die ganze Welt freut sich des Herrn
schon früh am Tag aus Herzensgrund ...«

Die Kinder fallen mit Liedchen ein, die sie können, ein jedes so, wie ihm der Schnabel gewachsen ist. Das stört die Andacht keineswegs, zumal die Eltern mit ihrem Psalm den Cantus firmus halten.

Sechstes Kapitel

AUSKLANG

Hans Christian Andersen

Der Tannenbaum

Draußen im Wald stand ein zierlicher Tannenbaum. Er hatte einen guten Platz: bekam Sonne, hatte reichlich Luft, und ringsum wuchsen viele größere Gefährten, Tannen und Kiefern. Der kleine Tannenbaum aber war ganz erpicht darauf, zu wachsen; er dachte nicht an die warme Sonne und die frische Luft, und er kümmerte sich nicht um die Bauernkinder, die dort umherliefen und miteinander schwatzten, wenn sie Erdbeeren oder Himbeeren sammelten. Oft kamen sie mit einem ganzen Topf voll oder hatten Erdbeeren auf Halme gereiht; dann setzten sie sich an den kleinen Tannenbaum und sagten: »Nein, wie niedlich klein der ist!«

Das mochte der Baum gar nicht hören.

Im Jahr darauf war er um einen langen Schoß größer, und wieder ein Jahr später kam noch ein viel längerer Trieb dazu; an einem Tannenbaum kann man nämlich immer an der Zahl der Schosse sehen, wie viele Jahre er gewachsen ist.

»Ach, wäre ich doch ein so großer Baum wie die andern!« seufzte der kleine Baum. »Dann könnte ich meine Zweige lang ausstrecken und mit dem Wipfel in die weite Welt hinausblicken! Die Vögel würden dann in meinen Zweigen Nester bauen, und wenn der Wind wehte, könnte ich so vornehm nicken wie die andern dort!«

Er hatte gar keine Freude am Sonnenschein, an den Vögeln und an den roten Wolken, die morgens und abends über ihn hin segelten.

War es dann Winter und der Schnee lag glitzernd weiß ringsumher, kam oft ein Hase angesprungen und setzte stracks über das Bäumchen hinweg – oh, das war so ärgerlich! – Aber zwei Winter vergingen, und im dritten war der

Baum so groß, daß der Hase um ihn herumlaufen mußte. Ach, wachsen, wachsen, groß und alt werden, das ist doch das einzig Schöne in dieser Welt! dachte der Baum.

Im Herbst kamen immer die Holzhauer und fällten einige der größeren Bäume; das geschah jedes Jahr, und der junge Tannenbaum, der nun ziemlich herangewachsen war, erbebte dabei; denn die großen, prächtigen Bäume fielen mit Tosen und Krachen zur Erde, die Zweige wurden ihnen abgeschlagen, und die Bäume sahen ganz nackt, lang und schmal aus, sie waren fast nicht mehr zu erkennen. Dann aber wurden sie auf Wagen gelegt, und Pferde zogen sie aus dem Wald hinaus.

Wo sollten sie hin? Was stand ihnen bevor?

Im Frühling, als Schwalbe und Storch eintrafen, fragte sie der Baum: »Wißt ihr nicht, wohin sie gebracht worden sind? Seid ihr ihnen nicht begegnet?«

Die Schwalben wußten nichts, doch der Storch blickte nachdenklich drein, nickte mit dem Kopf und sagte: »Ja, ich glaube schon! Mir sind viele neue Schiffe begegnet, als ich aus Ägypten geflogen kam; die Schiffe hatten prächtige Mastbäume; ich wage zu behaupten, daß sie es waren, denn sie rochen nach Tanne. Ja, ich kann sie grüßen, sie tragen den Kopf hoch, sehr hoch!«

»Ach, wäre ich doch auch groß genug, übers Meer fahren zu können! Wie ist es eigentlich, dieses Meer, und wie sieht es aus?«

»Nun, das ist zu umständlich zu erklären«, sagte der Storch und machte sich davon.

»Erfreue dich an deiner Jugend!« sagten die Sonnenstrahlen. »Freue dich deines gesunden Wuchses, des jungen Lebens, das in dir ist!«

Und der Wind küßte den Baum, und der Tau weinte Tränen über ihn, aber das verstand der Tannenbaum nicht.

Als es auf die Weihnachtszeit zuging, da wurden ganz junge Bäume gefällt, Bäume, die oft nicht einmal so groß oder so alt waren wie dieser Tannenbaum, der an seinem

Ort weder Rast noch Ruh hatte, sondern immer nur auf und davon wollte. Diese jungen Bäume – und es waren gerade die allerschönsten – behielten alle ihre Zweige; sie wurden auf Wagen gelegt, und Pferde zogen sie aus dem Wald hinaus.

»Wo sollen die hin?« fragte der Tannenbaum. »Sie sind nicht größer als ich. Da war sogar einer, der viel kleiner war! Und warum behielten sie alle ihre Zweige? Wo fahren sie hin?«

»Das wissen wir! Das wissen wir!« zwitscherten die Sperlinge. »Wir haben unten in der Stadt durch die Fensterscheiben geguckt. Wir wissen, wo sie hinfahren! Oh, ihnen wird die größte Pracht und Herrlichkeit zuteil, die man sich denken kann! Wir haben in die Fenster geguckt und gesehen, daß sie mitten in der warmen Stube eingepflanzt und mit den prächtigsten Dingen, vergoldeten Äpfeln, Honigkuchen, Spielsachen und vielen hundert Kerzen geschmückt werden.«

»Und dann – ?« fragte der Tannenbaum und erzitterte in allen Zweigen. »Und dann? Was geschieht dann?«

»Nun, mehr haben wir nicht gesehen. Aber es war unvergleichlich!«

»Ob ich wohl auch dazu bestimmt bin, diesen glänzenden Weg zu gehen?« rief jubelnd der Tannenbaum. »Das ist ja noch besser, als übers Meer zu fahren! Wie ich vor Sehnsucht leide! Wäre es doch Weihnachten! Jetzt bin ich in die Höhe gewachsen und so groß wie die andern, die im vorigen Jahr weggebracht wurden! – Ach, wäre ich erst auf dem Wagen! Wäre ich doch in der warmen Stube mit all dieser Pracht und Herrlichkeit! Und dann – ? Ja, dann kommt etwas noch Besseres, noch Schöneres! Warum sollten sie mich sonst so schmücken! Es muß etwas noch Größeres, noch Herrlicheres kommen ...! Aber was? Ach, wie ich leide! Ich vergehe vor Sehnsucht! Ich weiß selber nicht, was mit mir ist.«

»Erfreue dich an uns!« sagten die Luft und das Sonnenlicht. »Freue dich deiner Jugendfrische im Freien!«

Der Tannenbaum aber freute sich durchaus nicht. Er wuchs und wuchs. Im Winter wie im Sommer stand er grün – dunkelgrün stand er da. Die Leute, die ihn sahen, sagten: »Das ist ein herrlicher Baum!« Und zur Weihnachtszeit wurde er als erster von allen gefällt. Die Axt hieb tief in sein Mark, und mit einem Seufzer fiel er zur Erde; er fühlte einen Schmerz, eine Ohnmacht. Er konnte gar nicht an Glück denken, sondern war betrübt, von seiner Heimat scheiden zu müssen, von dem Ort, an dem er in die Höhe geschossen war. Er wußte ja, daß er die lieben alten Gefährten, die kleinen Büsche und Blumen ringsumher, niemals wiedersehen würde, ja vielleicht nicht einmal mehr die Vögel. Die Abreise war keineswegs angenehm.

Der Baum kam erst wieder zu sich, als er im Hof, zusammen mit den anderen Bäumen abgeladen, einen Mann sagen hörte: »Der ist prächtig! Den wollen wir und keinen andern!«

Dann kamen zwei Diener in prunkvoller Livree und trugen den Tannenbaum in einen großen, schönen Raum. Rundum an den Wänden hingen Bildnisse, und neben dem großen Kachelofen standen hohe chinesische Vasen mit löwenverzierten Deckeln; da gab es Schaukelstühle, Seidensofas, große Tische voller Bilderbücher und Spielzeug für hundertmal hundert Reichstaler – jedenfalls sagten das die Kinder. Und der Tannenbaum wurde in ein großes, mit Sand gefülltes Holzfaß gestellt; niemand konnte jedoch sehen, daß es ein Faß war, denn es wurde ringsherum mit grünem Stoff verhängt und stand auf einem großen bunten Teppich. Oh, wie der Baum zitterte! Was würde wohl nun geschehen? Sowohl die Diener als auch die Fräulein machten sich daran, ihn zu schmücken. An einen Zweig hängten sie kleine Netze, ausgeschnitten aus farbigem Papier; und jedes Netz war mit Zuckerwerk gefüllt; vergoldete Äpfel und Walnüsse hingen da, als wären sie festgewachsen, und über hundert rote, blaue und weiße kleine Kerzen wurden in den Zweigen festgesteckt. Puppen, die wie leibhaftige Menschen aussahen – der Baum hatte noch niemals solche gesehen –, schwebten zwischen dem Grün, und hoch oben auf die Spitze wurde ein großer Stern von Flittergold gesetzt. Das Ganze war prächtig, unvergleichlich prächtig.

»Heute abend«, sagten sie alle, »heute abend wird er strahlen!«

Ach, dachte der Baum, wäre doch schon Abend! Würden die Kerzen nur bald angezündet! Und was mag dann geschehen? Ob da wohl Bäume aus dem Wald kommen und mich sehen? Ob die Sperlinge an die Fensterscheibe fliegen? Ob ich hier festwachsen und im Winter wie im Sommer geschmückt stehen werde?

Er hatte richtig Borkenschmerzen vor lauter Sehnsucht, und Borkenschmerzen sind für einen Baum ebenso schlimm wie Kopfschmerzen für uns Menschen.

Dann wurden die Kerzen angezündet. Welcher Glanz, welche Pracht! Der Baum erzitterte dabei in allen Zweigen, so daß eines der Lichte das Grün anbrannte; es sengte ordentlich.

»Gott bewahre uns!« schrien die Fräulein und löschten das Feuer eilends.

Nun wagte der Baum nicht einmal zu zittern. Oh, das war eine Angst! Er fürchtete, etwas von seiner Pracht zu verlieren; ganz verwirrt war er von all dem Glanz. Und dann gingen beide Flügeltüren auf – und eine Menge Kinder stürzte herein, so als wollten sie den ganzen Baum umwerfen. Die älteren Leute kamen bedächtig hinterher. Die Kleinen standen ganz stumm – aber nur einen Augenblick, dann jubelten sie wieder, daß es nur so schallte. Sie tanzten um den Baum herum, und ein Geschenk nach dem andern wurde abgepflückt.

Was machen sie da? dachte der Baum. Was wird geschehen? – Und die Kerzen brannten bis an die Zweige hinunter, und so wie sie niederbrannten, löschte man die Flammen. Dann wurde den Kindern erlaubt, den Baum zu plündern. Ach, da stürzten sie sich auf ihn, daß es in allen Zweigen knackte. Wäre er nicht mit der Spitze und dem Goldstern an der Decke festgebunden gewesen, so wäre er umgestürzt.

Die Kinder tanzten mit ihrem schönen Spielzeug herum, und niemand sah nach dem Baum; einzig die alte Kinderfrau blickte zwischen die Zweige, jedoch nur um zu sehen, ob nicht noch eine Feige oder ein Apfel vergessen worden war.

»Eine Geschichte! Eine Geschichte!« riefen die Kinder und zogen einen kleinen, dicken Mann zu dem Baum hin; er setzte sich unmittelbar unter ihn. »Denn so sind wir im Grünen«, sagte er, »und der Baum kann mit besonderem Nutzen zuhören. Aber ich erzähle nur *eine* Geschichte. Wollt ihr die von Ivede-Avede oder die von Klumpe-Dumpe hören, der die Treppe herunterfiel und trotzdem auf den Ehrenplatz kam und die Prinzessin erhielt?«

»Ivede-Avede!« schrien die einen, »Klumpe-Dumpe!« die anderen. Das war ein Lärmen und Johlen! Nur der Tannenbaum schwieg ganz still und dachte: Soll ich gar nicht mittun? Er war doch beteiligt gewesen, hatte getan, was er tun sollte.

Und der Mann erzählte von Klumpe-Dumpe, der die Treppe herunterfiel und trotzdem auf den Ehrenplatz kam und die Prinzessin erhielt. Und die Kinder klatschten in die Hände und riefen: »Erzähle! Erzähle!« Sie wollten auch die Geschichte von Ivede-Avede hören, aber sie bekamen nur die von Klumpe-Dumpe. Der Tannenbaum stand ganz stumm und gedankenvoll da. Die Vögel draußen im Wald hatten niemals so etwas erzählt! Klumpe-Dumpe fiel die Treppe herunter und bekam trotzdem die Prinzessin! Ja, ja, so geht es in der Welt zu! dachte der Tannenbaum und glaubte, es sei wahr, weil ein so netter Mann es erzählte. Ja, ja, wer kann es wissen! Vielleicht falle ich auch die Treppe hinunter und bekomme eine Prinzessin! Und er freute sich darauf, am nächsten Tag wieder mit Kerzen und Spielzeug, Gold und Früchten geschmückt zu werden.

Morgen werde ich nicht zittern! dachte er. Ich will mich so recht an all meiner Herrlichkeit erfreuen. Morgen werde ich wieder die Geschichte von Klumpe-Dumpe und dann vielleicht auch die von Ivede-Avede hören … Die ganze Nacht stand der Baum still und gedankenvoll da.

Am Morgen kamen ein Diener und eine Magd herein.

Jetzt beginnt das Schmücken aufs neue! dachte der Baum. Doch sie schleppten ihn aus dem Zimmer hinaus, die Treppe hinauf auf den Boden, und dort, in einem dunklen Winkel, wo kein Tageslicht hereinschien, stellten sie ihn hin. Was soll das bedeuten? dachte der Baum. Was soll ich hier wohl anfangen? Was soll ich hier wohl zu hören bekommen? Er lehnte sich an die Wand und dachte und dachte. – Und Zeit hatte er genug, denn es vergingen Tage und Nächte. Niemand kam herauf, und als endlich jemand kam, war es nur, um einige große Kisten in den Winkel zu stellen. Nun stand der Baum ganz versteckt; man mußte glauben, daß er völlig vergessen sei.

Jetzt ist es Winter draußen! dachte der Baum. Der Erdboden ist hart und mit Schnee bedeckt; die Menschen können mich nicht einpflanzen, deshalb soll ich sicherlich bis zum Frühling hier geschützt stehen. Wie wohlbedacht das ist! Wie gut doch die Menschen sind! Wäre es hier nur nicht so dunkel und so schrecklich einsam ... Nicht einmal ein kleiner Hase! Es war doch so heiter dort draußen im Wald, wenn Schnee lag und der Hase vorbeisprang, ja, selbst wenn er über mich hinwegsprang ... Aber damals konnte ich das nicht leiden. Hier oben ist es doch schrecklich einsam!

»Piep, piep!« sagte in diesem Augenblick eine kleine Maus und kam hervorgehuscht, gleich darauf noch eine. Sie beschnupperten den Tannenbaum, und dann schlüpften sie zwischen seine Zweige.

»Es ist eine greuliche Kälte!« sagten die kleinen Mäuse. »Sonst lebt es sich gut hier. Nicht wahr, du alter Tannenbaum?«

»Ich bin durchaus nicht alt!« sagte der Tannenbaum. »Es gibt viele, die weit älter sind als ich!«

»Wo kommst du her?« fragten die Mäuse. »Und was weißt du zu erzählen?« Sie waren fürchterlich neugierig. »Erzähle uns doch von dem schönsten Ort auf Erden! Bist du dort gewesen? Bist du in der Speisekammer gewesen, wo Mengen von Käse auf den Borden liegen und Schinken unter der Decke hängen, wo man auf Talglichten tanzt, mager hineingeht und fett wieder herauskommt?«

»Die kenne ich nicht«, sagte der Baum, »aber den Wald kenne ich, wo die Sonne scheint und die Vögel singen.« Und dann erzählte er alles aus seiner Jugend. Die kleinen Mäuse hatten so etwas noch nie gehört, sie horchten auf und sagten: »Nein, wieviel du gesehen hast! Und wie glücklich du gewesen bist!«

»Ich?« erwiderte der Tannenbaum und dachte über das nach, was er selbst erzählte. »Ja, das waren eigentlich ganz frohe Zeiten.« – Aber dann erzählte er vom Weihnachtsabend, an dem er mit Backwerk und Kerzen geschmückt war.

»Oh«, sagten die kleinen Mäuse, »wie glücklich du gewesen bist, du alter Tannenbaum!«

»Ich bin gar nicht alt!« entgegnete der Baum. »Erst in diesem Winter bin ich aus dem Wald gekommen. Ich bin im allerbesten Alter, bin nur so schnell gewachsen!«

»Wie wunderbar du erzählst!« sagten die kleinen Mäuse. Und in der folgenden Nacht kamen sie mit vier anderen kleinen Mäusen – die sollten den Baum auch erzählen hören; und je mehr er erzählte, desto deutlicher erinnerte er sich selber an alles und fand: Es waren doch recht frohe Zeiten! Aber sie können wiederkommen, sie können ja wiederkommen. Klumpe-Dumpe fiel die Treppe herunter und erhielt trotzdem die Prinzessin. Vielleicht kann ich auch eine Prinzessin bekommen! Und dann dachte der Tannenbaum an eine niedliche kleine Birke, die draußen im Wald wuchs; sie wäre für den Tannenbaum eine wahrhaft liebliche Prinzessin gewesen.

»Wer ist Klumpe-Dumpe?« fragten die kleinen Mäuse.

Und da erzählte der Tannenbaum das ganze Märchen; er konnte sich an jedes einzelne Wort erinnern, und die kleinen Mäuse waren nahe daran, vor lauter Vergnügen bis an die Spitze des Baumes zu springen.

In der nächsten Nacht kamen noch viel mehr Mäuse – und am Sonntag sogar zwei Ratten; die aber fanden die Geschichte gar nicht vergnüglich, und das betrübte die kleinen Mäuse, denn nun fanden sie auch weniger Gefallen daran.

»Kennen Sie nur diese eine Geschichte?« fragten die Ratten.

»Ja, nur diese eine«, antwortete der Baum. »Die habe ich an meinem glücklichsten Abend gehört, aber damals begriff ich nicht, wie glücklich ich war.«

»Das ist eine überaus schlechte Geschichte! Kennen Sie

keine mit Speck und Talglichten? Keine Speisekammergeschichte?«

»Nein«, sagte der Baum.

»Na, dann haben Sie Dank!« versetzten die Ratten und zogen sich in ihren Winkel zurück.

Die kleinen Mäuse blieben zuletzt auch weg. Da seufzte der Baum: »Es war doch ganz nett, als sie um mich herum saßen, die flinken Mäuschen, und zuhörten, was ich erzählte! Nun ist auch das vorbei – aber ich werde daran zurückdenken und mich freuen, wenn ich wieder hervorgeholt werde!«

Wann aber würde das geschehen? – Nun, es war an einem frühen Morgen, da kamen Leute und machten sich polternd auf dem Boden zu schaffen. Die Kisten wurden weggerückt, der Baum wurde hervorgezogen, und sie warfen ihn ziemlich grob auf den Fußboden; sogleich schleppte ihn ein Diener zur Treppe hin, wo das Tageslicht schien.

Jetzt beginnt das Leben wieder! dachte der Baum. Er spürte die frische Luft, fühlte den ersten Sonnenstrahl – und schon war er draußen im Hof.

Alles ging so geschwind. Der Baum vergaß ganz und gar, einen Blick auf sich selbst zu werfen; ringsumher war so vieles zu sehen. Der Hof stieß an einen Garten, in dem alles blühte; die Rosen hingen ganz frisch über das kleine Gitter und dufteten, die Linden blühten, die Schwalben flogen umher und riefen: »Kvirre-virre-vit, mein Mann ist gekommen!« Aber es war nicht der Tannenbaum, den sie meinten.

»Jetzt werde ich leben!« jubelte er und streckte seine Zweige weit aus. Aber ach, sie waren alle vertrocknet und gelb! Und er lag in der Ecke zwischen Unkraut und Nesseln. Der Stern aus Goldpapier saß noch an der Spitze und glänzte im hellsten Sonnenschein.

Im Hof spielten einige der munteren Kinder, die zur Weihnachtszeit um den Baum getanzt waren und sich so sehr über ihn gefreut hatten. Eines der kleinsten kam gelaufen und riß den Goldstern ab.

»Seht mal, was da noch an dem häßlichen, alten Weihnachtsbaum sitzt!« rief es und trat auf die Zweige, so daß sie unter seinen Stiefeln knackten.

Und der Baum blickte auf all das frische Grün und die Blumenpracht im Garten. Dann sah er sich selbst an und wünschte, er wäre in seinem dunklen Winkel auf dem Boden geblieben. Er dachte an seine frische Jugend im Wald, an den heiteren Weihnachtsabend und die kleinen Mäuse, die sich so fröhlich die Geschichte von Klumpe-Dumpe angehört hatten.

»Vorbei! Vorbei!« sagte der arme Baum. »Hätte ich mich doch gefreut, als ich es noch konnte! Vorbei! Vorbei!«

Der Knecht kam und hieb den Baum in kleine Stücke. Bald lag da ein ganzes Bündel. Unter dem großen Braukessel loderte es prächtig auf, und der Baum seufzte tief, und jeder Seufzer war wie ein kleiner Schuß. Deshalb kamen die Kinder, die in der Nähe spielten, herbeigelaufen, setzten sich vor das Feuer, schauten hinein und riefen: »Piff! Paff!« Bei jedem Knall aber, der ein tiefer Seufzer war, dachte der Baum an einen Sommertag im Wald oder an eine Winternacht dort draußen, wenn die Sterne funkelten; er dachte an den Weihnachtsabend und an »Klumpe-Dumpe«, das einzige Märchen, das er gehört hatte und zu erzählen wußte ... Und dann war der Baum verbrannt.

Die Jungen spielten im Hof, und der Kleinste hatte an der Brust den Goldstern, den der Baum an seinem glücklichsten Abend getragen hatte.

Nun war er vorbei, und mit dem Baum war es vorbei und mit der Geschichte auch: vorbei, vorbei – und so geht es mit allen Geschichten!

Nachwort

Mit dem Begriff Weihnachten verbindet sich gedanklich bei vielen Europäern der winterklare hohe Norden mit seinen tief verschneiten Landschaften, geheimnisvollen Bergen und Wäldern, seinen von rauhem Klima geprägten Menschen, ihrer unverwechselbaren, aus christlichen und heidnischen Elementen gemischten Glaubenstradition, die im wesentlichen noch heute auch die Art ihres Feierns bestimmt.

Zwei festliche Höhepunkte kennt der Jahreskalender der skandinavischen Völker: Mittsommer und Weihnachten – das letztere übereinstimmend mit »Jul« bezeichnet. Die Herkunft des Wortes ist umstritten; wahrscheinlich benannte es in heidnischer Zeit ein mittwinterliches Freudenfest anläßlich der zu erwartenden Wiederkehr des Lichts.

Die Unbilden des Winters, Kälte und Dunkelheit, ließen die Menschen in häuslicher Wärme und Helle zusammenrücken und die seit alters weitererербten – landschaftlich variierenden – Bräuche aufleben. Dabei fielen für die Dauer des Festes die mittlerweile gemäßigten Unterschiede zwischen Arm und Reich, Herrschaft und Hofgesinde. Nach einem ungeschriebenen Gesetz wurden – und werden – auch die Tiere in das Weihnachtsgeschehen einbezogen und mit Extrarationen Futter bedacht, und es gleicht einem Ritual, den Vögeln eine vom Sommer aufgesparte große Korngarbe zu verabreichen, bevor sich die Familie selbst dem reichhaltigen Weihnachtsmahl hingibt, bei dem scharf gelaugter Stockfisch und Reisbrei, »heimgebrannter Starker« sowie das eigens zum Fest gebraute Bier nicht fehlen dürfen.

Vieles von dem überaus mannigfaltigen alten Brauchtum, das zu einem Teil inzwischen dem Bewußtsein der Menschen entschwunden ist, lebt in großen und kleinen

Erzählwerken skandinavischer Autoren fort. Aus ihnen erfährt man auch, wie innig frühzeitliche Vorstellungen mit christlichem Glaubensgut verschmolzen sind. Die Erklärung hierfür liegt in der späten Christianisierung des Nordens. Die Kirche tolerierte die überkommenen Riten und verknüpfte sie mit ihren eigenen, wie etwa das Mittwinterfest mit dem Geburtstag Christi.

Vornehmlich in norwegischen Regionen verband sich weihnachtliche Brauchübung mit einer Art Totengedenkfest. In der Heiligen Nacht erwartete man den unsichtbaren Besuch verstorbener Familienangehöriger in ihrer einstigen Wohnstätte, stellte Bett, Tisch und Kerzenlicht für sie bereit und ließ sie darüber hinaus in der Kirche ihren eigenen Gottesdienst abhalten. Diese überlieferte Vorstellung, die vermutlich auf ein Opferritual zu Ehren der altnordischen Schicksalsgöttinnen zurückgeht, reflektiert jener eingesprengte Erzählteil in Asbjörnsens »Weihnachtsabend nach alter Art«.

In der Julnacht trieben nach zählebigem Volksglauben noch bis weit in die christliche Zeit hinein dämonische Mächte ihr Wesen, vor denen es galt auf der Hut zu sein. Die »Wilde Jagd« in Sigrid Undsets »Weihnachtsfrieden« erinnert daran.

In unserer Auswahl nicht berücksichtigte Erzählungen schildern das Luciafest, mit dem in Schweden die Weihnachtszeit beginnt: Der 13. Dezember, einst der Heiligen Lucia von Syrakus geweiht, wurde zum Tag der Lichtkönigin, einer Symbolgestalt, die nach der laut Gregorianischem Kalender längsten und dunkelsten Nacht das Herannahen hellerer Tage verheißt. Damit ist ethnologisch ein entgegengesetzter Vorgang zu verzeichnen: Eine christliche Märtyrerin hat – freilich Jahrhunderte später – die Rolle einer quasi-germanischen Sonnenwendverkünderin übernommen. – Mit dem 13. Januar, dem Knutstag, benannt nach dem dänischen König Knut dem Heiligen, klingt die Weihnachtszeit aus.

Daß auch germanische Gottheiten in das weihnachtliche Geschehen eingebunden wurden, zeigt jene vergnügliche Passage des »Kleinen Wigg«, in der der Wichtel nicht nur seine Liebe zum Christkind, sondern auch seine Sympathie für den alten Thor von Thrudheim, einen »sehr weitläufigen Verwandten«, bekundet – der allerdings schon »seinen Hammer dem Jesuskind zu Füßen gelegt« hat.

Heidnisches findet sich schließlich in den aus nordischem Volksglauben erwachsenen Wichteln, Kobolden und Trollen bewahrt. Die Zwergenwesen – in den achtziger Jahren dank phantasievoller Illustrationen der schwedischen Malerin Jenny Nyström mit langen Bärten und roten Zipfelmützen visuell fixiert – kümmern sich um die Ordnung in Häusern und Höfen und sorgen für das Wohlergehen ihrer Bewohner, sofern diese sich verhalten, wie es sich gehört. Als dienstbare Geister werden sie sogar dem Christkind beigesellt und üben seit dem erwähnten Jahrzehnt die Funktion von Nikolaus und Weihnachtsmann aus.

Was weihnachtliche Motivwahl angeht, zieht sich durch die Dichtung des Nordens seit mehr als drei Jahrhunderten ein Traditionsstrom, dem nach wie vor reichlich Nahrung zufließt. Dabei sind zeitbedingte Aspekt- und Akzentverschiebungen nicht zu übersehen. Die während des Zweiten Weltkriegs geschriebene Erzählung Eyvind Johnsons, des Jüngsten unserer Beiträger, mag ein anschauliches Zeugnis liefern. Zwischen seinem Geburtsjahr und dem der Ältesten in dieser Runde, Fredrika Bremer, liegt ein Jahrhundert.

Die hier präsentierte Sammlung enthält hauptsächlich herkömmliche Weihnachtsschilderungen, die bei aller Unterschiedlichkeit des Zeit- und Gesellschaftsmilieus die teils unmittelbar oder mittelbar erfahrene, teils erdachte Erlebniswelt ihrer Verfasser spiegeln. Die Handlungsorte wechseln zwischen den finnischen, norwegischen oder schwedischen Bergregionen und den nordischen Metropolen, sie sind in kleinstädtischen Nischen und abgelegenen Winkeln des platten Landes ebenso zu suchen wie in den weiten »hyperboreischen« Wäldern und der bedrohlichen Nachbarschaft des Meeres, aber auch in dem von Kobolden und Trollen bevölkerten Reich der Phantasie.

Dem Leser der Beiträge bietet sich ein Längsschnitt durch rund hundert Jahre skandinavischer Literaturgeschichte. Ausgangsepoche ist die langlebige Romantik, deren idealistischem Denken die schwedisch schreibenden finnischen Nationaldichter Johan Ludvig Runeberg und Zachris Topelius verhaftet waren und deren Vergangenheitsorientierung die Norweger P. C. Asbjörnsen und Jörgen Moe motivierte, nach dem Vorbild der Brüder Grimm einheimische Volksmärchen zu sammeln. Auch H. C. Andersens Kunstmärchendichtung wurzelt in romantischem Boden, doch trägt sie bei aller Phantastik erstaunlich realistische und gesellschaftskritische Züge. Romantischer Geist wirkte unterschwellig bei Autoren nach, die man gemeinhin schon dem allmählich erstarkenden Realismus zurechnet: Fredrika Bremer und Björnstjerne Björnson etwa oder Viktor Rydberg, der wie kaum ein anderer Skandinavier den langsamen Übergang zu einem aufklärerisch bestimmten, zeitbewußten, soziale Gerechtigkeit anstrebenden Positivismus verkörpert. Mit dem »modernen Durchbruch« im Sinne einer konsequent wirklichkeitsgetreuen, naturalistischen Gesellschaftsbeschreibung verknüpfen sich – im Rahmen unserer Auswahl – Namen wie Sophus Schandorph, Holger Drachmann und Victoria Benedictsson. Eine Art Bindeglied zwischen der »Entrüstungsliteratur« und der heimatorientierten Dichtung der schwedischen »Neunziger« bildet der zum Teil mundartlich schreibende Landvolk-Schilderer August Bondeson. Im Kreis der minutiösen Wirklichkeitsbeobachter nimmt der sensible Seelenanalytiker Herman Bang eine Sonderstellung ein. Die Novellistik seiner Reifezeit gilt als exemplarisch für die Fin-de-siècle-Stimmung und den literarischen Impressionismus in Dänemark. In der schwedisch sprachigen finnischen Literatur trat am Anfang einer realitätszugewandten Strömung K. A. Tavaststjerna hervor. Seine entbehrungsreiche Jugend lieferte ihm die Themen und Motive – nacherlebbar in der »Weihnachtsmette im Finnland des Rindenbrots«, der beliebtesten Erzählung aus seiner Feder. Der nie ganz verlorengegangene Hang zum Heimathistorischen, Nordisch-Mythologischen erfuhr eine Auffrischung in der neuromantischen Bewegung, die zu Beginn der 90er Jahre von Selma Lagerlöf mit dem »Gösta Berling« eingeleitet wurde.

Der »Weihnachtsgast«, diesem Värmland-Roman sozusagen nachgeschickt, knüpft sich direkt an dessen Handlungsgeschehen. Auch Sigrid Undset führte mit ihren in mittelalterliches Zeitmilieu verlegten Epen im Grunde noch romantische Tradition fort, ließ dabei jedoch aktuelle Probleme nicht außer acht. Beide Dichterinnen repräsentieren überdies bemerkenswert fortschrittliche Ideen, waren gleichermaßen engagiert im Eintreten für den Frieden und für die Frauenemanzipation. In dieser Hinsicht dürfen Fredrika Bremer als Vorkämpferin und Victoria Benedictsson als Mitstreiterin gelten. – Zu den schwedischen Autoren, die kurz nach der Jahrhundertwende debütierten und bis zum Ende der 20er Jahre das literarische Leben in ihrem Land wesentlich mitbestimmten, zählt Hjalmar Bergman, der vorzugsweise schicksalhafte Konflikte vor gesellschaftlichem Hintergrund darstellte. Dan Andersson wurde in einer kurzen, intensiv genutzten Schaffensfrist während des Weltkriegsdezenniums zu einem Pionier der schwedischen Arbeiterdichtung, die in den 30er Jahren ihren Durchbruch erzielte. Einer ihrer herausragenden Vertreter ist Eyvind Johnson, der große Romancier, der gleicherweise die kleine Erzählform pflegte. Zunehmend öffnete sich die skandinavische Literatur dem Weltgeschehen und globaler Problematik. Johnsons »Advent« betitelte Novelle, in der das einfältige Hinterwäldler-Paar mit aktuellen Außenweltereignissen konfrontiert wird und durch das Erscheinen des Fremden allmählich Zusammenhänge mit der Weihnachtsbotschaft erkennt, bietet dafür ein beeindruckendes Beispiel.

Am Schluß dieses flüchtigen Durchgangs sei vermerkt, daß in der Reihe unserer Beiträge vier mit dem Literaturnobelpreis Ausgezeichnete zu finden sind – Björnstjerne Björnson (1903), Selma Lagerlöf (1909), Sigrid Undset (1928) und Eyvind Johnson (1974) –, ein äußeres Indiz dafür, daß sich dem Thema Weihnachten auch die namhaftesten Dichter gewidmet haben. Auf die Frage nach dem Warum läßt sich nur mutmaßen: weil Weihnachten, wenigstens für einige Tage, die Menschen menschlicher macht. Jedenfalls ist es auch für die nordischen Dichter geblieben, was es seit Jahrhunderten war: ein großes Thema mit reicher motivischer Variation.

Klaus Möllmann

Quellennachweis

Kapitel I

Zachris Topelius (1818–1898): Das Kind aus den Schneebergen (Stjärnöga). In: Vinterqvällar. Noveller, sägner och skildringar, Albert Bonniers Förlag, Stockholm 1896. Aus dem Schwedischen von Klaus Möllmann.

Björnstjerne Björnson (1832–1910): Ein Märchen für Thrond (Thrond). In: Samlade Digter-Verker I, Gyldendalske Boghandel/Nordisk Forlag, Kristiania/Kopenhagen 1919. Aus dem Norwegischen von Klaus Möllmann.

Sigrid Undset (1882–1949): Weihnachtsfriede (Julefred). In: Fred på jorden. © H. Aschehoug & Co., Oslo 1992. Aus dem Norwegischen von Klaus Möllmann.

Kristian Elster d.J. (1881–1947): Lars Stua (Julegjest). In: Verker VI, Fortellinger, H. Aschehoug & Co., Oslo 1945. © Torolf Elster, Oslo. Aus dem Norwegischen von Klaus Möllmann.

Dan Andersson (1888–1920): Die Ewigkeitsmaschine (Evighetsmaskinen). In: Samlade skrifter IV, Albert Bonniers Förlag, Stockholm 1941. Aus dem Schwedischen von Klaus Möllmann.

Kapitel II

Hjalmar Bergman (1883–1931): Weihnachtsfreude (Julglädje). In: Skisser och berättelser, © 1931 Albert Bonniers Förlag, Stockholm. Aus dem Schwedischen von Klaus Möllmann.

Selma Lagerlöf (1858–1940): Ein Weihnachtsgast (En julgäst). In: Geschichten zur Weihnachtszeit. Aus dem Schwedischen von Marie Franzos. © 1967 Nymphenburger Verlag in der F. A. Herbig Verlagsbuchhandlung GmbH, München.

August Bondeson (1854–1906): Christnacht auf dem Pärshof (Julkvällen). In: Allmogeberättelser, Albert Bonniers Förlag, Stockholm 1884. Aus dem Schwedischen von Klaus Möllmann.

Fredrika Bremer (1801–1865): Heiliger Abend und Christmette (Julaftonen och julottan). In: Samlade skrifter i urval III, F. Beijers Förlag, Örebro/Stockholm 1870. Aus dem Schwedischen von Klaus Möllmann.

Eyvind Johnson (1900–1976): Advent (Advent). In: Sju liv, Albert Bonniers Förlag, Stockholm 1944. © Lilla Johnson, Stockholm. Aus dem Schwedischen von Klaus Möllmann.

Victoria Benedictsson (1850–1888): Herr Tobiasson (Herr Tobiasson). In: Ernst Ahlgren, Samlade skrifter VII, Minnesupplaga, utgiven, granskad och kommenterad av Axel Lundegård, Albert Bonniers Förlag, Stockholm 1918. Aus dem Schwedischen von Klaus Möllmann.

Kapitel III

Holger Drachmann (1846–1908): Das Schiff in der Kirche (Skib i Kirke). In: Samlede Poetiske Skrifter IV, Gyldendalske Boghandel, Kopenhagen 1909. Aus dem Dänischen von Klaus Möllmann.

Johan Ludvig Runeberg (1804–1877): In der Lotsenhütte (En julkväll i lotskojan). In: Samlade arbeten V, Albert Bonniers Förlag, Stockholm 1921. Aus dem Schwedischen von Klaus Möllmann.

Lars Hansen (1869–1944): Feiertag auf Brötöy (Brötöybarnas jul). In: I sne og nordlys, Gyldendal Norsk Forlag, Oslo 1936. © Birger Hansen, Tromsö. Aus dem Norwegischen von Klaus Möllmann.

Kapitel IV

Alfred Smedberg (1850–1925): Die Trolle und der Koboldjunge (Trollen och tomtepojken). In: Der Wolfprinz. Schwedische Trollmärchen, hrsg. von Klaus Möllmann. Aus dem Schwedischen von Widerun Rehwaldt. © 1984 Hinstorff Verlag, Rostock.

Viktor Rydberg (1828–1895): Die Abenteuer des kleinen Wigg am Weihnachtsabend (Lille Viggs äfventyr på julafton). Albert Bonniers Förlag, Stockholm 1895. Aus dem Schwedischen von Klaus Möllmann.

Peter Christen Asbjörnsen (1812–1885) u. Jörgen Moe (1813–1882): Die Katze auf dem Dovreberg (Kjetta på Dovre). In: Samlede Eventyr III, Gyldendalske Boghandel, Kopenhagen 1896. Aus dem Norwegischen von Klaus Möllmann.

P. C. Asbjörnsen u. Jörgen Moe: Ein Weihnachtsabend nach alter Art (En gammeldags juleaften). In: Norske folkeeventyr, Gyldendal Norsk Forlag, Oslo 1940. Aus dem Norwegischen von Klaus Möllmann.

Kapitel V

Sophus Schandorph (1836–1901): Ein »behaglicher« Weihnachtsabend (En »behagelig« juleaften). In: Fortaellinger II, Gyldendalske Boghandels Forlag, Kopenhagen 1901. Aus dem Dänischen von Klaus Möllmann.

Herman Bang (1857–1912): Weihnachtsgaben (Julegaver). In: Vaerker i Mindeudgave II, Gyldendalske Boghandel/Nordisk Forlag, Kopenhagen/Kristiania 1922. Aus dem Dänischen von Klaus Möllmann.

P. C. Asbjörnsen u. Jörgen Moe: Die Stadtmaus und die Feldmaus (Hjemmusen og Fjeldmusen). In: Norske Folkeeventyr, Gyldendalske Boghandels Forlag, Kopenhagen 1903. Aus dem Norwegischen von Klaus Möllmann.

Karl August Tavaststjerna (1860–1898): Eine Weihnachtsmette im Finnland des Rindenbrots (En julotta i barkbrödets Finland). In: Samlade skrifter VI, Holger Schildts Förlagsaktiebolag, Helsingfors 1924. Aus dem Schwedischen von Klaus Möllmann.

Kapitel VI

Hans Christian Andersen (1805–1875): Der Tannenbaum (Grantraeet). In: Eventyr og Historier, Jubilaeumsudgave, Gyldendalske Boghandel, Kopenhagen/Kristiania 1905. Aus dem Dänischen von Klaus Möllmann.

Bildnachweis

Frontispiz: Illustration von Hans Gude zu P. C. Asbjörnsen/J. Moe, En gammeldags Juleaften, xylographiert von H. P. Hansen. In: Norske Folkeeventyr, Gyldendal, Kjöbenhavn 1903.

S. 45 Illustration von Otto Sinding zu P. C. Asbjörnsen/J. Moe, En gammeldags Juleaften, xylographiert von H. P. Hansen. In: Norske Folkeeventyr, Gyldendal, Kjöbenhavn 1903.

S. 77 *Fra den Collet'ske Gaard i Oslo.* In: Nic. Krarup og P. Stavnstrup, Dansk Historie siden Stavnsbaandets Lösning, H. Hischsprungs Forlag, Köbenhavn 1942.

S. 81 P. A. Persson, *Vinter i Skåne.* In: Vår litteratur och dess historia, utg. av R. Hillman, N. Hänninger, E. Lilie, E. Lindström, E. Werner, Bd. 4, Svenska Bokförlaget Albert Bonnier, Stockholm 1945.

S. 116 Kilian Zoll, *Färden till julottan.* In: En bok om julen. En litterär antologi av Christer Topelius, Diakonistyrelsens Bokförlag, Stockholm 1960.

S. 143 *Utanför julbasaren.* Ur Ny Illustrerad Tidning, 1988. In: En bok om julen. En litterär antologi av Christer Topelius, Diakonistyrelsens Bokförlag, Stockholm 1960.

S. 204 Illustration von John Bauer zu A. Smedberg, Trollen och tomtepojken. In: Bland tomtar och troll, 3, Åhlén & Åkerlunds Förlag, Göteborg 1909.

S. 237 Illustration von Vincent Stoltenberg Lerche zu P. C. Asbjörnsen/J. Moe, En gammeldags Juleaften. In: Norske Folkeeventyr, Gyldendal, Kjöbenhavn 1903.

S. 262 Kopenhagener Hauptbahnhof zur Zeit Andersens. In: Hans Christian Andersen (1805–1875), hrsg. von der Presse- und Kulturabteilung des dänischen Außenministeriums, Kopenhagen 1983.

S. 273 Theodor Kittelsen, »*Og til at dandse og tumle*«. In: Norske Folkeeventyr, Gyldendal, Kjöbenhavn 1903.

S. 297 Illustration von Vilhelm Pedersen zu H. C. Andersen, Grantraeet. In: H. C. Andersens Eventyr i Udvalg, Gyldendalske Boghandel/Nordisk Forlag, Kjöbenhavn og Kristiania 1918.

Inhalt

I. Wundersame Begegnung

II. Einkehr und Umkehr

III. Weihnachten am Meer

IV. Weihnachten mit Kobolden und Trollen

V. Bewirtung und Bescherung

VI. Ausklang

Anhang